SISTEMAS DE TRANSPORTE TURÍSTICO

SISTEMAS DE TRANSPORTE TURÍSTICO

FRANCISCO DE LA TORRE

ROCA

riginal
ansportación Turística

BN: 968-24-5807-2

ISBN: 85-7241-379-0

Tradução:
Cláudia Bruno Galvãn

Dados Internacionais de Catalogação na Publicação (CIP)
(Câmara Brasileira do Livro, SP, Brasil)

Torre, Francisco de la
Sistemas de transporte turístico / Francisco de la Torre ; [tradução Cláudia Bruno Galvãn]. -- São Paulo : Roca, 2002.

Título original: Sistemas de transportacíon turística.
ISBN: 85-7241-379-0

1. Transportes 2. Turismo 3. Turismo – Estudo e ensino I. Título.

02–0082 CDD–338.4791

Índices para catálogo sistemático:

1. Sistemas de transporte e turismo 338.4791
2. Turismo e sistemas de transporte 338.4791

2002

EDITORA ROCA LTDA.
Rua Dr. Cesário Mota Jr., 73
CEP 01221-020 – São Paulo – SP
Tel.: (11) 221-8609 – Fax: (11) 3331-8653
E-mail: edroca@uol.com.br – www.editoraroca.com.br

Impresso no Brasil
Printed in Brazil

APRESENTAÇÃO

Sistemas de Transporte Turístico apresenta de forma clara e sistemática os aspectos técnicos de um importante setor da atividade turística: os meios de transporte terrestre, aquático e aéreo que se transformaram em meios estratégicos para o desenvolvimento, possibilitando a integração econômica e social das diversas regiões geográficas e participando de forma substancial na comunicação entre pessoas, facilitando, assim, a difusão cultural, o lazer e o desenvolvimento de bens e serviços.

Assim, os sistemas de transporte turístico têm projeção de transporte de massa, por isso os serviços oferecidos resultam primordiais, já que se trata de proporcionar, de forma eficiente, elementos de natureza informativa, de segurança e cortesia.

Esta obra pedagógica foi estruturada em 12 capítulos; cada um composto de dois aspectos: teórico e didático.

No aspecto teórico se desenvolve o tema correspondente, enquanto o tema didático envolve dois exercícios diferentes.

O primeiro exercício, chamado de consolidação e/ou auto-avaliação, consiste em 20 exercícios de múltipla escolha, com base e três opções (uma resposta correta e duas incorretas).

O segundo exercício consiste em cinco atividades reforçativas. A obra conta também com a relação das respostas dos exercícios, para que os alunos possam fazer sua auto-avaliação. No final do livro, inclui-se a bibliografia para consulta.

A obra também está enriquecida com numerosas ilustrações que a tornam mais objetiva e amena.

Por tudo isto, a obra é recomendada a todos: educandos, docentes e interessados na matéria; temos a convicção de que contribuirá na formação e na superação profissional dos que procuram informações sobre o tema.

Este material não pretende substituir o professor, e sim apoiá-lo em seu trabalho docente; restando ao profissional do turismo valorizar nossa intenção e ser nosso porta-voz e, aos alunos, dedicar a atenção necessária para que, ao final do curso, vejam seus esforços coroados pelo êxito.

O Autor

ÍNDICE

Capítulo 1

MEIOS DE TRANSPORTE

Aspectos Teóricos

Marco de Referência

Nosso ponto de partida será o conceito de meio de transporte, concebido como uma máquina, uma carruagem, uma embarcação ou liteira, que serve para transportar pessoas ou objetos de uma parte a outra (Fig. 1.1).

Os cientistas calculam que o homem apareceu na Terra há 600 mil anos aproximadamente; porém, os meios de locomoção velozes, como o barco, o carro, o trem e o avião, surgiram em anos recentes.

Figura 1.1 – Um meio de transporte serve para trasladar pessoas ou objetos de uma parte a outra.

Por outro lado, a Natureza não preparou o homem para mover-se velozmente, pois muitos animais o superam em rapidez, como o cervo, o lebrel ou uma lebre; também não pode voar como as aves, nem nadar por tempo prolongado submerso na água como os peixes; mas é privilegiado em relação a todos, pois possui um cérebro muito desenvolvido, com imaginação criadora e ativa, o que tem permitido que viaje levando meio milhão de vezes seu próprio peso ao redor do mundo a bordo de diversos meios de transporte, seja por água, terra ou ar.

Diz a Bíblia que, depois da confusão dos homens na Torre de Babel, eram "um povo uno" (Gênesis 11,6), "Yahvé os dispersou pela face de toda a Terra" (Gênesis 11,8). Desde essa época, nas diversas civilizações, a união e a dispersão se alternaram através dos tempos. Os impérios históricos se alicerçaram nas comunicações e os transportes, que à semelhança da circulação sangüínea, regem a economia dos países, circulando por mar, terra e ar e, possivelmente, em um futuro próximo, circularão pelos espaços exteriores, que atualmente são cenários da aventura científica de nosso tempo.

Assim, na economia do mundo de hoje, os transportes constituem um fator relevante do ponto de vista funcional, pois, onde o transporte é precário ou não existe, a atividade econômica se reduz aos níveis de subsistência e de autoconsumo. Pelo contrário, durante o desenvolvimento dos transportes, se valorizam os recursos naturais distantes, estabelecendo-se uma intercomunicação entre os diversos grupos sociais; daí que a função principal deles seja a integração de todos os elementos – tanto as pessoas como os bens – em âmbitos geográficos mais amplos, o que traz como conseqüência a ampliação do marco econômico, social e político em que se desenvolve a atividade humana.

Origem e Evolução do Transporte

Obviamente, ignora-se quem inventou os meios mais antigos para transportar objetos de um lugar a outro. Provavelmente muitos homens tiveram idéias semelhantes em diferentes tempos e épocas.

Originalmente, o homem se dedicava somente a recolher frutas, depois descobriu que somente encontrava determinados frutos em determinada estação do ano; depois, dedicou-se também à caça que estava sujeita à mudança das estações, pois os animais que eles caçavam emigravam do norte ao sul ou para a montanha buscando novas pastagens. Estas mudanças sistemáticas o levaram a seguir os animais e lembrar onde e quando poderia encontrar determinada fruta ou raiz; assim, tendo conhecimento de seu passado, planejou também as futuras migrações para garantir seus alimentos. Provavelmente estes foram os primeiros fatores que o converteram em nômade.

As primeiras tentativas do homem para iniciar o que se conhece como agricultura foram providências tomadas para dispor das plantas indispensáveis à sua alimentação. Ao descobrir que podia multiplicar as sementes semeando-as em espaços reduzidos, consumia somente o necessário para satisfazer suas necessidades e armazenava o resto para futuras semeaduras.

A atividade da semeadura se converteu em uma tradição acompanhada de cerimônias mágicas e rituais. Isso causava aumento da população em algumas localidades dependendo da abundância de alimentos existentes. Embora a agricultura no início fosse considerada como um complemento da alimentação, converteu-se, depois, na sua principal fonte.

A descoberta do fogo também foi muito importante no seu desenvolvimento, pois seu calor permitia suportar o frio e sua luz tornava mais suportáveis as noites. Ao verificar que os animais temiam o fogo, o utilizou como arma para afugentá-los das grutas e cavernas, conquistando para si esses refúgios. Assim, o fogo permitiu não somente desfrutar do lar, mas também melhorar a sua alimentação e, a partir de então, em lugar de comer o que pudesse da sua vítima e abandonar o restante, o levou para a sua moradia para cozinhá-lo em uma fogueira, acostumando-se assim a levar cada vez mais coisas. É possível que a mulher tenha sido o principal carregador, pois levava os filhos pequenos e tudo o que podia, dando ao seu companheiro mais liberdade para defender a família e perseguir suas presas.

Mais tarde, aprendeu a domesticar os animais, levando provavelmente os cachorros para a sua moradia e, conforme cresciam, acostumavam-se a conviver com os seres humanos, possibilitando que, a cada geração, estes animais fossem menos selvagens.

Desta forma, o homem descobriu que os animais poderiam ter uma utilidade, e, aproveitando a carne, o leite e a pele de cabras e ovelhas, começou a criar rebanhos e a trasladá-los a diversos lugares buscando pastos. Descobriu também que os cachorros podiam ajudá-lo a cuidar do rebanho, isto significava que podia transportar mais coisas das que carregavam as mulheres da família, razão pela qual começou a colocar carga sobre eles, ensinando-os também a arrastar coisas. Por exemplo, determinados índios norte-americanos antes que os espanhóis introduzissem os cavalos, amarravam cachorros a um tipo de trenó formado por duas hastes compridas unidas por um ou dois travessões. As hastes compridas eram geralmente as estacas da tenda. Em um extremo do trenó, amarravam o cachorro e o outro arrastava pelo chão.

É possível que os cachorros tenham sido os primeiros animais que o homem levou para a sua caverna; certamente, de uma forma ou de outra, cachorros, asnos, cavalos, bois, elefantes e camelos o ajudaram a conquistar a Terra. Atualmente, os esquimós utilizam cachorros para puxar seus trenós (Fig. 1.2) como o faziam desde época imemorial; inclusive as crianças esquimós, brincando com os cachorros

FIGURA 1.2 – Os trenós dos esquimós são puxados por cachorros árticos ou por renas.

perto dos iglus, começam a adestrá-los, fazendo com que puxem algum trenó rústico ou os ossos de um urso branco. Os trenós dos esquimós transportam uma carga de 500kg, que dois cachorros árticos arrastam mantendo um ritmo uniforme de 3km por hora, arrastando um homem e sua esposa.

Antigamente, existiu uma rota comercial entre a Palestina e o Egito, por onde as caravanas com seus camelos transportavam chás, sedas e perfumes do Extremo Oriente: tapetes da Pérsia; café da costa da Arábia; veludos marroquinos e couros russos, que, posteriormente, chegavam aos mercadores da Meca e Bagdá.

A invenção da roda, que originalmente era apenas uma seção circular de uma árvore, aumentou a possibilidade de transportar mais peso a uma velocidade maior; surgindo veículos providos de rodas. É claro que se ignora onde começaram a usá-lo e como foram inventados. O mais antigo que se conhece é um carro militar descoberto em Kish, Mesopotâmia, calcula-se que tenha uns 5.500 anos de antigüidade. No entanto, os veículos providos de rodas não podiam ser utilizados sem caminhos adequados, sobre os que pudessem rodar; como conseqüência, os romanos fizeram vias adequadas para os transportes de longas distâncias, que mais adiante estudaremos com maior profundidade.

Em relação ao transporte aquático, é importante ressaltar que a passagem do homem de coletor a produtor trouxe a necessidade de intercambiar produtos, fazendo surgir a propriedade privada. Assim, encontrando-se próximo dos rios, o homem começou a fazer uso deles como meio de transporte, primeiro projetando balsas rudimentares que aos poucos se transformaram em pequenas canoas.

Classificação dos Transportes

Os meios de transporte permitem que o turista se traslade do seu lugar de origem a um destino (Fig. 1.3) com a finalidade de desfrutar do atrativo que motivou a viagem.

FIGURA 1.3 – Os meios de transporte permitem o traslado do turista.

Os meios de transporte que permitem o acesso a um ponto de destino podem ser aquáticos, aéreos e terrestres.

1. O **transporte aquático** pode ser, por sua vez, marítimo, fluvial ou lacustre.
   - O serviço de transporte marítimo se presta mediante serviço regular, cruzeiros (Fig. 1.4), transoceânico, "ferry", embarcações esportivas e de recreio, fretadas, hidrofólio e "hidrofivio".
   - O serviço de transporte fluvial se presta mediante serviço regular, serviço turístico, barcos recreativos, esportivos e fretados.
   - O serviço de transporte lacustre se presta mediante serviço regular, serviço turístico, lanchas esportivas e de recreio e de fretamento.
2. O **transporte aéreo**, por sua parte, presta os serviços: regulares, fretados ("charter"), aluguel de pequenos aviões (com ou sem piloto), aviões particulares e helicóptero.

FIGURA 1.4 – Os cruzeiros representam um setor importante do transporte turístico.

FIGURA 1.5 – O serviço turístico em ônibus de excursão é próprio para percursos longos.

3. Os **transportes terrestres** consistem em:

– *Trens*: serviço regular e turístico.
– *Ônibus*: serviço regular, turístico (Fig. 1.5) e de fretamento para percursos turísticos na cidade.
– *Carros*: de aluguel, de serviço turístico, táxis e particulares.
– *Instalações com mecanismos especiais*: funicular, teleférico, telecadeira.
– *"Trailers"* ("campers"): de aluguel e particulares.
– *Motos*: de aluguel e particulares.
– *Bicicletas*: de aluguel e particulares.

Serviços Público e Privado das Linhas de Transporte

O transporte de forma geral é um dos elementos fundamentais para o desenvolvimento de uma sociedade. Seu desenvolvimento em anos recentes, as perspectivas abertas à tecnologia e às invenções neste setor, fazem do transporte um elemento ativo e progressista, com um aperfeiçoamento sistemático.

Assim, o transporte em sua integridade possui um uso duplo, porque, sendo um serviço público, constitui um serviço turístico, ou seja, que são destinados ao uso pleno e extensivo de qualquer pessoa, mesmo quando este uso não tenha necessariamente um propósito turístico.

Não obstante, esta dualidade não é extensiva a determinadas formas de transporte, como é o caso dos vôos "charter", o serviço dimensional em ônibus, etc., que são de caráter estritamente turístico.

Pelo mencionado anteriormente, observando o que os governos designam como política de transporte, convém distinguir suas duas facetas e esforçar-se por estabelecer as bases com rotas de uma política de transportes turísticos, pois não distinguir o transporte público do privado estabelece severas dificuldades.

Transporte Público

Atualmente, o transporte público é um dos elementos mais poderosos na economia de qualquer país. É preciso contar com extensos sistemas de comunicação completos, rápidos, precisos e perfeitamente articulados, de forma que a população e as mercadorias possam trasladar-se por todo o território sem nenhum obstáculo e a preços acessíveis; praticamente, em termos oficiais, a única preocupação relativa ao transporte público se limita à eficiência, entendendo este termo na sua mais ampla acepção.

É freqüente que muitos países enfrentem uma velha polêmica em torno da organização, gestão e, particularmente, da propriedade dos transportes públicos. No caso do México, numerosas linhas de transporte público estão nas mãos da iniciativa privada e, em casos excepcionais, do governo federal. Além disso, os transportes públicos estão organizados de forma que as sociedades que os representam têm, separadamente, empresas exclusivas para o transporte de pessoas e para o transporte de carga.

Um caso especial é a Companhia Mexicana de Aviação, uma linha aérea destinada ao transporte de pessoas e/ou carga da iniciativa privada; já, Aeroméxico, que presta os mesmos serviços, é uma empresa do governo federal.

A idéia de que os transportes públicos devam estar nas mãos do Estado ou, ao menos, de entidades ou empresas de predominante domínio estatal, está sendo aceito pouco a pouco, sem maiores restrições. De fato, em diversos países, grande parte do transporte aéreo e a totalidade do ferroviário esta em poder do Estado.

Transporte Turístico

Referirmo-nos ao transporte implica estar ciente de que este é um elemento socioeconômico, que seu conjunto não foi criado em função do traslado turístico.

Pelo anteriormente mencionado, a função do transporte na sua qualidade de serviço específico e separando-o do sistema que integra, uma vez imersa no âmbito turístico, permite identificar o serviço e os meios que o realizam.

Assim, o transporte turístico, a diferença de outros serviços turísticos, é o elemento ou recurso que forma a base da distribuição geográfica que obedece aos movimentos turísticos, que pode ser turismo receptivo, emissor ou interno.

No serviço turístico, não somente se considera a eficácia, mas também muitos outros fatores, como os de acesso a lugares de atração (que podem coincidir ou não com centros de importância estratégica ou econômica); a comodidade do serviço, os horários convenientes, o complemento dos serviços fundamentais (avião, trem ou ônibus), com outros secundários que permitem transportar turistas sem perda de tempo até seu destino final (hotel, estação, balneário, etc.).

Fatores de Medição do Transporte

Segundo Ramaker, no seu livro *Tourisme et Transports*, há seis fatores de medição no transporte: comodidade, agilidade (de movimento), alcance, preço, rapidez e segurança.

Comodidade

Cada meio de transporte apresenta características e graus de comodidade diferentes. Também, em cada meio há níveis e categorias. Atualmente, no transporte aéreo há duas classes básicas: a primeira e a econômica ou turística. No trem, com algumas exceções, funcionam somente a primeira e a segunda classes. Nos navios há geralmente três: turística, cabina e primeira.

Há ônibus de luxo, de primeira e de segunda classes. Os de luxo possuem poltronas reclináveis com muito espaço entre elas, janelas panorâmicas, ar-condicionado, toalete, circuito fechado de televisão para projetar filmes ou diferentes anúncios durante o percurso e, adicionalmente, se servem bebidas. Os ônibus de primeira classe contam também com poltronas reclináveis e janelas panorâmicas, mas não possuem outros serviços. Nos ônibus de segunda classe, as poltronas são rígidas e não reclináveis, e, obviamente, não contam com nenhum serviço adicional.

Agilidade (de movimento)

Desde a bicicleta, o mais ágil meio de transporte, até os grandes transoceânicos modernos que transportam grandes massas a uma velocidade adequada a trajetos previamente determinados e um pouco difícil de combinar, os turistas podem selecionar, entre uma ampla gama de meios de transporte, aquele da sua preferência e que seguramente se diferenciará por sua agilidade.

Alcance

O grau de alcance varia de forma considerável de um meio a outro; o alcance consiste na capacidade que cada meio tem de chegar ao destino mais próximo, aos pontos de destino final ou ao destino parcial; barcos e trens devem se sujeitar a certos percursos fixos e predeterminados, enquanto ônibus ou carros chegam com maior facilidade ao seu destino: uma praia, um lugar nas montanhas, um povoado escondido, etc.

Preço

Sem a intenção de analisar os preços absolutos, mas estabelecendo uma relação unitária de custo entre os diferentes meios de transporte, é conveniente destacar que existem, na mente dos usuários, idéias preconcebidas, além de tópicos e preconceitos que podem ser favoráveis ou não, em relação a cada meio, de acordo com seu preço; por exemplo, acredita-se que o barco é mais caro que o avião, o que em muitos casos é errôneo.

Rapidez

Possivelmente este é o elemento de maior relevância na tomada de decisões, em relação ao uso de um ou de outro meio de transporte. Na maioria dos casos, opera considerando a psicologia atual e a forma como organizamos nossa vida cotidiana em relação às exigências de rapidez na extensão da palavra.

Neste aspecto, o avião tem superado os outros transportes, pois seus avanços têm sido e continuam sendo absolutamente sensacionais. Um caso concreto é o Concorde, que possui uma velocidade incrível se comparado com outros meios de transporte.

Segurança

Estudos recentes de psicologia do viajante revelam que os usuários procuram/desejam segurança mais que qualquer outro fator, a qual é sacrificada em algumas ocasiões devido a outras exigências de maior peso; porém, o subconsciente é o elemento permanente quando se trata de viajar.

Governos e organismos internacionais de transporte intervieram estabelecendo normas mínimas de segurança, exigindo provas convincentes e verificando seu cumprimento.

Devido a isso, procura-se dar ao transporte turístico uma coordenação perfeita e adequada, tanto no que diz respeito à sua exploração racional e científica, como no sentido de oferecer rendimento máximo e total satisfação aos usuários de forma geral e, aos turistas em particular, considerando os elementos previamente assinalados.

Importância do Transporte Turístico

Tanto os meios de transporte de forma geral como os de transporte turístico têm grande importância de caráter econômico, social e político.

Importância econômica

Transportar envolve trasladar, mudar de lugar, levar ou trazer; por isso o transporte constitui uma operação necessária e, ao mesmo tempo, uniforme, já que não existe nenhum outro ato nosso que não envolva na sua elaboração, ou na sua realização, o traslado de pessoas, de objetos e de idéias.

Desde que o homem começou a transportar, progrediu no aspecto econômico, pois relacionou sua própria economia, ou a de seu grupo social, com outras economias.

Sem dúvida, os progressos obtidos no transporte têm propiciado a produção de riqueza, pois, de alguma forma, favoreceram a divisão regional do trabalho estimulando a formação de grandes empresas e incentivando de forma marcante o processo de produção de bens.

As pessoas viajam por negócios, prazer ou diversão; enquanto os bens se trasladam de lugar para destiná-los a funções de produção ou de consumo.

Devido ao moderno desenvolvimento dos transportes, os centros comerciais e indústrias dos países podem estar localizados, longe das costas ou das vias fluviais; por isso muitas cidades novas incrementaram, de forma considerável, a sua população.

Há centenas de anos, existia a possibilidade de transportar por terra e para lugares distantes apenas mercadorias de grande valor; hoje é possível transportar as mercadorias mais pesadas, de valor médio e principalmente as mais econômicas.

Na atualidade, os meios de transporte contribuem com o desenvolvimento econômico dos países transportando mercadorias, matérias-primas, produtos agrícola e todo tipo de mercadoria, assim como as pessoas que requerem esses serviços.

O transporte deve ser econômico e estar ao alcance de todos os usuários, razão pela qual o estado se ocupa em vigiar e garantir os preços fixando as correspondentes tarifas.

Assim, devido ao baixo custo do transporte, países altamente especializados na produção industrial, como Inglaterra, obtêm seus meios de subsistência nas mais variadas regiões do globo. Os ingleses devido ao comércio internacional e ao baixo custo do transporte marítimo, consomem manteiga da Dinamarca, carne da Argentina, chá da China, pão feito com farinha do Canadá ou da Austrália e se cobrem com tecido de algodão egípcio ou com lã da Nova Zelândia.

Devido ao progresso dos transportes se aproveita de forma adequada a riqueza humana. Por outro lado, do ponto de vista turístico, cada região ou país pode dar livre curso a suas preferências, às oportunidades oferecidas pelo seu clima, superfície e qualidades da raça que o habita.

Dependendo das circunstâncias, um país pode ser basicamente turístico, comercial, agrícola ou industrial e, sempre que exista mercado suficiente, tem a possibilidade de concentrar sua atividade sobre determinada atividade turística ou indústria específica. Por razões óbvias, isso permite a especialização da atividade econômica, a divisão do trabalho por região, a localização de uma zona turística, da indústria e da agricultura tão racional quanto propícia ao desenvolvimento da riqueza.

Por outro lado, o baixo custo do transporte tem estimulado o turismo e a produção em grande escala; pois aplicado ao turismo, à matéria-prima ou ao produto elaborado propicia a entradas das divisas. Inclusive, esta possibilidade de aplicar tarifas baixas permite a muitas empresas de transporte, especificamente às ferroviárias, favorecer situações de concorrência entre as indústrias ou atividades. A tarifa constitui uma arma que serve para estimular ou destruir uma empresa, quando o transporte é determinante para a sua existência. Por este motivo, as leis que regulam os serviços públicos de transporte proíbem atos discriminatórios em detrimento de certos usuários.

Atualmente, os trens e os transportes automotivos contribuem com os traslados de população realizados por vias terrestres, enquanto a aviação está arrebatando do transporte marítimo o movimento de pessoas entre continentes; há alguns anos abrange, também, o movimento interno da população.

O turismo como fenômeno socioeconômico não seria factível se não existisse um sistema de transporte altamente desenvolvido ou em processo de desenvolvimento como é o caso do México.

É evidente que o crescimento das grandes cidades implica em análise e solução de problemas que afetam toda a metrópole; sendo os de maior importância precisamente os de transportes.

Quando as cidades estão bem interligadas, as atividades da população se desenvolverão normalmente; um sistema de transporte inadequado ou uma interrupção no seu funcionamento afetará a vida da própria metrópole.

A existência das grandes cidades em múltiplos países é um fenômeno estreitamente vinculado com o progresso dos transportes, assim como foi o surgimento do trem nos EUA. As cidades mais importantes se localizavam onde o transporte por água era factível; como conseqüência, não se desenvolveram no interior do país importantes centros povoados porque não contavam com transportes de baixo custo que permitissem o traslado dos artigos indispensáveis para a vida desses povoados.

Devido a isso, os transportes permitiram ter uma visão mais precisa dos diferentes aspectos dos países ou regiões que eles comunicam.

Por outro lado, devido aos transportes, é possível incrementar o valor e a renda da terra, pois os terrenos incomunicáveis têm pouco ou nenhum valor; porém, com o surgimento da ferrovia ou da estrada, incrementa-se o valor e a renda das terras que têm acesso à comunicação estabelecida.

Importância social

O desenvolvimento dos transportes está diretamente vinculado a outras mudanças que afetam a sociedade em outros âmbitos, como o aspecto demográfico, pois se observa que as populações urbanas crescem a expensas das populações rurais. As cidades atraem continuamente à população rural; e se a isso unimos a disponibilidade de amplos e eficientes meios de transporte, assistimos ao crescimento rápido e descompassado das grandes metrópoles.

Atualmente as grandes cidades são como os centros nervosos de uma nação, pois costumam ser a sede das instituições econômicas, políticas, culturais, científicas, etc. mais importantes dentro da comunidade. Isso obedece à civilização moderna que adquiriu aparência de civilização de cidades grandes.

A existência de um importante sistema de transportes possibilita os traslados da população, não somente para movimentos locais, mas internacionais; pois as grandes migrações do passado, aos países da América, foram possíveis devido às grandes empresas de navegação que possibilitaram os transportes em massa da Europa para os EUA, Canadá, Argentina, Brasil, Chile, Uruguai e outros países que incentivavam a migração européia. Atualmente, já não há transporte em massa de imigrantes porque não se pratica mais a política demográfica das portas abertas e porque a migração é mais seletiva e restrita; porém, não se pode negar a importância dos transportes para fazer factível esta migração.

Importância política

O desenvolvimento dos transportes tem evidenciado seus efeitos benéficos no terreno político, nacional e internacional. Os transportes são em si mesmos um excelente instrumento de publicidade e informação, razão pela qual tem dado um golpe decisivo ao despotismo, a muitas das grandes desigualdades sociais, à escravidão, à servidão. Sua função educativa é comparável à da imprensa, pois seguramente será exercida em um sentido de igualdade e de democracia.

Evidentemente, os países incomunicáveis propiciam ignorância, barbárie, despotismo, tirania, caciquismo e muitos outros aspectos negativos da vida dos povos; por isso, os governantes tiranos são inimigos das comunicações. Contrariamente, os homens que governam em função dos interesses dos seus povos incluem como um capítulo importante em seus programas de governo as comunicações, ou seja, o meio de eliminar os obstáculos que impedem aos grupos humanos isolados alcançarem os benefícios da vida civilizada; por isso esses governantes não ignoram a velha fórmula que destaca que "comunicar é civilizar".

Resumindo, o desenvolvimento econômico de um país é influenciado em grande parte pela existência de importantes sistemas de comunicações e transportes e que é preocupação de todos os governos progressistas desenvolver uma política positiva de construção e conservação dos sistemas viários de seus países.[1]

Aspectos Didáticos

Exercícios de Consolidação e/ou Auto-avaliação

Instruções. Marque um X dentro dos parênteses da opção correspondente.

1. Segundo os sábios, o homem apareceu na superfície terrestre há aproximadamente:

   ( ) 400.000 anos
   ( ) 500.000 anos
   ( ) 600.000 anos

2. Os meios velozes de comunicação como vapor, automóvel ou avião foram inventados:

   ( ) há muitos séculos
   ( ) recentemente
   ( ) em épocas remotas

3. O homem primitivo se dedicava originalmente:

   ( ) a recolher frutos
   ( ) ao comércio
   ( ) a fabricar maquinarias

4. Possivelmente os primeiros animais que o homem levou para sua caverna foram:

   ( ) cachorros
   ( ) asnos
   ( ) elefantes

---

[1] Confrontar este último tema com as anotações da Escola Superior de Turismo do Instituto Politécnico Nacional do México.

5. O veículo com rodas, mais antigo que se conhece, é um carro militar que foi descoberto em:

( ) Cairo, Egito
( ) Kish, Mesopotâmia
( ) Roma, Itália

6. O transporte fluvial é o que se realiza nos:

( ) lagos
( ) mares
( ) rios

7. O avião é um meio de transporte:

( ) aquático
( ) aéreo
( ) terrestre

8. No México, grande parte das linhas de transporte público está nas mãos:

( ) da iniciativa privada
( ) do Estado
( ) dos organismos públicos

9. Consiste na capacidade de cada meio para chegar ao seu destino:

( ) conforto
( ) preço
( ) alcance

10. Estabelece uma relação unitária de custo entre os diferentes meios de transporte:

( ) alcance
( ) preço
( ) rapidez

11. Níveis e categorias dos meios de transporte estão relacionados com:

( ) conforto
( ) movimento
( ) rapidez

12. Possivelmente é o meio mais relevante na tomada de decisões em relação ao uso de um meio de transporte de um lugar a outro:

( ) conforto
( ) alcance
( ) rapidez

13. Segundo estudos da psicologia do viajante, é o que os usuários procuram acima de qualquer outro fator:

( ) rapidez
( ) segurança
( ) agilidade

14. Quando o homem começou a realizar transportes, começou a progredir no terreno:

( ) eclético
( ) ecumênico
( ) econômico

15. Onde o transporte é mínimo ou inexistente, a atividade econômica se:

( ) reduz
( ) incrementa
( ) excede

16. Antigamente existia uma rota entre a Palestina e o Egito por onde se transportavam mercadorias em:

( ) trenós
( ) caravanas
( ) carros

17. Os transoceânicos navegam nos:

( ) mares
( ) lagos
( ) rios

18. Os serviços de transportes fretados são conhecidos como:

( ) esportivos
( ) regulares
( ) "charter"

19. A riqueza humana tem sido aproveitada de forma adequada devido:

( ) ao retrocesso dos transportes
( ) ao progresso dos transportes
( ) à estagnação dos transportes

20. Uma velha fórmula destaca que comunicar é:

( ) civilizar
( ) retroceder
( ) prejudicar

Atividades de Reforço

1. Mediante a técnica denominada "brain-storm", os alunos mencionarão os diferentes meios de transporte que conhecem e o professor os anotará na lousa.
2. Procure fotos de diferentes meios de transporte e coloque em um álbum.
3. Sublinhe no texto as palavras que não são conhecidas e pesquise seu significado em um dicionário ou enciclopédia.
4. Através de um esquema, apresente as diferentes vias e meios de transporte.
5. Resuma, por escrito e com suas próprias palavras, o conteúdo deste capítulo.

Capítulo 2

INFRA-ESTRUTURA TURÍSTICA

ASPECTOS TEÓRICOS

Marco de Referência

Gerardo Novo Valencia destaca que:

> A infra-estrutura turística é a obra básica, geralmente de ação estatal, em matéria de acessos, comunicações, abastecimentos de água, eliminação de resíduos, portos, aeroportos, etc.
>
> Estes investimentos às vezes se fazem a fundo perdido e outras vezes recuperáveis em longo prazo mediante a supervalorização de terrenos, cotas ou pedágios. Constituem o início dos trabalhos em favor do desenvolvimento turístico e constituem a base para as estruturas requeridas pelos turistas.[1]

Os diversos aspectos de um país ou região se conhecem pelos transportes, é por isso que a atividade turística de nossos dias se desenvolveu vertiginosamente nos últimos anos, devido aos diferentes meios de transporte e, é claro, da comunicação.

As obras de infra-estrutura dos governos, no que se refere ao transporte, permitem resgatar as regiões mais afastadas, fazendo-as partícipes dos benefícios que a civilização pode oferecer; são úteis, também, para a exploração dos recursos naturais ali localizados.

---

[1] Gerardo Novo Valencia, *Diccionario general del turismo*, Diana, México, 1977, p. 136.

A via ou caminho implica em uma parte fundamental da infra-estrutura do transporte, pois seu conjunto forma a rede circulatória do país; sua extensão e qualidade constituem um primeiro indicador.

Considera-se que a infra-estrutura turística não somente beneficia aos veículos, mas toda a economia local. Criando sistemas de energia, água potável, eliminação de resíduos e serviços telefônicos para apoiar os serviços turísticos, estas instalações podem ter profundo impacto sobre a vida dos residentes locais, particularmente naquelas áreas que estão emergindo economicamente.

Finalmente, é fundamental um enfoque geral coordenado para serviços de infra-estrutura, pois sem ele os diferentes elementos que constituem a infra-estrutura podem prejudicar-se mutuamente, como quando uma estrada obstrui a vista do oceano ou limita o acesso às praias.

Estradas

Define-se a estrada como o caminho público, largo e espaçoso, destinado à passagem de veículos (Fig. 2.1).

Historicamente, é importante destacar que, no século IV a.C., Roma governava a Itália central, isso trouxe como conseqüência a necessidade de construir caminhos para que os homens transitassem, razão pela qual o imperador romano Apio Claudio mandou construir nesse século a Via Apia, que tinha 560km e estabelecia a comunicação entre Roma e Nápoles; este foi o primeiro caminho romano.

Posteriormente a rede de caminhos se estendeu até o sul da Itália, daí a frase: "Todos os caminhos levam a Roma".

FIGURA 2.1 – A estrada é um caminho público, largo e espaçoso, destinado à passagem de veículos.

Os romanos tinham dois tipos de estradas: as pretorianas e as consulares. As pretorianas eram para propósitos militares e estavam sob o comando dos pretores (chefes militares). As estradas consulares se destinavam ao uso geral, facilitando as comunicações no território romano; estas estradas, cuja finalidade era de caráter comercial, estavam a cargo dos cônsules, que as construíam e as conservavam; as estradas consulares eram de três classes:

a) A *Stratae viae*, pavimentada com pequenas pedras e areia.
b) A *via Silice Stratae*, pavimentada com pedaços de pederneira.
c) A *via Saxo et Lapide Quadrato Stratae*, que se pavimentava com pedras quadradas, alinhadas em forma retangular.

Além das estradas principais anteriormente citadas, existiam em Roma outros caminhos secundários denominados *Via Vecinalae* e *Via Patriae*, que eram os que se conhecem hoje como caminhos vicinais e caminhos provisionais ou locais.

Não existem registros históricos relevantes relativos à construção de caminhos durante a Idade Média, pois praticamente não houve nenhum progresso em relação à técnica de construção e conservação dos caminhos; não obstante, cobravam-se pedágios, os quais possivelmente serviram para sua manutenção e conservação; os pedágios recebiam o nome de *alcabala* ou *teloneum*, que era uma carga fiscal que tributava o trânsito.

Os excessivos pedágios cobrados eram um obstáculo para o comércio, por esse motivo os meios de transporte nessa época estavam adaptados ao mau estado dos caminhos; era costume utilizar carretas de duas rodas, porém, uma grande parte das expedições se fazia a cavalo.

No século XVIII, raiz da Revolução Industrial, surge uma nova era em relação a novas técnicas de construção de caminhos, o que trouxe como conseqüência o desenvolvimento do comércio.

Em relação à história das estradas no México, é preciso voltar à época pré-hispânica na qual os senhores e populações indígenas contavam com uma rede de caminhos adequados a suas necessidades. Obviamente desconheciam os animais de carga e o uso da roda para tal propósito, mas transitavam com suas mercadorias por sendas e veredas bem-traçadas. Os reis e caciques se asseguravam de conservar os caminhos e construir outros novos; por isso promulgavam leis que obrigavam a restaurar os caminhos, especialmente depois do tempo das chuvas. Os caminhos eram amplos e bem-construídos, como as calçadas que cruzavam o lago de Texcoco para unir com terra firme a ilha de Tenochtitlan, capital do império Asteca. Os serviços de correio foram rápidos e eficientes, os caminhos permitiam a passagem de caravanas de "tamenes" (carregadores) e a mobilização dos exércitos. O imperador Moctezuma Xocoyotzin saboreava no almoço o peixe pescado nessa mesma manhã nas águas do Golfo.

Com a conquista, os espanhóis introduziram bestas e veículos para o transporte de pessoas e mercadorias, razão pela qual foi necessário ampliar os caminhos, mudar as rotas e suavizar ladeiras. Então, em 1522, Hernán Cortés ordenou a construção do caminho de Tenochtitlan a Veracruz, encomendando esse trabalho a Álvaro López. Esse caminho se transformou em estrada, em 1531, quando Sebastián de Aparicio usou pela primeira vez na Nova Espanha as carretas puxadas por bois. Graças ao vice-rei Antonio de Mendoza se abrem os caminhos de México a Acapulco, a Oaxaca, a Tehuantepec e a Huatulco; a Michoacán, Colima, Jalisco e Pánuco; aos minerais de Taxco e Sultepec; e, em 1542, a Zacatecas, obra que durou 28 anos e se prolongou até Durango.

Os sucessores do vice-rei Mendoza abriram duas novas rotas diretas a Puebla, com ramais que conduziam ao vale de Atlixco e a Izúcar; outros dois para Tepetlaoztoc e Calpulalpan, e mais um a Otumba e Apam, para estabelecer a comunicação com Jalapa e Veracruz.

Durante o México independente, entre 1821 e 1867, o presidente Juárez destina, pela primeira vez na história do México, parte do orçamento para abertura e conservação dos caminhos; porém, não se fizeram obras relevantes neste aspecto. Posteriormente, no final do século, durante o Porfiriato, pouco se realizou em matéria de caminhos, pois os que se construíram na realidade tinham o propósito de alimentar às estações de trens.

A incorporação do automóvel iniciou outra etapa da história das estradas; originalmente eles transitavam somente nas ruas e vias urbanas, pois transporte de pessoas e mercadorias de uma cidade a outra se realizava por trem; mas, com a finalidade de dotar o país de uma ampla rede de estradas, em 1925 se cria a Comissão Nacional de Vias, que foi a origem da Secretaria de Comunicações e Transportes.

Assim, a expansão econômica experimentada, a partir de 1925, determinou que o país contasse, em 1930, com 1.426km de estradas, cifra que se elevou a 9.929km em 1940. A partir de então, a construção de caminhos tem se incrementado sistematicamente.

O período de 1988-1994 constitui um divisor de águas na história da construção da infra-estrutura de estradas do México, devido ao presidente Carlos Salinas de Gortari implantar programas com a participação do setor privado e público que permitiram construir 6.249km de auto-estradas e avançar substancialmente na integração de grandes rotas-tronco e sua conectividade com a rede federal de estradas e com os caminhos rurais e alimentadores. Os programas para as estradas deste período sexenal têm lançado as bases para continuar desenvolvendo e modernizando a infra-estrutura das estradas que o México almeja e que o tamanho e potencial econômico da nação requerem.

Rede Ferroviária

Falar sobre a infra-estrutura ferroviária implica em via férrea, a qual se refere a um par de trilhos sobre os quais pode correr um trem (Fig. 2.2).

É interessante perguntar: o que veio primeiro: os trens ou a ferrovia? Sem dúvida, deveria haver uma ferrovia antes que pudessem correr os trens. As primeiras vias férreas foram construídas na Europa e na América, colocando-se tábuas, extremo com extremo, em duas filas e separadas o suficiente uma da outra para igualar a distância entre as rodas de um carro. Com o propósito de segurar as tábuas, os construtores fixavam-nas a outras mais pesadas, denominadas dormentes, colocadas sob as primeiras. Posteriormente, alguém teve a idéia de colocar uma rebordo de metal ao redor da parte interior de cada roda; assim, foi mais fácil manter os vagões sobre a via.

As vias foram evoluindo paulatinamente até se descobrir que os melhores trilhos são os de metal. Atualmente, as ferrovias são feitas de trilhos de aço, compridos em forma de T, que descansam sobre dormentes de madeira, como nos tempos remotos descansavam as tábuas. Os trilhos estão presos aos dormentes por grandes pregos.

Em 1825, a Inglaterra finaliza a construção da sua primeira linha completa de trens. Alguns anos depois, EUA, França e Alemanha a acompanham, outros países se incorporam mais tarde.

Em relação ao México, o presidente Sebastián Lerdo de Tejada inaugura, em 1873, a primeira obra ferroviária, iniciando assim a infra-estrutura correspondente. Esta ferrovia unia México a Veracruz.

FIGURA 2.2 – A via férrea se refere ao par de trilhos sobre os quais pode correr um trem.

Este sistema de transporte representava a esperança de impulsionar o desenvolvimento político, social e econômico do país. Não obstante, os que aproveitaram as vias férreas, de forma particular durante o porfiriato, foram os capitais estrangeiros, que receberam o direito deste transporte mediante uma concessão que durou 99 anos.

Porfirio Díaz mandou construir, durante seu governo, quase a totalidade das vias férreas que existem atualmente no México; por isso, enquanto, em 1876, havia somente 666km de vias férreas, em 1910 eram 19.280km. A rede se estendia da Cidade do México em direção aos EUA por três ramais, para o sul, sudoeste e leste. Este aumento certamente propiciou de forma decisiva a construção da economia e a integração social, embora tenha também representado um erro grave, pois a prolongação das linhas férreas, às vezes desnecessária, se realizava mediante o subsídio que o governo outorgava às companhias construtoras por cada quilômetro construído, o que teve como conseqüência que a rede ferroviária fosse gerada de forma inconveniente.

Durante o movimento armado (de 1910 a 1920) as vias se deterioraram, junto com o equipamento de transporte e as instalações ferroviárias; pelo que, posteriormente, houve uma maior atenção na restauração e modernização, mais que à construção de novas vias.

Em 1929, começou uma grande depressão econômica, com grande repercussão sobre o sistema ferroviário, por isso, nesse mesmo ano, o trem interoceânico paralisou seu serviço durante vários meses e, entre 1930 e 1932, foram demitidos 10.432 ferroviários.

Como conseqüência disso, o estado nacionalizou, em 1937, os Trens Nacionais do México e para sua administração se criou um departamento autônomo e, em 1940, um organismo descentralizado que recebeu o mesmo nome.

Mais tarde, o estado foi adquirindo paulatinamente outras linhas férreas até que, em 1970, se resgatou o último capital estrangeiro, finalizando assim a nacionalização do setor; atualmente, o sistema ferroviário é integralmente de propriedade nacional e o Governo o controla por intermédio de empresas paraestatais que o administram.

A construção de ferrovias tem melhorado a distribuição da população, pois favorece a instalação e o crescimento de habitantes em zonas desabitadas ou escassamente povoadas. Também tem permitido o desenvolvimento econômico de regiões que anteriormente eram improdutivas, e que atualmente são produtivas devido à criação de novos mercados integrados pelas linhas férreas. Acrescenta-se, também, sua contribuição na integração do país, eliminando o regionalismo, generalizando o idioma e difundindo a cultura e a técnica.

Atualmente o México é um país que possui grande extensão de vias férreas no mundo, pois é superado apenas por EUA, Canadá, Brasil e Argentina, no continente americano; ex-União Soviética, França, Alemanha, Polônia, Espanha,

Índia, Austrália, República Popular da China e Japão, em outros continentes (Fig. 2.3). Porém, considerando os metros de ferrovia por quilômetro quadrado de superfície, o México supera países como a ex-União Soviética, Canadá, Brasil, Austrália e a República Popular da China. Enquanto o Reino Unido, África do Sul, Checoslováquia, Itália e Alemanha, entre outros, contam com menor extensão de linhas férreas, mas superam nosso país em metros construídos por quilômetro quadrado de superfície; isso se deve a sua pequena extensão em superfície e maior nível de desenvolvimento.

Atualmente, o México conta com uma rede ferroviária de 19.999km de vias principais e 5.048km de ramais. Destas vias, 72,4% correspondem aos Trens Nacionais do México, 11,6% aos Trens do Pacífico, 6,1% aos Trens Unidos do Sudeste e somente 2,8% ao Trens Sonora-Baixa Califórnia.

A rede se estende por quase todo o território nacional e comunica a capital com todos os estados da República, com exceção de Quintana Roo e a península de Baixa Califórnia, mas chega às fronteiras e portos mais importantes do país. Suas principais vias cobrem as seguintes rotas:

1. Cidade do México com Nuevo Laredo, passando por Pachuca, Ciudad Valles, Ciudad Victoria, Linares e Monterrey.
2. Cidade do México com Monterrey atravessando por Querétaro, San Luis Potosí e Saltillo.
3. Saltillo com Piedras Negras, passando por Monclova e Rosita.
4. Cidade do México com Nogales, comunicando também a Querétaro, Irapauto, Guadalajara, Tepic, Mazatlán, Culiacán, Ciudad Obregón, Guaymas, Hermosillo e Benjamín Hill.
5. Benjamín Hill com Mexicali.
6. Chihuahua com o Pacífico, partindo de Ojinaga e Ciudad Juárez, e passando por Chihuahua e San Rafael, até Topolobampo.
7. Matamoros, com Mazatlán, em cuja rota se encontram Reynosa, Ciudad Lerdo, Gómez Palacio, Monterrey, Saltillo, Torreón e Durango.

FIGURA 2.3 – O México conta com grande extensão de vias férreas.

8. Tampico, com Manzanillo, atravessa por San Luis Potosí, Aguascalientes, Guadalajara e Colima.
9. Cidade do México com Apatzingán, passando por Toluca, Acámbaro, Morelos, Pátzcuaro e Uruapan.
10. Cidade do México com Balsas, cujo percurso passa por Cuernavaca e Iguala.
11. Cidade do México com Oaxaca, comunicando também com Puebla e Tehuacán.
12. Cidade do México com Veracruz, passando por Perote e Jalapa.
13. Cidade do México com Veracruz, comunicando mesmo assim com Irolo, Apizaco, Orizaba e Córdoba.
14. Cidade do México com Tapachula, e atravessa por Veracruz, Matías Romero, Ixpetec, Arriaga e Huixtla.
15. Cotzacoalcos, com Salina Cruz, passando por Minatitlán, Jesús Carranza, Matías Romero, Ixpetec e Tehuantepec.
16. Coatzacoalcos com Mérida, atravessando por Teapa, Tenoxique e Campeche.
17. Mérida e Tizimin, em Yucatán.

Percebe-se que a distribuição geográfica das ferrovias no México apresenta de alguma forma o grau de comunicação interna das entidades federativas, dependendo da superfície territorial que possuem e da extensão das vias construídas.

Assim, os estados do centro do país possuem maior densidade de vias férreas, principalmente a Cidade do México e os estados de Morelos, México, Tlaxcala, Aguascalientes, Colima, Hidalgo e Guanajuato; em menor escala nos estados do norte, como Nuevo León, Coahuila, Tamaulipas, Chihuahua e Sonora, entre outros, refletindo uma menor densidade nos estados de Campeche, Oaxaca e Chiapas.

Pelas limitações na construção de ferrovias, existe uma preferência evidente pelo transporte individual particularmente nas regiões de serras, o que tem gerado uma infra-estrutura de rede ferroviária nacional um tanto irregular, pelo que se faz densa nos planaltos e escassa nas áreas montanhosas.

Em cada terminal ferroviário há uma estação, ou seja, o lugar onde habitualmente param os trens e se admitem passageiros ou mercadorias.

Uma estação metropolitana pode abranger várias ruas da cidade, mas no campo esta costuma ser um pequeno prédio onde os funcionários fazem tudo, desde varrer até vender as passagens.

O responsável por uma estação grande é conhecido como chefe de estação, mas se ela é pequena, se denomina agente de estação.

Nas grandes estações há cafés, salas de espera, plataformas, bilheterias, escritório e armazéns de cargas, geralmente anexados à estação, onde se carregam e descarregam os vagões, embora às vezes seja um prédio separado, com saídas laterais que se encontram ao longo das plataformas à mesma altura que chão dos vagões.

Aeroportos

Atualmente, os países necessitam manter relações com outras nações, razão pela qual é imprescindível a infra-estrutura de comunicações e transportes que permita o intercâmbio internacional.

Considerando que a velocidade e a eficiência são atributos que a sociedade moderna procura, a aviação, sem dúvida nenhuma, é o meio de transporte mais adequado para satisfazer estas demandas.

Um aeroporto estabelece um vínculo entre diferentes regiões e populações tanto dentro do país como do exterior; de fato, o avião é o único meio de comunicação nas regiões inacessíveis, onde o relevo do solo dificulta a construção de estradas e vias férreas, já que apenas 1km de terreno plano possibilita que os aviões possam decolar e aterrissar.

A função da aviação no desenvolvimento econômico e, como conseqüência, na infra-estrutura portuária é bastante relevante, pois permite a ligação dos centros turísticos e industriais ou comerciais com outros lugares nacionais e do exterior (Fig. 2.4.).

A infra-estrutura do transporte aéreo esta formada pela rede aeroportuária e as equipes de ajuda à navegação, devido a que as características técnicas das pistas, área de manobras, plataformas, prédios, etc. determinam o tipo de aviões que podem utilizar esta rede.

Antigamente as companhias operadoras, construíam seus próprios aeroportos, pois o tamanho dos aviões não requeria instalações complexas. Os primeiros aviões necessitavam apenas de um terreno nivelado e uma pequena cabina, para que os custos pudessem ser absorvidos pelas companhias; um caso concreto foi o primeiro campo militar de aterrissagem em Balbuena, em 1910, na Cidade do México, ou o de Guaymas, Sonora, em 1913. Um caso análogo foi o dos campos de

FIGURA 2.4 – Um aeroporto é um vínculo entre as diferentes regiões e povoações do país e do exterior.

aterrissagem instalados finalmente em Lechería, Estado do México, Veracruz, Tuxpan, Aguascalientes e Mérida.

Um aeroporto é a unidade de instalações e serviços necessários para o tráfego aéreo nacional e internacional de passageiros e mercadorias. Define-se como a estação aeronáutica com serviços para auxiliar a decolagem, o vôo e a aterrissagem de aeronaves, para seu cuidado técnico, assistência aos passageiros e controle na manipulação da carga. Com pistas de aterrissagem e decolagem, vias de circulação, áreas de estacionamento, hangares e oficinas mecânicas. As instalações auxiliares se classificam em instalações técnicas que compreendem: torre de controle, veículos auxiliares e de abastecimento, sinalizadores, balizas, etc.; e instalações comerciais de escritórios e serviços.

Os aeroportos das maiores cidades do mundo estão projetados para cobrir todas as necessidades dos passageiros e seus familiares ou amigos que chegam para despedir-se deles ou recebê-los, assim como o pessoal que neles trabalha.

Acompanhando o desenvolvimento da aviação, os aeroportos também evoluíram em termos de extensão das pistas e da moderna arquitetura dos edifícios e terminais.

A evolução dos aviões, atualmente com maiores dimensões e mais silenciosos, ajuda a preservar adequadamente a ecologia, razão pela qual, mesmo quando um aeroporto está próximo a uma cidade, não produz grande desconforto, pois o ruído diminui e, por outro lado, tendo os aviões maior capacidade, as saídas e chegadas são menos freqüentes.

Os aeroportos transformaram-se em importantes centros de transporte, comércio e emprego, pois conta com uma multiplicidade de serviços para o passageiro, como informação, venda de bilhetes, "check-in" e recepção de bagagem, serviços de bar e restaurante, estacionamento para carros, instalações bancárias para câmbio de moeda, serviços de correio, área comercial onde são vendidos produtos importados livres de impostos, etc.

No México, os aeroportos são administrados por ASA (Aeroportos e Serviços Auxiliares), organismo dependente da Secretaria de Comunicações e Transportes; as verbas para a sua manutenção e funcionamento provêm das taxas de aterrissagem que são cobradas das companhias aéreas, tarifas de estacionamento e outras concessões, como o aluguel de escritórios, lojas, bares e restaurantes.

Com a finalidade de oferecer todos esses serviços, o aeroporto conta com pessoal especializado como fiscais de alfândega, de imigração, pessoal de salubridade, equipe de segurança, controladores de tráfego aéreo, etc.

Normalmente, em aeroportos de grandes dimensões, trabalham aproximadamente 50.000 pessoas.

Os pioneiros da aviação não dispunham de aeródromos adequados, inclusive, tinham de voar com o apoio dos próprios instrumentos e com os desenvolvidos pela navegação marítima, o que não era suficiente.

A orientação pela bússola e pelas estrelas era habitual, o que em qualquer emergência significava uma aterrissagem forçada no local mais próximo, com grandes probabilidades de acabar em catástrofe.

Atualmente, os avanços da ciência e da tecnologia permitiram a construção de aeroportos funcionais que compreendem as seguintes instalações: torre de controle, pistas, radiofaróis de pista, hangares, área de estacionamento de aeronaves, área de expansão, hotéis, biruta, serviços de emergência, estradas e conexões ferroviárias, e terminal aéreo.

Torre de controle

Geralmente é o prédio mais alto do aeroporto, às vezes, é um prédio separado. Na parte superior da torre de controle se localiza a cabina ou sala de controle visual, cujos muros são de cristal para permitir visão total das pistas, sem obstáculo nenhum. Estes muros de cristal estão inclinados para fora para evitar reflexos no interior da cabina e são coloridos com a finalidade de absorver o calor solar e diminuir a ofuscação (Fig. 2.5).

Sobre a torre de controle se localizam o instrumental meteorológico e o fanal do aeroporto, espécie de farol para os aviões, que lampeja de forma intermitente, nas cores verde e branco, para que os pilotos o reconheçam.

O chefe da torre de controle é o capitão do aeroporto, cujas ordens devem ser aceitas por todos os pilotos, civis ou militares, mesmo estrangeiros.

Além disso, tem sob seu comando numerosos técnicos que desenvolvem diferentes atividades com a finalidade de ajudar os pilotos no vôo; por exemplo, os controladores de tráfego aéreo que operam o radar e se comunicam com o piloto através do rádio.

FIGURA 2.5 – A torre de controle é o prédio mais alto do aeroporto.

Pistas

Um aeroporto moderno possui numerosas pistas de concreto armado com um comprimento de até 3,5km e uma largura que varia entre 50 e 100m.

Aproximadamente metade dessas pistas é reservada para a decolagem e a outra metade para a aterrissagem; algumas delas estão disponíveis para a aterrissagem sem visibilidade. No começo, a distribuição das pistas era triangular para obter a vantagem dos ventos dominantes; hoje, as pistas são paralelas, o que permite que sejam utilizadas simultaneamente.

Certos aeroportos contam com pistas auxiliares construídas em ângulo, para o uso de aviões pequenos.

Quanto mais quente for o clima e maior a altitude sobre o nível do mar, mais compridas deverão ser as pistas, devido à densidade do ar diminuir com o calor e a altitude; este é o caso do aeroporto Benito Juárez da Cidade do México.

Durante a aterrissagem, o avião pode pesar até 400ton e tocar a terra acima de 200km/h, razão pela qual as superfícies devem ser resistentes e possuir um sistema de drenagem adequado, incluindo estrias com ranhuras para evitar a derrapagem ao aterrissar sobre uma camada de água.

Radiofaróis de pista

Localizados nos extremos da pista, servem para transmitir ondas radioelétricas que guiam o avião para dentro das linhas de pista.

Hangares

O hangar é um galpão grande, destinado a abrigar aviões e onde recebem manutenção, é alugado para as empresas aéreas. Em alguns casos é suficientemente grande para alojar duas unidades de cabina larga e, ao lado, podem se instalar outros hangares para pequenos aviões esportivos e executivos.

Área de estacionamento de aeronaves

Localiza-se junto ao prédio do terminal aéreo e se comunica com as vias de rodagem. Esta área, à noite, é muito bem iluminada.

Área de expansão

É uma seção próxima ao terminal aéreo, reservada a futuras ampliações.

Hotéis

A tendência dos aeroportos modernos é a construção de hotéis dentro deles ou próximos a eles, para hospedar principalmente o pessoal das linhas aéreas estrangeiras, passageiros que partem nos primeiros horários ou passageiros que, por motivos de força maior, precisem pernoitar ali.

Centro de carga

São armazéns para depósito na área do aeroporto onde se recebe e retira a carga aérea.

Biruta

É um guia visual para detectar a direção e velocidade do vento. Quando se encontra em posição horizontal, a velocidade do vento é de 45 a 55km/h.

Serviços de emergência

Estão localizados no campo de aterrissagem e estão em contato contínuo com a torre de controle para receber instruções no momento oportuno.

Estradas e conexões ferroviárias

Os aeroportos se ligam às cidades por intermédio de estradas, auto-estradas e meios rápidos de transporte, como o metrô que une o aeroporto Benito Juárez da Cidade do México com toda a cidade, o trem que une o aeroporto de Francfort com o centro da cidade, etc.

Terminal aéreo

Geralmente, o terminal aéreo é um prédio dentro do aeroporto destinado à recepção, controle e embarque dos passageiros, com muitas outras instalações que se enumeram a seguir:

Departamento de salubridade. É o local, dentro dos aeroportos internacionais, onde se controlam as vacinas requeridas nos diversos países; também são aplicadas as vacinas e se entregam os comprovantes correspondentes.

Departamento de imigração. Para controlar o movimento migratório de naturais e estrangeiros que chegam ou saem do país.

Alfândega. É a encarregada de registrar a importação e a exportação de bens e mercadorias, assim como de cobrar as taxas correspondentes (Fig 2.6.).

Departamento de segurança. Formado por um oficial de segurança e um corpo de agentes de segurança subalternos, cujo número depende das dimensões e do trânsito do aeroporto.

A infra-estrutura aeroportuária no México tem-se diversificado muito, pois conta com serviços diversificados e instalações que configuram uma ampla e importante rede nacional formada por 62 aeroportos, 40 deles internacionais, que constituem uma das mais importantes redes mundiais.

Pode-se afirmar que no México o transporte aéreo é uma das atividades que teve maior dinamismo nos últimos anos.

Devido a isso, há uma melhor comunicação no país e como conseqüência os usuários têm mais oportunidades de viajar devido à concorrência que esta abertura possibilitou, e também oferece a oportunidade, a muitos mexicanos de voar.

Os preços acessíveis permitem maior utilização dos serviços, há avanços na qualidade com adequado aproveitamento da infra-estrutura que tem recebido do governo federal: importantes investimentos para modernizar instalações e ampliar os sistemas de controle do tráfego aéreo, com modernos equipamentos da mais alta tecnologia.

FIGURA 2.6 – A alfândega é a encarregada de registrar a importação e a exportação de bens e mercadorias.

O controle do espaço aéreo mexicano está nas mãos de técnicos de alto nível, comprometidos com o país, garantindo segurança e tranqüilidade aos passageiros.

Também o transporte aéreo tem se caracterizado por ser vínculo entre os povos; seu desenvolvimento tem superado as expectativas e é, atualmente, um elemento fundamental de intercâmbio cultural, comercial e turístico.

Tecnologicamente, as aeronaves incorporaram importantes inovações que tendem a obter maior segurança, confiabilidade e comodidade nos serviços.

Já a participação que a atividade aeroportuária pudesse ter como resultado do Tratado de Livre Comércio (TLC), é conveniente destacar que neste caso é mínima, pois unicamente é mencionada na incorporação dos serviços especializados, como os incêndios florestais, o aeromodelismo e os aspectos esportivos.

De forma geral, é no transporte terrestre que se apóia o movimento majoritário das ações resultantes do TLC. O transporte aéreo opera, de preferência, voltando mais sua atenção para os passageiros que para a carga, já que sua participação é escassa, apenas 2% do que é produzido no México.

No aspecto internacional, as relações aeronáuticas se regem pelos convênios bilaterais. Existem, até o momento, 24 convênios bilaterais subscritos com o mesmo número de países e dependerá da realização de novas negociações.

Merece menção especial a medicina preventiva na aviação. Além da vigilância para descobrir oportunamente doenças entre os prestadores de serviços, o México é o único país na América Latina que oferece especialização em medicina de aviação, com a autorização da Organização de Aviação Civil Internacional (OACI); recentemente, um segundo grupo se graduou, com a participação de alunos do México e estrangeiros.

Portos

Um porto é um lugar na costa defendido dos ventos, preparado para oferecer segurança aos navios e às operações de trânsito e armamento (Fig. 2.7).

Os portos podem ser naturais ou artificiais. O porto natural é um acidente geográfico localizado em um lugar protegido das ondas e dos ventos; pode ser uma baía fechada ou o estuário de um rio; nos portos naturais não se realizam obras de engenharia para utilizá-los, pois contam com profundidade e espaço suficientes para que as embarcações fundeiem nele. O porto artificial é um porto construído pelo homem, criado com a infra-estrutura necessária. Desse tipo de construções, podemos citar:

- *Cais ou diques.* Construções que contornam e prolongam a beira do mar.
- *Molhes.* Seu objetivo principal é determinar a entrada dos portos, além de impedir que se depositem neles terra ou areia do mar que possam obstruir as entradas.

FIGURA 2.7 – Um porto é um lugar disponível para a segurança dos navios e para as operações necessárias.

- *Angras ou enseadas.* Lugares onde podem ancorar as embarcações, ao abrigo dos ventos e das ondas.
- *Quebra-mar ou dique no mar.* Sua função é amortecer o choque das ondas e proteger o porto ou a angra.
- *Docas.* Partes protegidas artificialmente que funcionam como fundeadouros e que facilitam a carga e a descarga das embarcações.

Os portos contam com guindastes e outros elementos para carga e descarga de mercadorias, depósitos ou armazéns, escritórios de migração, alfândega e departamento salubridade. Alguns portos maiores oferecem também instalações para as reparações dos navios, serviços de fornecimento de água, alimentos e combustível.

Encontramos quatro tipos de portos:

a) **Portos comerciais.** São os que desempenham funções especiais para uma economia fundamentada na indústria e no comércio, onde chegam embarcações de percurso curto, transatlânticos e aerodeslizadores. Dentro dos portos comerciais encontramos portos de grande calado e de cabotagem.

– Porto de grande calado. Com cais de grandes dimensões que permitem a entrada de barcos de grande calado. Realizam-se transações comerciais internacionais.

– Porto de cabotagem. Dispõe de pequenos cais onde atracam barcos de menor calado, destinados ao comércio interno.

b) **Portos de refúgio.** São os que oferecem ajuda aos barcos que na sua rota foram surpreendidos pela borrasca.
c) **Portos militares.** Seu propósito é atender às necessidades da marinha de guerra.
d) **Portos pesqueiros e esportivos.** Utilizados para proteger iates e embarcações com motor fora de borda. Apesar do anteriormente exposto não é possível classificar um porto como exclusivamente comercial, de refúgio, militar ou pesqueiro e esportivo, pois embora cada um tenha suas exigências particulares, existem condições comuns.

A seguir detalharemos um porto com características comuns aos quatro tipos anteriormente descritos:

O porto forma um espaço mais ou menos fechado e sempre protegido, possui uma ou várias aberturas ou bocas para a entrada dos barcos.

O porto se divide em anteporto, se o considerarmos na direção do mar à terra, e porto.

O anteporto tem a finalidade de oferecer refúgio aos navios em rota, diante da ameaça de uma tormenta; além disso, serve de porto para navios que, devido às grandes dimensões e a seu calado, não podem entrar no porto.

O porto e o anteporto estão separados por diques.

O porto deve contar com docas de flutuação ou "docks" onde os navios podem dispor de profundidade suficiente; cais de serviço onde podem ser realizadas manobras de carga e descarga, assim como cais embarcadouros destinados ao embarque de passageiros e bagagens.

Os portos devem contar com sinais marítimos que informem seu rumo ao navegante, e, além disso, faróis e bóias que mostrem o caminho que devem seguir.

Primeiros portos

Originariamente, os portos surgiram nas beiras dos rios, como nas cidades portuárias do Indo (Harappa e Mohenjo-Daro). Na cidade suméria de Ur existiam dois, da mesma forma, no Egito, os portos de Menfis e Tebas. Era necessária uma margem firme para amarrar os barcos, enquanto escravos os carregavam e descarregavam.

Os barcos destinados às travessias marítimas foram construídos com cascos fortes e resistentes para poderem fundear nas águas pouco profundas e varar na praia sem ressentir-se com os movimentos ou choques. Por sua parte, os fenícios, por ser um povo comerciante requeriam portos com docas. Os fenícios eram hábeis construtores de barcos, da mesma forma, os egípcios, e ambos possuíam grande número de escravos para realizar estas obras. A ausência de marés no

Mediterrâneo simplificou o trabalho de construção e trouxe como conseqüência o surgimento dos portos de Sidon e Tiro, e muitos outros nas costas do Líbano e da Palestina.

Portos gregos e romanos

O porto do Pireo possuía docas e diques secos, acrescentaram-lhe cais (lugares de desembarque, carga e descarga) e depósitos para armazenar mercadorias.

Ao se expandirem pelo Mediterrâneo, os gregos fundaram cidades portuárias no sul da França, leste da Espanha e na Sicília, com a finalidade de desenvolver suas transações comerciais. Alexandre Magno (356-323 a.C.), depois de conquistar o Egito, mandou construir um porto que facilitasse seu contato com a Europa, assim fundou-se a cidade de Alexandria. O porto de Alexandria contava com um quebra-mar ou dique de grande longitude que uniu a Ilha de Faros ao continente.

Os romanos realizaram múltiplas obras públicas de grande importância, pois, além de construir o porto de Ostia e outros de igual importância, propiciaram o comércio entre colônias, províncias e a metrópole. Na Espanha, foi dada muita importância aos portos, devido ao estabelecimento de muitos armadores, banqueiros e importantes mercadores nos portos fluviais de Sevilha e Mérida, e nos portos marítimos de Tarragona, Mahón, Málaga, Cádiz e La Corunha.

Portos modernos

Existem numerosos portos fluviais de grande importância. Em 1958, foi construído o Canal de Manchester, na Inglaterra, o que transformou esta cidade em um porto ativo situado a 56km do mar. É importante salientar que o porto de Manchester, na realidade, depende do porto de Liverpool, segundo porto comercial do país.

As distâncias anteriores podem ser consideradas pequenas se comparadas com as do Canadá em Port Arthur e Montreal. A primeira cidade se encontra a 3.218km e a segunda a 1.609km do mar; porém, podem ser consideradas portos marítimos, pois os navios transoceânicos chegam a eles devido à canalização do rio São Lourenço.

A maioria dos portos fluviais e os canais interiores admite unicamente navios de pouca tonelagem.

Para países e cidades que não possuem limites com o mar, os portos fluviais são imprescindíveis. Esta situação se manifesta, por exemplo, em Moscou, cidade russa que cobrou grande importância na abertura do canal de ligação com o rio

Volga. Basilea, na Suíça, se transformou em importante porto fluvial do Rhin, embora sejam dois portos: um do lado suíço e outro do lado alemão. Possuem aproximadamente 10km de cais e a freqüência anual de mercadorias é de 8 milhões de toneladas.

Portos mexicanos

O Poder Executivo Federal é responsável pela construção, operação, preparação, manutenção e habilitação dos portos nacionais, segundo os artigos 27 (águas nacionais) e 89, inciso XIII (faculdades do Executivo) da Constituição, quem delega estas funções na Secretaria da Marinha (artigo 5º da Lei das Secretarias e Departamentos de Estado). Os artigos 47 e 48 da Lei de Navegação e Comércio Marítimos assinalam a competência da própria secretaria na operação e na administração dos portos nas águas territoriais mexicanas. A coordenação dos serviços marítimos portuários corresponde à Comissão Nacional Coordenadora de Portos (Diário Oficial, 29 de dezembro de 1970). As instalações são administradas pelas capitanias de porto e pelas direções gerais de Operação portuária e da marinha mercante, dependentes da Secretaria de Marinha (Diário Oficial, 7 de abril de 1972).

No marco da mudança estrutural impulsionada pela administração do presidente Carlos Salinas de Gortari, o Sistema Portuário Mexicano passou por uma importante transformação, cumprindo as instruções presidenciais de projetar e estabelecer um novo esquema de organização portuária no país, que propicie a modernização, a expansão e o aumento da eficiência dos portos em níveis internacionais, para se consolidar como a coluna vertebral do comércio exterior mexicano.

Para alcançar a modernização dos portos, a transformação foi profunda, configurando-se um novo marco jurídico para regulamentar a mudança do Sistema Mexicano mediante as Leis de Portos e Navegação. A promulgação da nova Lei de Portos oferece um apoio importante para o desenvolvimento econômico do país, por meio da criação da inovadora figura da Administração Portuária Integral (API), que permite realizar o planejamento, a administração e o desenvolvimento dos portos locais com autonomia de gestão, com participação dos usuários e dos governos estatais e municipais, oferecendo com isso segurança ao investidor privado que encontra, na lei, diretrizes claras e simples para facilitar as relações entre as autoridades e os particulares.

As funções de autoridade dentro do porto, como a exercida pelo capitão do porto ou as alfândegas, migração, Marinha, ecologia e salubridade, permanecem sob o controle direto do governo. Uma nova regulamentação estabelece os mecanismos para a coordenação entre elas.

Em cada porto é nomeado um comitê de operações que conheça os assuntos relacionados com a coordenação entre as autoridades, a administração do porto, os operadores, os prestadores de serviços e os usuários. A API formula as regras de operação do porto, as quais são submetidas à aprovação do comitê. Uma vez aprovadas, e após o registro na Secretaria de Comunicações e Transportes, são de caráter obrigatório.

Entre os portos mais importantes da República Mexicana se destacam Manzanillo, Tampico e Veracruz.

- *Manzanillo*. Importante porto da República mexicana, localizado no estado de Colima, diante da baía de Manzanillo. Sua atividade econômica consiste na agricultura, indústrias pesqueiras, sal e turismo. Obtém seus recursos econômicos da agricultura, pecuária, pesca, indústria têxtil, refinaria de açúcar e cerveja. Sua comunicação marítima é com Canadá, costa oeste dos EUA, América Central e América do Sul, norte da Europa, Mediterrâneo, Ásia e Austrália. Oferece serviços de: livre prática por rádio na chegada ao porto, rádio marítimo, pilotagem, carga, descarga e armazenamento de mercadorias, fumigação e báscula.
- *Tampico*. Cidade a leste do México, no limite com os estados de Tamaulipas e Veracruz. Localiza-se sobre a costa do Golfo do México, perto da desembocadura do rio Pánuco. Porto exportador de uma rica zona mineira e petrolífera e importante atividade pesqueira. Possui refinarias de petróleo, indústrias químicas e de alimentação, além de um oleoduto para Monterrey.
- *Veracruz*. Cidade do sudeste do México, localizada sobre o litoral do Golfo do México, no estado de Veracruz. Concentra no seu porto a maior parte do tráfego comercial marítimo de importação e exportação. Este estado conta também com indústrias metalúrgica, mecânica, têxtil, química, açucareira, de tabaco e uma central termoelétrica.

Aspectos Didáticos

Exercícios de Consolidação e/ou Auto-avaliação

Instruções. Marque um X dentro dos parênteses da opção correspondente.

1. Conjunto que forma a rede de circulação de um país:

   ( ) via ou calçada
   ( ) via ou caminho
   ( ) rede ou campos

2. Caminho público, largo e espaçoso, destinado à passagem de veículos:

   ( ) estrada
   ( ) aeroporto
   ( ) porto fluvial

3. A Via Apia estabelecia a comunicação entre:

   ( ) Roma e Grécia
   ( ) Veneza e Trento
   ( ) Roma e Nápoles

4. Os romanos tinham:

   ( ) dois tipos de estradas
   ( ) três tipos de estradas
   ( ) seis tipos de estradas

5. As estradas romanas para fins militares são:

   ( ) consulares
   ( ) pretorianas
   ( ) gregorianas

6. Os carregadores do México pré-hispânico eram conhecidos como:

   ( ) "tlacuilos"
   ( ) "pipiltin"
   ( ) "tamemes"

7. Ordenou em 1522 a construção do caminho de Tenochtitlan a Veracruz:

   ( ) Hernán Cortés
   ( ) Álvaro López
   ( ) Antonio de Mendoza

8. Destinou, pela primeira vez na história do México, uma parte do orçamento para a abertura e conservação dos caminhos:

   ( ) Porfirio Díaz
   ( ) Benito Juárez
   ( ) Lerdo de Tejada

9. Em 1925 foi criada a:

   ( ) Comissão Nacional de Vias
   ( ) Secretaria de Comunicações e Transportes
   ( ) Secretaria de Salubridade e Assistência

10. Durante a administração do presidente Carlos Salinas de Gortari foram construídos:

( ) 6.249km de vias férreas
( ) 6.249km de auto-estradas
( ) 6.249km de estradas

11. Os melhores trilhos são aqueles feitos de:

( ) plástico
( ) madeira
( ) metal

12. O presidente Sebastián Lerdo de Tejada inaugurou a primeira obra ferroviária que unia o México a Veracruz em:

( ) 1772
( ) 1873
( ) 1973

13. Os capitais estrangeiros aproveitaram as vias férreas, principalmente durante o "porfiriato", usufruindo uma concessão que durou:

( ) 99 anos
( ) 89 anos
( ) 79 anos

14. Unidade de instalações e serviços necessários para o tráfego aéreo nacional e internacional de passageiros e mercadorias:

( ) estação rodoviária
( ) estação de trem
( ) aeroporto

15. A torre de controle é uma instalação:

( ) comercial
( ) auxiliar
( ) irradiante

16. Aeroportos e Serviços Auxiliares administram os aeroportos de:

( ) México
( ) Honduras
( ) Guatemala

17. O chefe da torre de controle é o:

( ) coronel do aeroporto
( ) capitão do aeroporto
( ) general do aeroporto

18. Porto onde se encontram cais com grandes dimensões que permitem a entrada de barcos de grande calado; nele se realizam transações internacionais:

( ) porto de cabotagem
( ) porto de grande calado
( ) porto de refúgio

19. Porto que dispõe de pequenos cais onde atracam barcos de menor calado:

( ) porto de cabotagem
( ) porto de grande calado
( ) porto de refúgio

20. É um acidente geográfico localizado em lugar protegido das ondas e dos ventos, chamado de porto:

( ) pré-fabricado
( ) artificial
( ) natural

Atividades de Reforço

1. Visite, em grupos, uma estação rodoviária e elabore um relatório sobre todos os serviços e estabelecimentos que ali se encontram.
2. Pesquise, quantas e quais companhias de aluguel de carros existem na sua cidade, estabelecendo as semelhanças e diferenças em relação aos serviços e requisitos entre elas.
3. Pesquise que cidades importantes estão ligadas pelo trem à sua cidade.
4. Elabore, em grupo, a maquete de um aeroporto.
5. Pesquise as características de cinco portos importantes para o turismo, que se localizem em diferentes países e elabore uma monografia com esta informação para uma avaliação formativa.

Capítulo 3

SUPRA-ESTRUTURA TURÍSTICA

ASPECTOS TEÓRICOS

Definição e Conceito

No capítulo anterior descrevemos a infra-estrutura turística como a obra básica, geralmente de ação estatal, em matéria de acessos, comunicações, abastecimentos de água, eliminação de resíduos, portos, aeroportos, etc.; não obstante, há outro elemento que forma parte do propósito do turista, o qual denominaremos supra-estrutura turística, a que, obviamente, está estreitamente vinculada com os meios de transporte turístico.

Óscar de la Torre Padilla define a supra-estrutura turística como:

> É o conjunto de organismos públicos e privados que regulam, fomentam e/ou coordenam a atividade turística. Em outras palavras, é a complexa organização que permite harmonizar a produção, a venda de serviços e as relações que resultam da prática do turismo.[1]

Divisão da Supra-estrutura Turística

A supra-estrutura turística se divide em organizações governamentais e não-governamentais.

Os organismos governamentais se classificam em nacionais de turismo, instituições governamentais de apoio e organizações internacionais.

---

[1] Óscar de la Torre Padilla. *El turismo, fenómeno social.* Fondo de Cultura Económica, México, 1980.

Organismos nacionais

Os organismos nacionais de turismo são aqueles que se integram dentro da administração pública e aos quais corresponde realizar a política turística; por isso a Secretaria de Turismo e a Secretaria de Comunicações e Transportes são os organismos públicos diretamente responsáveis por realizar esta atividade.

Secretaria de Turismo

A Secretaria de Turismo do México é um organismo nacional. A Ley de Secretarías y Departamentos de Estado, promulgada em 24 de dezembro de 1958, estabeleceu a criação do Departamento Autônomo de Turismo como órgão dependente do Poder Executivo. O Departamento de Turismo foi transformado em Secretaria de Turismo pelo decreto de 30 de dezembro de 1974, cuja sede se localiza na Cidade do México (Fig. 3.1).

Corresponde à Secretaria de Turismo despachar sobre os seguintes assuntos:

1. Formular e conduzir a política de desenvolvimento da atividade turística nacional.
2. Promover, em coordenação com as entidades federativas, as áreas de desenvolvimento turístico nacional e formular junto com a Secretaria de Desenvolvimento Urbano e Ecologia a respectiva declaratória.
3. Participar com voz e voto na comissão Consultiva de Tarifas e na Técnica Consultiva de Vias Gerais de Comunicação.
4. Registrar os prestadores de serviços turísticos, nos termos assinalados pela lei.
5. Promover e opinar sobre a concessão de facilidades e franquias aos prestadores de serviços turísticos e participar com a Secretaria da Fazenda e Crédito Público na determinação dos critérios gerais para o estabelecimento dos incentivos fiscais necessários para o fomento da atividade turística, administrar sua aplicação, assim como analisar e avaliar seus resultados.

SECTUR

FIGURA 3.1 – A Secretaria de Turismo do México é um organismo nacional.

6. Autorizar preços e tarifas dos serviços turísticos, previamente registrados, em termos que estabeleçam leis e regulamentos; e participar com a Secretaria da Fazenda e Crédito Público no estabelecimento de preços e tarifas de bens e serviços turísticos a cargo da Administração Pública Federal.
7. Controlar, com o apoio das autoridades estatais e municipais, a aplicação correta dos preços e tarifas autorizados ou registrados, e a prestação dos serviços turísticos, conforme as disposições legais aplicáveis nos termos autorizados ou na forma em que tenham sido contratados.
8. Incentivar a formação de associações, comitês ou patronatos de caráter público, privado ou misto, de natureza turística.
9. Opinar, ante a Secretaria de Comércio e Fomento Industrial, nos casos em que o investimento estrangeiro contribui com projetos de desenvolvimento turístico ou com o estabelecimento de serviços turísticos.
10. Regulamentar, orientar e estimular as medidas de proteção ao turismo e fiscalizar seu cumprimento, em coordenação com as instituições e entidades da Administração Pública Federal e com as autoridades estatais e municipais.
11. Promover e facilitar o intercâmbio e desenvolvimento turístico no exterior, em coordenação com a Secretaria de Relações Exteriores.
12. Promover e, se for o caso, organizar, em coordenação com a Secretaria de Educação Pública, a capacitação, a pesquisa e o desenvolvimento tecnológico em matéria turística.
13. Formular e difundir a informação oficial em matéria de turismo; coordenar a publicidade que, nesta matéria, seja realizada pelas entidades do governo federal, as autoridades estatais e municipais e promover as que sejam efetuadas pelo setor social e pelo privado.
14. Promover, coordenar e, se for o caso, organizar espetáculos, congressos, excursões, audições, representações e outros eventos tradicionais e folclóricos, excursões, audições, representações e outros eventos tradicionais e folclóricos de caráter oficial, para atração turística.
15. Fixar e, se for o caso, modificar as categorias dos prestadores de serviços turísticos por ramos.
16. Autorizar os regulamentos internos dos estabelecimentos de serviços ao turismo.
17. Elaborar a estatística referente ao turismo, de acordo com as disposições estabelecidas pelo Instituto Nacional de Estatística, Geografia e Informática.
18. Promover e apoiar a coordenação dos prestadores de serviços turísticos.
20. Projetar, promover e apoiar o desenvolvimento da infra-estrutura turística e estimular a participação dos setores social e privado.
21. Fixar e impor, de acordo com as leis e regulamentos, o tipo e a quantia das sanções pelo não cumprimento e violação das disposições sobre o turismo. Os outros que fixem expressamente as leis e regulamentos.

Secretaria de Comunicações e Transportes

Esta secretaria atende aos diversos aspectos das comunicações; também regulamenta a existência e o desenvolvimento dos meios de transporte, razão pela qual é da sua competência o despacho dos seguintes assuntos:

1. Formular e conduzir as políticas e programas para o desenvolvimento do transporte e das comunicações, de acordo com as necessidades do país.
2. Organizar e administrar os serviços de correios e telégrafos em todos os aspectos e conduzir a administração dos serviços federais de comunicações elétricas e eletrônicas; e sua conexão com os serviços públicos de concessão similares, com os serviços privados de: telefonia, telégrafos e sem fios, com estatais e estrangeiros; assim como o serviço público de processamento remoto de dados.
3. Outorgar concessões e autorizações, prévia opinião da Secretaria de Governo, para estabelecer e explorar sistemas e serviços telegráficos, telefônicos, sistemas de comunicação sem fio por telecomunicações e satélites, de serviço público de processamento remoto de dados, estações de rádio experimentais, culturais e de aficionados, e estações de radiodifusão comerciais e culturais; assim como controlar o aspecto técnico do funcionamento de tais sistemas, serviços e estações.
4. Outorgar concessões e autorizações para estabelecer e operar os serviços aéreos em território nacional, fomentar, regulamentar e fiscalizar seu funcionamento e operação, assim como negociar convênios para a prestação de serviços aéreos internacionais.
5. Regulamentar e fiscalizar a administração de aeroportos nacionais, conceder autorizações para a construção de aeroportos particulares e controlar sua operação.
6. Administrar a operação dos serviços de controle de tráfego, informação e segurança da navegação aérea.
7. Construir vias férreas, pátios e terminais de caráter federal para o estabelecimento e exploração de trens, e o controle técnico do seu funcionamento e operação.
8. Regulamentar e fiscalizar a administração do sistema ferroviário.
9. Outorgar concessões e autorizações para a exploração de serviços de autotransportes nas estradas federais, controlar tecnicamente seu funcionamento e operação e cumprir as respectivas disposições legais.
10. Exercer a vigilância de forma geral e o serviço policial nas estradas federais.
11. Participar nos convênios para a construção e exploração das pontes internacionais.

12. Fixar normas técnicas de funcionamento e operação dos serviços públicos de comunicações e transportes, tarifas para que sejam cobrados, outorgar concessões e autorizações e fixar tarifas e regras de aplicação de todas as manobras e serviços marítimos portuários, auxiliares e conexos relacionados com os transportes ou as comunicações; e participar com a Secretaria da Fazenda e Crédito Público no estabelecimento das tarifas dos serviços que presta à Administração Pública Federal de comunicações e transportes.
13. Fomentar a organização de sociedades cooperativas cujo propósito seja a prestação de serviços de comunicações e transportes.
14. Regulamentar, promover e organizar a marinha mercante.
15. Estabelecer os requisitos que o pessoal técnico da aviação civil, marinha mercante, serviços públicos de transporte terrestre e telecomunicações devem satisfazer e, também, conceder as respectivas licenças e autorizações.
16. Regulamentar as comunicações e transportes por água.
17. Inspecionar os serviços da marinha mercante.
18. Construir, reconstruir e conservar as obras marítimas, portuárias e de dragagem, instalar o balizamento marítimo e proporcionar bons serviços de informação e segurança para a navegação marítima.
19. Adjudicar e outorgar contratos, concessões e autorizações para o estabelecimento e a exploração de serviços relacionados com as comunicações por água; assim como coordenar nos portos marítimos e fluviais as atividades, serviços marítimos e portuários, meios de transporte que operem entre eles e serviços principais, auxiliares e conexos da vias gerais de comunicação para sua eficiente operação e funcionamento, excetuado os conferidos à Secretaria da Marinha.
20. Administrar os portos centralizados e coordenar os da administração paraestatal, outorgar concessões e autorizações para a ocupação das áreas federais dentro dos recintos portuários.
21. Construir e conservar os caminhos e pontes federais, inclusive os internacionais; assim como estações e centrais de autotransporte federal.
22. Construir e conservar os caminhos e pontes em cooperação com os governos das entidades federativas, com os municípios e os particulares.
23. Construir aeroportos federais e cooperar com os governos dos estados e as autoridades municipais, na construção e conservação de obras do gênero.
24. Outorgar concessões ou autorizações para construções correspondentes.
25. Cuidar, com o apoio da Secretaria de Desenvolvimento Urbano e Ecologia, dos aspectos ecológicos nos direitos de via das vias federais de comunicação.

26. Promover e, se for o caso, organizar a capacitação, a pesquisa e o desenvolvimento tecnológico em matéria de comunicação e transportes.
27. Os outros que expressamente sejam fixados pelas leis e regulamentos.

Esta secretaria conta com os seguintes endereços gerais para facilitar seus trâmites:

- Departamento Geral de Inspeção
- Departamento de Obras, Projetos e Imóveis
- Departamento Geral de Transporte Automotivo Federal
- Departamento Geral de Trens em Operação
- Departamento de Operação Portuária
- Departamento da Aeronáutica Civil
- Departamento de Concessões e Autorizações de Radiodifusão
- Departamento de Medicina Preventiva no Transporte
- Departamento de Construções de Vias Férreas
- Departamento de Marinha Mercante
- Departamento de Operação de Obras Marítimas
- Departamento de Dragado
- Departamento de Balizamentos Marítimos
- Departamento de Aquisições

Seu organograma é apresentado na Figura 3.2.

Instituições governamentais de apoio

As instituições governamentais de apoio são os organismos criados pelo Estado, constituídos por lei, cujo âmbito de ação está estreitamente vinculado com alguma atividade concreta e particular do ramo, como capacitação, financiamento, promoção e desenvolvimento do turismo social, etc.; entre as instituições de apoio se destacam, pela sua importância, a Secretaria de Educação Pública, os Aeroportos e Serviços Auxiliares e o Fundo Nacional de Fomento ao Turismo.

Secretaria de Educação Pública

A Secretaria de Educação Pública foi criada em 3 de outubro de 1921, durante o governo do presidente Álvaro Obregón. É responsável pelo cumprimento e observância dos preceitos constitucionais relativos, da Lei Orgânica da Educação e das outras disposições legais e regulamentarias sobre a matéria. O Estado garante

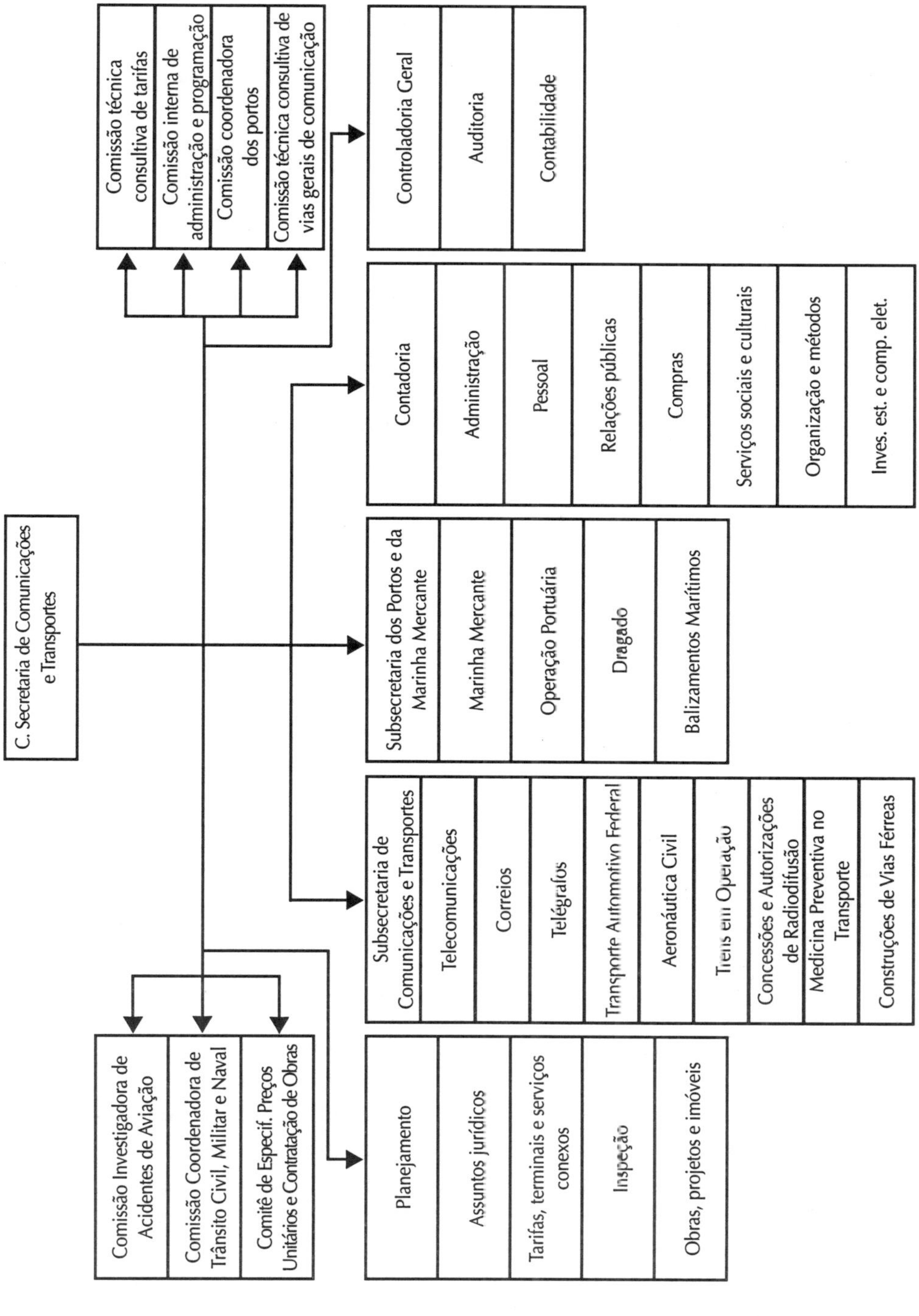

FIGURA 3.2 – Organograma da Secretaria de Comunicações e Transportes.

a educação a todos os mexicanos e aplica os princípios do laicismo e gratuidade em todas as instituições de caráter oficial. A referida Secretaria organiza, controla e desenvolve nas escolas oficiais, incorporadas ou reconhecidas:

a) O ensino que se ministre nas escolas a que se refere o inciso XXII do artigo 123 da Constituição.
b) O ensino de nível técnico que esteja vinculado com os meios de transporte turístico.
c) Os ensinos superior e profissional vinculados com a indústria de transporte.

Além disso, exerce supervisão e fiscalização necessárias nas equipes que ministram educação na República, conforme prescrito no artigo 3º da Constituição; revalida estudos e títulos e concede autorização para o exercício das capacidades acreditadas; finalmente, organiza, promove e supervisiona programas de capacitação e treinamento em coordenação com os departamentos do governo federal, dos governos dos estados e dos municípios, as entradas públicas e privadas, assim como os fideicomissos criados com tal propósito. Com este propósito organiza sistemas de orientação vocacional de ensino aberto e de revalidação de estudos.

Aeroportos e Serviços Auxiliares

Considerando que o México, em 1960, possuía 31 aeroportos em operação, dos quais alguns eram de propriedade federal, outros de Petróleos Mexicanos (Pemex), muitos de companhias particulares e alguns de companhias estrangeiras, além disso, nem todos cumpriam com as normas aeroportuárias em vigência, foi imposta a unificação da administração, operação e conservação dos aeroportos, centralizada em um único organismo eficiente, capaz e auto-suficiente economicamente, para garantir o progresso do aeroporto e aproveitar assim o desenvolvimento do país.

Em 10 de junho de 1965, foi criado, por decreto presidencial, Aeroportos e Serviços Auxiliares, um organismo descentralizado, com personalidade jurídica e patrimônio, tendo como principais objetivos administrar, operar e conservar os aeroportos e serviços complementares como aterrissagens, estacionamento de aeronaves, corredores telescópicos, salas móveis e serviços auxiliares, como arrendamentos, transporte terrestre de passageiros, estacionamentos e serviços de plataforma.

Anos depois, por acordo presidencial do dia 4 de julho de 1978, fundem-se a Empresa Nacional de Combustíveis de Aviação S.A. com a ASA (Aeroporto e Serviços Auxiliares), como resultado dessa fusão ficam autorizadas a fornecer combustíveis e lubrificantes às aeronaves que transitam nos aeroportos da rede.

Em abril de 1980, passam a fazer parte da ASA as instalações de serviço de combustível (que a American Airlines vinha utilizando) dos aeroportos do sudeste, unificando este serviço.

Departamentos autônomos:

a) **Jurídico e consultivo.** Sua função é representar o organismo em todos os assuntos de caráter jurídico.
b) **Compras e depósitos.** Sua função consiste em compra e administração dos bens requeridos pelo organismo.
c) **Imprensa e difusão.** Encarregada de difundir através dos meios de comunicação os planos, programas e serviços que o organismo proporciona.
d) **Capacitação.** Sua função é proporcionar o desenvolvimento integral do pessoal, desenvolver programas de capacitação e administrar o programa de bolsas de estudo do organismo.
e) **Unidade de planejamento.** Dedica-se a formular, computar e organizar planos.

Fundo Nacional de Fomento ao Turismo

O Fundo Nacional de Fomento ao Turismo – Fonatur (México) é um fideicomisso do governo federal administrado pela Nacional Financeira: foi constituído em 16 de abril de 1974 com os Fundos de Garantia e Fomento ao Turismo (Fogatur) e de promoção de Infra-estrutura Turística (Infratur), é o organismo executor dos programas de desenvolvimento e financiamento para as empresas e atividades do ramo.

Promove o investimento privado em apoio às áreas e projetos de interesse nacional e brinda apoio financeiro às companhias mexicanas e operadoras de hotéis, motéis, restaurantes, paradores e outros serviços. Tem continuado os projetos empreendidos pelos Fogatur e Infratur, e viabilizado outros, entre os que se destacam Cancun, iniciado em 1971, financiado parcialmente pelo Banco Interamericano de Desenvolvimento; a primeira etapa foi concluída em 1975.

Organizações internacionais

São aquelas criadas com a finalidade de regulamentar a atividade turística no aspecto das suas relações e de seu fomento internacional, as quais podem ser regionais ou universais, entre as que se destacam particularmente para os efeitos dos meios de transporte, a OACI (Organização da Aviação Civil Internacional) e a IATA (Associação Internacional de Transporte Aéreo).

Organização da Aviação Civil Internacional

A OACI foi criada em Chicago durante a reunião entre governos realizada de 1º de novembro a 7 de dezembro de 1944. É um organismo oficial das Nações Unidas, cuja sede esta em Montreal, Canadá; estabelece a normativa técnica pela qual se regem os serviços aéreos internacionais e incentiva as convenções legais aéreas que se aplicam ao transporte aéreo internacional (Fig. 3.3).

O Convênio de Chicago regulamenta as relações entre os países em um extenso campo de matérias, tanto técnicas como comerciais, relativas ao transporte aéreo internacional.

Os países participantes determinaram uma série de acordos bilaterais que se denominam liberdades do ar, que descrevemos a continuação:

- *Primeira liberdade.* O direito das aeronaves da linha aérea de um país a sobrevoar o território de outro país sem aterrissar.
- *Segunda liberdade.* O direito da linha aérea de um país a aterrissar suas aeronaves no território de outro país com a finalidade não de tráfego, mas de escala técnica.
- *Terceira liberdade.* O direito da linha aérea de um país a desembarcar, em outro país, passageiros, carga e correio procedentes do país da linha aérea.
- *Quarta liberdade.* O direito da linha aérea de um país a desembarcar em outro país seus passageiros, carga e correio com destino ao país da linha aérea.
- *Quinta liberdade.* O direito da linha aérea de um país a transportar passageiros, carga e correio desde um ponto em um país estrangeiro para outro ponto em outro país.

FIGURA 3.3 – Organização da Aviação Civil Internacional.

- *Sexta liberdade*. Esta denominação se aplica, às vezes, ao tipo de tráfego da quinta liberdade, em que se transporta desde um ponto em um país estrangeiro (país C) para um ponto em outro país estrangeiro (país Z) através do país da própria linha aérea (país A).

Associação Internacional de Transporte Aéreo

É um organismo que opera mundialmente, cujos objetivos são fomentar o transporte aéreo de forma segura, regular e econômica, representa a culminação das sucessivas etapas que marcaram a organização e a evolução do transporte aéreo.

Na conferência do 19 de abril de 1945, em Havana, se aprovaram os estatutos da nova organização, estabelecidos em Chicago em 6 de dezembro de 1944, em uma reunião de governos. Sua existência legal começa em 18 de dezembro de 1945, data na qual foi constituída oficialmente como sociedade canadense registrada em Montreal, Canadá, sua sede desde então.

Trata-se de uma organização não oficial à qual qualquer companhia aérea pertencente a um Estado membro da OACI pode se associar e é autorizado pelo seu governo para operar uma linha regular. Os objetivos da Associação Internacional de Transporte Aéreo (IATA – International Air Transport Association) são:

- Incentivar para benefício de todos os países o transporte aéreo de forma segura, regular e econômica. Estimular o comércio aéreo e estudar os problemas relacionados com as atividades mencionadas.
- Criar os meios de colaboração entre as empresas de transporte aéreo dedicadas direta ou indiretamente a este serviço no âmbito internacional.
- Cooperar com a OACI e demais organizações internacionais. Os membros são ativos e associados. Ambos prestam um serviço aéreo público, regular e devidamente autorizado para o transporte remunerado de passageiros, correspondência ou carga.

A diferença consiste em que o tráfego deve ser internacional regular para os membros ativos e não para os associados.

Os organismos principais da IATA são:

a) **Junta geral**. Autoridade máxima, está integrada aos representantes dos membros ativos, deve se reunir anualmente. De todos os poderes da associação a cujo presidente cabe eleger, entre os presentes das linhas aéreas, seus membros têm idêntico voto sem que ninguém possa assumir a representação de outros membros. O presidente da junta geral será eleito entre os representantes de linhas aéreas que na associação pertençam à categoria de membro ativo.

b) **Comitê executivo.** Escolhido pela junta geral – composta por 3 membros – e renovado anualmente, deve exercer as funções determinadas pela junta e as executivas resultantes dos estatutos. O comitê executivo se compõe de 9 a 18 membros ativos; sempre que seja necessário, elegem seu presidente em cada reunião e podem convocar, a qualquer momento, juntas gerais extraordinárias e designar comitês integrados pelos seus membros, fixando seus deveres e funções. Tem sido delegadas ao diretor executivo do IATA a maioria das atribuições do comitê executivo, a quem está encomendada a administração da associação. Os membros dos comitês da IATA são designados pelas linhas aéreas para agir como especialistas em nome de toda a indústria aérea, sujeitos a normas e supervisão do comitê executivo.

c) **Cinco comitês permanentes.** À frente dos quais se encontra um diretor que pertence ao pessoal da IATA, dividindo assim a atividade da organização. Os comitês são:

- Assessor técnico (conferências de tráfego, análises de custos operacionais, tarifas de bilhetes e carga, horários e aprovação de agências e sua autorização).
- Comitê técnico (encarregado das operações de vôo).
- Comitê financeiro (unificar os métodos de apresentação e liquidação).
- Comitê legal (direito aéreo, público e privado).
- Comitê médico (aspectos fisiológicos, psicológicos e de higiene para segurança e eficiência da tripulação).

Os comitês permanentes, cujo número de membros varia de 8 a 21 para cada um, são escolhidos, com exceção do presidente, de uma lista de candidatos propostos pelas companhias.

Conferências de tráfego

Na organização da IATA, os departamentos de tráfego hierarquicamente superiores aos comitês e aos grupos de trabalho reúnem os especialistas em aviação e aos diretores das companhias-membro, responsáveis por suas respectivas políticas.

Para facilitar o cumprimento das funções do IATA, o mundo foi dividido em três áreas ou conferências. Cada uma congrega as companhias radicadas nela. As conferências se dividem segundo o tema: passageiros ou carga. As primeiras se reúnem no outono, nos anos pares, seus acordos entram em vigor em abril do ano seguinte. As segundas se reúnem na primavera, nos anos ímpares, seus acordos entram em vigor em outubro desse mesmo ano.

Assim, as conferências áreas um, dois e três se reúnem separadamente para resolver um assunto sobre uma linha, cujos serviços são utilizados em uma só demarcação geográfica que corresponde aos limites de uma conferência.

A área das conferências de tráfego é a seguinte:

- *Conferência* 1 (TC1): América e ilhas adjacentes, incluindo o Havaí.
- *Conferência* 2 (TC2): Europa, África e ilhas adjacentes ou Oriente Médio, ao oeste do Irã.
- *Conferência* 3 (TC3): Ásia, incluindo o Irã, Austrália e ilhas do Pacífico.

As três conferências do tráfego têm um secretário com sede em Genebra. Como a IATA representa praticamente todo o transporte aéreo internacional, muitos países delegam oficialmente a ela, a determinação das tarifas internacionais e das condições para sua aplicação; mesmo aquelas companhias que não são membros da IATA têm adotado suas disposições e tarifas nas respectivas linhas internacionais.

Como cada país reserva completa autoridade sobre seu espaço aéreo, assim como o direito de fixar os preços ao público pelos serviços aéreos, tarifas e fretes internacionais e as condições de sua aplicação devem ser estabelecidas mediante acordos internacionais nos quais, praticamente, cada país possui algum interesse direto ou indireto. Por isso, a maioria dos países tem concordado em que esta tarefa complexa de negociar acordos muito detalhados e que abrangem as condições sempre em evolução do comércio aéreo mundial deve ser confiada primeiramente às Conferências de Tráfego da IATA, cujo sistema deriva do caráter específico do transporte aéreo, e ser ratificadas posteriormente pelos respectivos governos. Não obstante, em muitos deles se sustenta a celebração de acordos bilaterais aéreos, sobre bases de reciprocidade para os países contratantes.

Além disso, existem quatro conferências conjuntas que cobrem as operações entre as Conferências de Tráfego da IATA:

- TC1 e TC2 (JT12-rotas transatlânticas).
- TC2 e TC3 (JT23-entre Europa, África, Oriente Médio e Ásia, Austrália).
- TC3 e TC1 (JT31-rotas transpacíficas).
- TC1, TC2 e TC3 (JT123- rotas ao redor do mundo).

Padronização de documentos de tráfego e acordos entre linhas aéreas

As Conferências de Tráfego da IATA não se circunscrevem a simples fixação de tarifas para passageiros e carga. Tem dedicado também muitos esforços à criação de bilhetes de passagem, conhecimentos aéreos e outros documentos de tráfego de formato padronizado ou normativo, assim como a regulamentação de procedimentos na manipulação de carga e bagagem. O objetivo principal deste trabalho é facilitar o movimento da carga e bagagem entre os serviços de uma linha aérea IATA e os de outra.

O uso de documentos e procedimentos padronizados tem possibilitado que as linhas aéreas formalizem acordos entre si. A característica essencial destes acordos é que os bilhetes e conhecimentos aéreos emitidos por uma linha aérea são aceitos como válidos para o transporte nos serviços de outras linhas aéreas. Estes acordos entre as linhas aéreas da IATA, formalizado na base de tarifas uniformes e documentos regulamentados estabelecidos pelas Conferências de Tráfego, têm ajudado de forma eficaz o público viajante e os expedidores de carga. Servem para por ao alcance do público a rede mundial dos serviços das linhas aéreas da IATA. Um passageiro pode voar de qualquer cidade do mundo a outra com uma única passagem por um preço determinado, utilizando os serviços de diferentes transportadoras.

Convênio de Varsóvia

A responsabilidade das linhas aéreas por morte ou lesões causadas aos passageiros e por perda, dano ou atraso da bagagem e da carga se rege, da mesma forma que a maioria dos transportes internacionais, por um acordo entre governos denominado Convênio de Varsóvia. Este acordo foi formalizado em 1929 e, desde então, recebeu várias emendas por outros convênios internacionais. O princípio geral, enunciado no Convênio de Varsóvia, é que o transportador é responsável perante o passageiro expedidor ou consignatário, a menos que possa demonstrar que adotou as medidas necessárias para evitar o dano. A obrigação de aportar provas é assim transferida do reclamante, sobre quem recai normalmente, ao próprio transportador. Porém, se estabelece um limite de responsabilidade do transportador. O convênio fixa estes limites de responsabilidade em caso de morte ou lesões aos passageiros, assim como por perda, dano ou atraso da bagagem ou carga. Os limites para bagagem e carga estão marcados por seu peso.

Condições de contrato da Associação Internacional de Transporte Aéreo e as condições gerais de transporte de passageiros

O Convênio de Varsóvia não trata em toda sua amplitude das relações legais entre linhas aéreas, passageiros e expedidores. Tanto a passagem como o conhecimento aéreo contém cláusulas contratuais que cobrem assuntos não regulamentados pelo convênio; também cláusulas de responsabilidade pelo transporte às que não se aplica o convênio. As condições estão impressas na passagem e no verso do conhecimento aéreo, sob o título "Condições do Contrato".

As condições que aparecem na passagem e conhecimento aéreos estão necessariamente resumidas. Porém, remetem a outras cláusulas mais detalhadas nas Condições Gerais de Transporte. Todos os transportadores publicam estas condições como cláusulas contratuais de aplicação ao transporte em seus serviços. Porém, inclusive neste particular existe certo grau de uniformidade, posto que as Conferências de Tráfego da IATA têm aprovado as Condições Gerais de Transporte de aplicação aos passageiros e bagagem, recomendado a adoção das mesmas a todas as linhas aéreas da IATA e adotadas por um elevado número delas.

Outros organismos

Organização Mundial do Turismo (OMT). Seu primeiro antecedente foi uma organização fundada em La Haya, em 1925, denominada Congresso Internacional das Associações Oficiais de Propaganda Turística. Anos mais tarde, em 1927, modificaram seu nome para Congresso Internacional dos Organismos Oficiais de Propaganda Turística. Depois da Segunda Guerra Mundial, este organismo se reestruturou sob o nome de União Internacional de Organismos Oficiais de Turismo (UIOOT), cuja sede foi estabelecida em Genebra, Suíça.

O objetivo fundamental da organização é promover o desenvolvimento do turismo para coadjuvar no desenvolvimento econômico, na compreensão internacional, na paz, na prosperidade, no respeito universal e na observância dos direitos humanos, assim como nas liberdades fundamentais para todos, sem distinção de raça, sexo, idioma ou religião.

Agora nos referiremos aos organismos não-governamentais, os quais se classificam em associações profissionais, associações de usuários e associações internacionais:

a) **Associações profissionais.** Agrupam prestadores de serviços turísticos, em conjuntos e por tipo de empresas; assim, neste item, podemos assinalar a Associação Mexicana de Agências de Viagens (AMAV) ou a Associação Mexicana de Hotéis e Motéis, A. C. (AMHM), para mencionar algumas.

Associação Mexicana de Agências de Viagens (AMAV). Foi fundada em 1945, pouco depois da Segunda Guerra Mundial por Daniel Ramírez, segundo consta na Ata Constitutiva, na qual figuram também os nomes de: Orestes Cabuti, Roberto Griffith, Gustavo Garza, Juan Gómez Pérez e Salvador Hernández, Lucas de Palacio e José Montoya, todos eles já falecidos. No período de 1945 a 1955 se estruturam e definem os caminhos.

Em 1955, realizou-se a Convenção Anual AMAV no Hotel Nueva Ixtapan (Ixtapan de la Sal, Estado do México), sendo diretor de realizações públicas Héctor Manuel Romero, inicia-se a etapa institucional da AMAV, cuja presidência tem sido ocupada por numerosas pessoas.

Esta associação tem de:

- Aumentar a oferta com a finalidade de continuar crescendo.
- Desenvolver a capacitação de recursos humanos que deverá ter a seu cargo a operação da nova oferta.
- Incrementar a promoção para que a nova oferta seja rentável.

Associação Mexicana de Hotéis e Motéis. A. C. (AMHM). Fundada em 1922. Em 1973, agrupava mil estabelecimentos que somam 80% da totalidade dos quartos, embora signifique apenas 30% do número de hotéis. São filiais 42 associações estatais e locais: Acapulco, Aguascalientes, Baja California Sur, Campeche, Ciudad de México, Ciudad Juárez, Coahuila, Cuautla, Cuernavaca, Durango, Guanajuato, Ciudad Valles, Irapuato, Ixtapan de la Sal, Jalapa, Jalisco, León, Manzanillo, Mazatlán, Michoacán, Nayarit, Nuevo Laredo, Nuevo León, Oaxaca, Poza Rica, Puerto Vallarta, Querétaro, San Andrés Tuxtla, San Luis Potosí, San Juan de los Lagos, San Miguel Allende, Sonora, Tabasco, Tamaulipas, Tampico, Taxco, Tijuana, Veracruz, Yucatán, Zacatecas e Zihuatanejo. O Conselho da Associação é composto por um presidente, 10 diretores de área com caráter de vice-presidentes e 13 representantes. Tem realizado múltiplas convenções nacionais, a primeira em 1926. O conselho nacional se reúne quatro vezes ao ano em diferentes cidades da República, o conselho diretivo, com sede na Cidade do México, a cada duas semanas.

b) **Associações de usuários.** Congregam grupos de turismo, como as associações de automobilistas, de montanhistas, clubes estudantis de viagens e outros.

Associação Mexicana Automobilística (AMA). Instituição civil sem fins lucrativos a serviço do automobilista mexicano, fundada em 1929, cujas funções são: o auxílio viário, tramitação de todo tipo de documento relacionado com o automóvel, promoção do turismo e do esporte automobilístico em suas múltiplas e variadas especialidades.

Serviço Educativo de Turismo dos Estudantes e da Juventude do México, A. C. (SETEJ). A finalidade deste organismo é promover a superação cultural e social entre jovens e estudantes, isto é, educação extra-curricular por meio do turismo social. Os requisitos para afiliar-se são: ser estudante menor de 25 anos, professores de qualquer idade; obter uma carteirinha de sócio que deve ser renovada a cada ano; com ela se obtém todos os serviços que presta a associação e o direito de hospedar-se nos albergues da AMEJ (Associação Mexicana para os Estudantes e a Juventude), localizados no Distrito Federal e em Acapulco. Entre os serviços que se podem obter com a carteirinha estão: vôos internacionais com 50% de desconto, vôos "charter", cursos de idiomas em diferentes países, circuitos internacionais, nacionais e especiais, bolsa de trabalho, hospedagem, seguro de viagens, descontos e carteirinha ISTC (International Student Travel Conference), válida em 48 países e com a qual se podem obter inúmeros descontos na Europa, na América do Norte, no Japão e na Austrália, principalmente.

Conselho Nacional de Recursos para a Atenção da Juventude (CREA). Este organismo tem programas de recreação e turismo, colocados em prática sob a Rede Nacional de Albergues, desde seu início em 1976. Devido à importância dos programas a serem desenvolvidos, quatro anos mais tarde, a divisão encarregada destas atividades adquiriu o caráter de Direção de Turismo Popular, da qual dependem 18 albergues, além de uma agência de viagens que organiza e promove excursões em pacotes para feriados, períodos de férias e finais de semana, assim como passeios dominicais a lugares turístico-culturais. Os preços destes pacotes incluem:

- *Transporte*: nos passeios dominicais, de caráter escolar; nos pacotes se utilizam ônibus de turismo, avião e balsa quando necessário.
- *Alojamento em hotéis* de classe turística ou em seus próprios albergues, que consistem de quartos gerais com beliches em áreas para homens e para mulheres.
- *Alimentação*: geralmente pensão completa, em determinados casos, caixa com lanche ("box lunch").
- *Guias especializados* em grupos e locais onde são necessários, como nas áreas arqueológicas ou em museus.

O CREA cujo antecedente imediato é o INJUVE pertence ao setor da educação e conta com albergues nas seguintes localidades: Aguascalientes, Campeche, Ciudad Obregón, Cuautla, Chetumal, Distrito Federal, Durango, La Paz, Mexicali, Morelia, Querétaro, Tijuana, Tuxtla Gutiérrez, San Luis Potosí, Veracruz, Zacatecas, Zihuatanejo e Cancún; com uma oferta global de dois mil leitos. Neles se oferece hospedagem em quartos separados e alimentação. Conta, também, com o Cartão Plano Jovem, mediante o qual se obtêm descontos nos estabelecimentos afiliados, como comércios, espetáculos e serviços de transporte, entre outros; o cartão tem vigência de dois anos, depois dos quais deve ser renovado, é outorgado aos jovens entre 12 e 29 anos.

c) **Associações internacionais.** Constituídas pelas associações nacionais, de prestadores de serviços ou de usuários, quando estas se agrupam internacionalmente.

Federação Universal de Associações de Agências de Viagens (FUAAV). Este organismo foi fundado em 1966, na fusão da Federação Nacional de Agências de Viagens (IFTA) com a Organização Universal de Associações de Agências de Viagens (UOTAA). Atualmente é a única federação mundial de Associações e Agências de Viagens e representa assim as agências de viagens do mundo inteiro. A junta de diretores da FUAAV, que se reúne duas vezes por ano, é o principal órgão reitor, enquanto o órgão executivo está representado pelo Secretariado Geral da FUAAV, com sede em Bruxelas.

Seus membros são 62 Associações ou Organizações Nacionais de Agências de Viagens, estabelecidas pelo mundo inteiro, que, ao mesmo tempo, representam 18.000 agências de viagens, com mais de 500.000 funcionários que administram 70% das reservas das linhas aéreas internacionais. Os membros com plenos direitos da FUAAV (conhecidas pelo nome de Agências Registradas) ou quaisquer outras empresas, como linhas aéreas, grupos hoteleiros, companhias de aluguel de carros, cujas atividades mantém relação com as de agências de viagens (conhecidas como Empresas Registradas).

As funções da FUAAV são as seguintes:

- Integrar as associações nacionais das agências de viagens dentro de uma federação internacional.
- Analisar e manter os interesses profissionais das associações de agências de viagens afiliadas, com a finalidade de propiciar maiores benefícios e melhores condições de operação.
- Consolidar o prestígio mundial de tão importante atividade profissional.
- Ter o reconhecimento oficial de que desempenha o conceito de agência de viagens, no âmbito internacional, assim como desenvolver este conhecimento no âmbito nacional.
- Permitir às associações afiliadas, possuir amplo conhecimento por meio da organização de congressos internacionais.
- Proporcionar orientação a seus integrantes, relativa aos assuntos profissionais e turísticos da sua competência.
- Facilitar a criação de associações nacionais nos países que não contem com elas.
- Intervir, em âmbito internacional, com o propósito de abrandar as diferenças entre as associações nacionais ou entre elas e seus membros ou, inclusive, entre membros de associações nacionais de diversos países.
- Atuar como consultora e assessora entre organizações internacionais em tudo aquilo que se relaciona com as atividades profissionais das agências de viagens no âmbito internacional.

Finalizando, cabe assinalar que anualmente se realiza um congresso mundial com a presença dos representantes do transporte e do turismo integrantes do foro mundial e que exercem sua influência sobre a indústria do transporte.

Associação Americana de Agentes de Viagens (American Society of Travel Agents – ASTA). Em 1931, foi criada a "American Steamship and Tourist Association", com a finalidade de promover o progresso das agências de viagens e fomentar

FIGURA 3.4 – Associação Americana de Agentes de Viagens.

práticas de negócios éticos; porém, em 1944, mudou esse nome de forma oficial para "American Society of Travel Agents" (ASTA); esta sociedade reúne as agências de viagens a muitos outros negócios vinculados com o serviço de viagens, incluindo, é claro, operadoras de estabelecimentos de hospedagem, maioristas de excursões e empresas locadoras de carros. Os sócios devem respeitar um estrito código de ética, de forma que protejam o público de fraudes, falsificações ou práticas profissionalmente antiéticas. Além disso, a ASTA patrocina inúmeras oficinas de educação sistemática, organiza também conferências dirigidas aos integrantes da atividade turística sobre temas de viagens, procurando a aprovação de uma legislação federal e estatal, assim como regras que favoreçam os agentes de viagens (Fig. 3.4).

ASPECTOS DIDÁTICOS

Exercícios de Consolidação e/ou Auto-avaliação

Instruções. Marque um X dentro dos parênteses da opção correspondente:

1. São aqueles que se integram dentro da administração pública e aos quais corresponde realizar a política turística:

( ) organismos nacionais de turismo
( ) instituições governamentais de apoio
( ) organizações internacionais

2. O Departamento de Turismo foi transformado em Secretaria de Turismo por decreto em:
   ( ) 24 de dezembro de 1974
   ( ) 24 de dezembro de 1958
   ( ) 30 de dezembro de 1974

3. Atende os diversos aspectos das comunicações. Secretaria de:
   ( ) Educação Pública
   ( ) Comunicações e Transporte
   ( ) Relações Exteriores

4. Em 10 de junho de 1965, nasceu, por decreto presidencial:
   ( ) a Secretaria de Turismo
   ( ) Aeroportos e Serviços Auxiliares
   ( ) Nacional de Combustíveis de Aviação

5. Fideicomisso do governo federal administrado pela Nacional financeira, constituído em 16 de abril de 1974:
   ( ) Fonatur
   ( ) Fogatur
   ( ) Infratur

6. São os organismos criados pelo Estado, constituídos por lei, cujo âmbito está estreitamente vinculado com alguma atividade concreta e particular do ramo:
   ( ) organismos nacionais de turismo
   ( ) instituições governamentais de apoio
   ( ) organizações internacionais

7. São aquelas que foram criadas para efeitos de regulamentação da atividade turística no aspecto das suas relações e fomento internacional, que podem ser regionais ou universais. Organizações:
   ( ) internacionais
   ( ) nacionais
   ( ) funcionais

8. Organismo oficial das Nações Unidas, criado em Chicago durante a reunião entre governos, celebrada nessa cidade de 1º de novembro a 7 de dezembro de 1944:
   ( ) IATA
   ( ) OACI
   ( ) CIAC

9. O direito da linha aérea de um país de desembarcar, em outro país, passageiros, carga e correio procedentes do país da linha aérea:

   ( ) segunda liberdade
   ( ) terceira liberdade
   ( ) quarta liberdade

10. O direito das aeronaves da linha aérea de um país de sobrevoar o território de outro país sem aterrissar:

    ( ) primeira liberdade
    ( ) segunda liberdade
    ( ) terceira liberdade

11. O direito da linha aérea de um país de transportar passageiros, carga e correio desde um ponto de um país estrangeiro a outro ponto em outro país:

    ( ) quinta liberdade
    ( ) terceira liberdade
    ( ) primeira liberdade

12. Organismo que opera mundialmente, cujo objetivo é fomentar o transporte aéreo de forma segura, regular e econômica:

    ( ) OACI
    ( ) IATA
    ( ) CIAC

13. A "International Air Transport Association" tem sua sede em:

    ( ) Genebra
    ( ) Chicago
    ( ) Montreal

14. A Junta Geral da IATA deve reunir-se:

    ( ) mensalmente
    ( ) anualmente
    ( ) bimestralmente

15. O Comitê Executivo de IATA é escolhido:
    ( ) pela junta geral
    ( ) pela Conferência de Tráfego
    ( ) pelo comitê permanente

16. Promove o desenvolvimento do turismo para coadjuvar o desenvolvimento econômico, a compreensão internacional, a paz, a prosperidade, o respeito universal e a observância dos direitos humanos:

    ( ) AMA
    ( ) AMH
    ( ) OMT

17. A Associação Mexicana de Hotéis e Motéis, A.C. é uma associação:

    ( ) internacional
    ( ) de usuários
    ( ) profissional

18. A Associação Mexicana de Agências de Viagens (AMAV) foi fundada em:

    ( ) 1945
    ( ) 1955
    ( ) 1965

19. Instituição civil sem fins lucrativos, a serviço do automobilista mexicano, fundada em 1929:

    ( ) OMT
    ( ) AMA
    ( ) AMAV

20. Organismo cujos programas de recreação e turismo foram postos em prática sob a Rede Nacional de Albergues, desde seu início em 1976:

    ( ) SETEJ
    ( ) FUAVV
    ( ) CREA

Atividades de Reforço

1. Pesquise e apresente, por escrito, um relatório destacando de que se ocupa cada um dos departamentos gerais da Secretaria de Comunicações e Transportes que agilizam os trâmites.
2. Elabore uma lista com 10 organismos diferentes que não estejam inclusos neste capítulo e enquadre-os dentro da classificação que corresponda.
3. Pesquise quais organismos existem na sua localidade.
4. Descreva ao menos um exemplo concreto de cada uma das seis liberdades do ar.
5. Terminando o capítulo, crie em grupo um jornal-mural incluindo diversos aspectos.

Capítulo 4

TRANSPORTE TERRESTRE EM AUTOMÓVEL

ASPECTOS TEÓRICOS

Definição e Conceito

O automóvel é um veículo que se translada pelo chão, sobre quatro ou mais rodas, por meio da força gerada por um motor próprio (Fig. 4.1). É formado por carroceria, chassi que serve de suporte para o motor e acessórios. Em alguns modelos, pela sua firmeza, a carroceria desempenha as funções do chassi. Outras partes fundamentais são eixos e rodas; suspensão de molas ou amortecedores (de molas ou hidráulicos); freios e volante; embreagem e caixa de câmbio que, por meio do diferencial, transmite aos eixos a potência do motor. A conexão ou

FIGURA 4.1 – O automóvel é um veículo que funciona com um motor próprio.

desconexão desta transmissão é obtida por meio da embreagem; caixa de câmbio, com capacidade de 3 ou 4 graus (marchas) e marcha ré, destina-se a graduar as revoluções do motor e a velocidade da marcha desejada. O diferencial permite que, nas curvas, uma das rodas traseiras gire a mais revoluções que a outra. O motor mais utilizado é o de explosão de quatro tempos, com um número par de cilindros (quatro ou seis); o motor diesel é característico dos automóveis de grande porte para transportes coletivos (ônibus de excursão) ou de carga (caminhões). Outros tipos de motor, como o elétrico e o de turbina, estão em fase experimental. O funcionamento do motor é controlado por meio de um pedal (acelerador), que regula a entrada do combustível. O sistema elétrico merece destaque, integrado por: dínamo, ou alternador, acumulador (bateria), motor de arranque, luzes e outros acessórios.

História do Automóvel

Referir-nos à historia do automóvel implica referir-nos à criação da roda nos primórdios da história da humanidade. Não se sabe quando esta invenção apareceu, pois quando os egípcios começaram a escrever a história de suas obras e plasmar nos muros dos seus túmulos as cenas da vida cotidiana, já possuíam veículos com rodas, razão pela qual a primeira roda foi inventada muito antes, possivelmente na Mesopotâmia. Talvez algum homem observou algum tronco que rodava e lhe ocorreu que se colocasse algo semelhante embaixo de coisas pesadas, poderia trasladá-las com menor esforço e maior rapidez que arrastando. Certamente, depois de algum tempo, começaram a ser usados troncos como rodas.

Posteriormente, foi colocada a parte redonda de um tronco na união das varas de um bastidor em forma de V, origem de um primeiro e rudimentar carrinho de mão. Depois, surgiu a primeira carreta puxada por pessoas e, mais tarde, por animais domesticados; então com menor esforço se podia trasladar cargas muito pesadas.

Depois, foram inventados os eixos de metal que facilitaram ainda mais a tarefa dos animais que puxavam os veículos e, mais tarde, colocaram, nas carretas, rodas de madeira com faixas de metal e reforçadas com raios.

Nos muros do túmulo de Ramsés II, que reinou no Egito há mais de três mil anos, observam-se imagens dos suntuosos carros de combate do rei, com sólidos raios, eixos e rodas de metal.

Os carros romanos, da mesma forma que os egípcios (Fig. 4.2), assírios e persas, possuíam apenas duas rodas; eram utilizados especialmente nas arenas do circo. Os agricultores da Itália antiga transportavam em seus carros vinho, oliva e outros produtos para os mercados de Pompéia, antes da erupção do vulcão Vesúvio.

Durante a Idade Média, na Europa, as pessoas viajavam a cavalo (Fig. 4.3) e em grupos, pois dessa forma protegiam uns aos outros e, obviamente, as mulheres raramente viajavam.

FIGURA 4.2 – Os carros egípcios possuíam apenas duas rodas.

No século XVI, os carros começam a generalizar-se, para viajar ou passear na cidade; mais tarde aparecem carros de aluguel e as diligências, e depois os carros particulares. Na metade do século XVII, os carros começam a transformar-se em um perigo para os pedestres, por isso foram construídas estradas para unir as cidades mais importantes da Europa; por isso se podia viajar de Dover a Londres, o que significava percorrer uma distância de 90km em três dias.

Assim, quando colonizaram a América, os ingleses introduziram os veículos sobre rodas na América do Norte e os espanhóis os introduziram na América Latina. Desde os primeiros anos da Conquista foram fabricadas grandes quantidades de veículos, pois precisavam solucionar o problema do transporte do ouro e da prata até os barcos, para depois levá-los para a Europa.

FIGURA 4.3 – Durante a Idade Média, as pessoas costumavam viajar a cavalo.

Não obstante, a invenção do automóvel não ocorreu antes de 1769, quando o francês Nicolás J. Cugnot construiu seu primeiro veículo a vapor de três rodas (Fig. 4.4). Tinha pouquissímo poder e sua duração foi breve devido à colisão sofrida contra um prédio durante a primeira prova pública; porém, ganhou o interesse do ministro de Guerra, o duque de Choiseul, que encomendou a Cugnot a construção de outro veículo. Quando concluiu a encomenda, o duque estava em exílio, por isso nunca foi utilizado, mas ainda se conserva em Paris. A segunda aplicação do vapor no transporte foi realizada por W. Murdock, assistente de James Watt; foram continuadas por numerosos pesquisadores, como Trevithik e Symington, o primeiro inventou e patenteou a caixa de marchas.

Em 1827, sir Goldsworthy Gurney fabricou um veículo a vapor que foi utilizado como transporte durante vários anos e, em 1829, inventou um trator que foi usado como serviço de passageiros entre Gloucester e Cheltenham. Walter Hankock construiu alguns veículos a vapor que foram usados nas ruas de Londres, um deles foi o primeiro a cobrar para transportar passageiros.

Entre os fatos mais relevantes da história do automobilismo se destaca a invenção do pneu por R. W. Thomson, em 1846, e a invenção da roda de borracha sólida em 1867.

Entre 1873 e 1885, Amedée Bolée construiu, na França, vários veículos a vapor, um dos quais, um ônibus, participou na corrida Paris-Bordeaux de 1895, e foi o único carro a vapor a completar a prova. Em 1878, um de seus carros a vapor tinha corrido de Paris a Viena, a máquina localizava-se sob o capô e desenvolvia uma velocidade de 35km/h; nos EUA, J. K. Fisher fabricou dois carros de bombeiros com propulsão própria e, em 1882, Copeland, da Filadélfia, construiu um triciclo a vapor que teve grande aceitação.

J. Lenoir patenteou, em 1880, o primeiro motor a gás, cujo uso teve um grande sucesso devido a sua relativa segurança.

FIGURA 4.4 – Cugnot construiu um triciclo a vapor.

Monsenhor A. Beau de Roches propôs o atual ciclo de quatro tempos e, em 1876, N. A. Otto inventou seu famoso motor silencioso a gasolina. A invenção do primeiro veículo a gasolina é compartilhada por Gottlieb, da Alemanha, e Siefgried Markus, da Áustria. É possível que tenha sido Markus quem o construiu, porém, mesmo tendo sido exibido na exposição de Viena, em 1878, não foi comercializado.

Por outro lado, nos EUA, Haynes fabricou o primeiro carro estadunidense que começou a funcionar em 4 de julho de 1894. Não obstante, a aplicação comercial do motor se deve a Daimler, que construiu várias motocicletas entre 1884 e 1886 e fundou, depois, a Daimler Motoren Gesellschft; sem nenhuma dúvida, foi o pesquisador de maior relevância (Fig. 4.5), seguido por Benz, que fabricou seu primeiro carro em 1884; a partir de 1914 as fábricas se uniram.

O motor de alta velocidade foi inventado pelo conde de Dion e M. Bouton, o qual dava 3.000 revoluções por minuto. Em 1890, Panhard e Levasoor introduziram o tipo de caixa de troca de marchas moderna e, em 1896, Lanchester construiu o primeiro carro com quatro rodas que correu na Inglaterra e inventou a primeira máquina balanceada para evitar vibrações.

A aplicação do pneu, originalmente, era somente em bicicletas, reapareceu em 1880; os irmãos Michelin foram os primeiros a aproveitá-los; foram utilizados na corrida Paris-Bordeaux, em 1895, e, antes do final do século, seu uso já era comum.

O motor de quatro cilindros se deve à British Daimler Company, em 1898, foi o primeiro carro inglês que correu no continente europeu na corrida Paris-Ostende.

FIGURA 4.5 – A aplicação do motor se deve a Daimler.

O Automóvel no México

No México pré-hispânico, o que não se transportava pela água, em canoa, se carregava. Os carregadores eram denominados "tlamama"ou "tlameme"("tameme") e aprendiam esta atividade desde pequenos (Fig. 4.6). Transportavam algodão, milho, assim como outros objetos em um "petlacalli"; isto é, uma caixa de vime trançado, coberta com couro, que se segurava na testa com um "mecapalli" ou correia. Assim, em poucas horas Moctezuma Xocoyotzin, imperador do México, foi avisado da chegada dos homens brancos e barbudos nas praias do lugar que hoje conhecemos como Veracruz. Estes carregadores estavam treinados para levar, até a mesa do monarca, peixe fresco do dia para seu refinado paladar.

O único veículo conhecido no México pré-hispânico foi a liteira, que era carregada por dois ou mais homens; nelas, transportava-se, nos ombros, o poderoso imperador Moctezuma II e os "pipiltin" ou nobres (Fig. 4.7).

Os espanhóis introduziram os animais de tiro e carga, os "palanquins" e liteiras arrastadas por mulas e cavalos e, posteriormente, as carretas.

Sebastián de Aparicio construiu, em 1536, a primeira carreta que transitou pelas ruas indígenas da antiga Tenochtitlan. Atrelou mulas a esse veículo e come-

FIGURA 4.6 – No México pré-hispânico, os tamemes eram os carregadores.

FIGURA 4.7 – A liteira era o único veículo conhecido no México pré-hispânico.

çou a sair da cidade, transformando-se no primeiro construtor de caminhos forâneos. Uniu o México com Puebla, Jalapa e Veracruz. Outro caminho importante foi entre a capital do país e Acapulco, devido ao comércio vultuoso que suscitavam as embarcações de Manila.

A viagem à Cidade do México era feita por caminhos de montanha e se demorava mais ou menos quatorze dias. Viajantes e comerciantes se apressavam a fazê-lo para fugir do mau tempo e para trabalhar na Cidade do México, onde vendiam boa parte das suas mercadorias para a China; levavam o resto para Veracruz, onde as embarcavam nas frotas que iam para Europa.[1]

Manuel Antonio Valadés, editor de *La Gaceta*, foi o primeiro a utilizar sua influência de jornalista para obter a concessão, por decreto do vice-rei Revillagigedo, em 15 de agosto de 1793, para o estabelecimento do serviço de carros de aluguel, por hora ou por corridas. Este serviço foi estabelecido na frente do Portal dos Mercaderes esquina com as ruas Plateros, com duas carruagens; outras duas na praça de Santo Domingo; outras duas na frente do Palácio do Arcebispo (rua de Moneda) e duas na rua Zuleta, hoje Venustiano Carranza.

Em 1802, acaba o contrato de Manuel Antonio e a concessão passou para Antonio Bonalli e Carlos Franco. Nessa época, passaram pelas ruas *bombés* com lugar para 16 pessoas, que foram os primeiros ônibus a aparecerem na cidade. Esses carros, amplos e compridos, eram puxados por quatro cavalos ou por mulas. Eles foram seguidos pelos *simones* e, posteriormente, bondes puxados por mulas e que tinham até dois andares. Os primeiros trens eram pequenos, mas o que chamava a atenção era o motorista, que sempre estava de uniforme azul com botões dourados, muito atencioso com os passageiros. Depois se transformaram em bondes elétricos. Surgiu o sindicato com reivindicações, conseguindo que cada trabalhador pudesse se vestir como quisesse, pois segundo os maus líderes, o uniforme e a limpeza eram demonstrações de escravidão. Isto propiciou que os trabalhadores se apresentassem sujos e descuidados em seu asseio pessoal, esquecendo da cortesia.

Os bondes iniciaram percursos na Cidade do México no dia 15 de janeiro de 1900. O serviço foi inaugurado por Ignacio Mariscal, los Casasús, Pablo Escandón e Porfirio Díaz (filho) entre outros.

Mais tarde apareceram os *fotingos*, primeiro causaram sensação esses carros acionados por motores de explosão interna, pois, com eles, as comunicações se modernizaram e obviamente a tração mecânica. O México rapidamente foi ocupado pelos automóveis de diversas marcas e características, como os Rolls-Royce dos endinheirados. Para essa mesma classe, os Mercedes, o altivo Packard, o Lasalle e o Cadillac. Mas apareceram também os Chevrolet e os Ford que estabeleceram a tarifa "um tostão a corrida".

---

[1] *Historia General de México*, Volume I, El Colegio de México, México, 1993, pp. 382-383.

No início da década de 1950, a indústria automotriz busca uma fisionomia que lhe permita ter seu próprio lugar no mundo automobilístico, razão pela qual, em 1951, entra em vigor a Lei de Impostos sobre Automóveis e Ônibus Ensamblados, que tinha como objetivo a cobrança de um imposto (12% para automóveis, 5% para ônibus, chassis e carrocerias) sobre a primeira venda. Com isso se pretendia eximir às empresas dos Impostos sobre Entradas Mercantis, com exceção das que fossem realizadas diretamente ao público.

No final da década, as empresas montadoras de automóveis de tipo popular (VW, Renault e Datsun), cujo valor não excedesse 28.000 pesos*, receberam um subsídio de 50% sobre o total do imposto referido.

Em 1951, estabeleceram-se a Diesel Nacional e Autos Panhard; em 1953, Studebaker Packard e Representações Delta; em 1954, Volkswagen Mexicana, Reo de México, em 1955; e Indústria Automotriz em 1958.

Mais tarde, o governo reduz de 44 para 22 as marcas de automóveis, por meio de um decreto que estabelecia que as empresas deveriam cumprir com a redução exigida; então algumas cancelaram suas quotas de importação e montagem.

Começando a década de 1960, no México ainda não se fabricavam automóveis. As indústrias deste ramo se dedicavam à montagem e fabricação de acessórios, peças e equipamentos.

A montagem de automóveis e ônibus cobria 86,8% das atividades do ramo, enquanto a fabricação de carrocerias e autopeças chegava a 5,9 e 7,3, respectivamente.

Nesta década, as empresas automotivas iniciaram a capacitação de técnicos, incorporaram conhecimentos e tecnologia e começaram a desenvolver núcleos urbanos, como conseqüência entre 1964 e 1966, Ford, GM, VAM, Dina, Renault e Chrysler iniciaram os trabalhos de fundição, máquinas e montagens de motores. Para realizar estas tarefas, foram instaladas fábricas nos estados do México, Hidalgo, Morelos e Puebla.

Apesar do desenvolvimento alcançado na década de 1960, durante 1970 e 1971, somente duas empresas tiveram lucros, três ficaram equilibradas e as outras registraram perdas.

No final da década de 1970, a viabilidade do modelo de carro estadunidense era mundialmente questionada, considerando o alto consumo de combustível seu preço elevado, a recessão industrial internacional e a poluição ambiental.

No México, a moeda foi desvalorizada em relação ao dólar, em 1976, os custos de importação aumentaram, o crédito bancário ficou restrito e houve redução da capacidade de consumo do mercado interno.

Para enfrentar este panorama sombrio, o Estado decretou a liberação dos preços e das autorizações de importação de autopeças, incrementando também as isenções fiscais da área.

---

* **N. do E.** – O Peso mexicano equivale a R$0,25, aproximadamente. (Cotação: janeiro de 2002.)

Não obstante, os números da indústria automotora nesta década mostram um incremento de diversas áreas.

A produção de automóveis, que, em 1970, era de 130 mil, aumentou para 280 mil em 1979. A explotação de 2.200 veículos em 1970 aumentou para 24.700 nesse período.

Ao mesmo tempo, as estradas nacionais tiveram um incremento considerável, passando de 71.500km, em 1970, para 211.200km em 1979.

Durante esse período, o Produto Interno Bruto também recebeu uma participação positiva da indústria automotiva, que, em 1970, foi de 3.394 milhões de pesos e 8.309 de pesos em 1979.

Devido ao descobrimento e exploração dos recursos petrolíferos nacionais, das excelentes condições do mercado internacional de hidrocarbonetos e das extraordinárias condições do mercado financeiro internacional, entre 1978 e 1981, as indústrias, enfrentando a crise da década anterior, melhoraram seus saldos de forma considerável. Em 1981, a venda de veículos chegou ao recorde de 600 mil unidades. Mas a venda de automóveis caiu até 50% entre 1982 e 1983. Neste último ano, o governo emitiu um novo decreto de integração da indústria automotora, determinando que cada empresa fabricaria apenas uma linha e cinco modelos de veículos, ficando proibida, da mesma forma, a instalação de motores de oito cilindros em carros comerciais para o mercado nacional e a instalação de motores a gasolina em ônibus para serviço pesado.

Na década de 1980, sobreveio uma mudança: o mercado externo deixou de ser complemento do interno.

As exportações entre 1983 e 1984 cresceram 40%; de 1984 a 1985 aumentaram em 74%; e de 1985 a 1986 reduziram 13%, de tal forma que o mercado interno se contraiu 36% em 1986.

Apesar das condições difíceis, a área automotiva tem conseguido superar a crise e expandir. As diferentes empresas estabeleceram fábricas automotoras em diferentes cidades da República Mexicana entre 1980 e 1984.

O presente e o futuro desta área no México se encontram marcados pelas dificuldades que são conseqüências de uma crise prolongada.

Na década de 1990, a indústria e o governo adequaram suas estratégias a esta circunstância para conseguir que esta área da vida produtiva do México continuasse sendo suporte do crescimento econômico do país.

O Automóvel do Futuro

Em um futuro próximo, os automóveis serão mais seguros, econômicos e ecológicos, mas vejamos o porquê. Até pouco tempo se ignorava o lugar onde se queimava a gasolina, onde se formavam e se desintegravam as substâncias nocivas. Não obstante, recentemente construíram um motor de cristal, pelo que mediante um truque óptico é possível observar os processos muito velozes para o olho humano: envia-se uma luz de laser para a câmara de combustão, aparelhos fotográficos de alta velocidade registram as fases da combustão de alguns milionésimos de segundo de duração.

Posteriormente se registram os resultados em um computador, de forma a serem avaliados para aperfeiçoar o motor.

Com esta invenção de Rudolf Maly, que trabalha nos laboratórios da empresa Mercedes em Stuttgart, Alemanha, espera-se reduzir as emissões de gases e o consumo de gasolina em 15%.

Com isso se pretende desenvolver um veículo muito econômico, razão pela qual, engenheiros da empresa mencionada estão viajando para a Universidade de Stuttgart, para visitar a Lars Götsching, especialista em estudos de correntes realizados dentro da água.

Com o propósito de conseguir dados precisos sobre a aerodinâmica da carroceria, Götsching recobre com arames muito finos a maqueta de um automóvel, a submerge em um enorme aquário; depois submete o veículo a uma corrente; como conseqüência, se estabelece uma reação eletrônica nos arames, que produzem numerosas borbulhas de hidrogênio que remoinham ascendendo lentamente; esta análise da corrente é mais precisa que aquela obtida dentro de um túnel aerodinâmico convencional.

Com o movimento das borbulhas, podem ser observados os pontos onde a aerodinâmica do automóvel pode ser melhorada, o que permite a economia de gasolina.

Por outro lado, 700 engenheiros estão estudando novos materiais para construir automóveis, como cerâmica, carbono e magnésio, pois consideram que um catalisador de cerâmica, pistões de carvão ou partes da carroceria feitas de magnésio diminuem o peso e, portanto, economizam combustível; porque uma redução de 100kg diminuirá também o consumo de gasolina em 0,6L cada 100km.

Assim, estes novos materiais substituirão os metais usados tradicionalmente na fabricação de automóveis e obviamente o peso reduzirá significativamente. Além disso, se tem considerado a linha exterior do modelo, razão pela qual realizaram-se pesquisas em um bairro parisiense, sobre as tendências e gostos para os próximos anos; pelo que, inspirando-se nas antigas linhas de montagem dos primeiros tempos, se realizam estudos de "design" utilizando uma nova técnica de simulação.

Os técnicos também estão abrindo novos caminhos no desenvolvimento da eletrônica, de tal forma que os veículos possam ser dirigidos por radar, circular com raios infravermelhos e causar menos impacto ambiental; e, com a ajuda de sensores e de uma câmara, seu computador central seguirá o traçado da estrada, detectará obstáculos e se estabelecerá como único motorista do automóvel.

Para finalizar, estas inovações permitirão dispor de um carro muito econômico que circulará pelas estradas do futuro.

O Serviço do Automóvel

O aluguel de automóveis tem se convertido em uma indústria que movimenta milhões de dólares, quem viaja a negócios por lazer ou está utilizando o serviço de aluguel de automóveis (Fig. 4.8.).

Este serviço é oferecido com ou sem motorista. O serviço incluindo motorista é atualmente pouco procurado; porém, este serviço é oferecido para passeios, percursos e excursões locais, ou para serviço mais prolongado aos executivos. O serviço sem motorista oferece múltiplas vantagens, pois o turista pode trasladar-se à vontade.

As grandes empresas internacionais de aluguel de veículos oferecem normalmente os seguintes serviços:

- Presentes na maioria dos aeroportos.
- Sistema "alugue aqui e entregue lá" ("rent-it-here, leave-it-there" ou "one way rental").
- Serviço gratuito de reservas no mundo todo, sem multa no cancelamento.
- Serviço com motorista em muitos países.
- Variedade de tarifas especiais que se ajustam tanto às pessoas que viajam a negócios como as que viajam por lazer.
- Aceitam "voucher" das agências de viagens.
- Planos especiais de quilometragem ilimitada.

FIGURA 4.8 – O aluguel de automóveis tem se convertido em uma importante indústria.

Algumas das vantagens de alugar um carro:

- *Mobilidade e flexibilidade.* Quando um cliente aluga um carro, tem a liberdade de trasladar-se para qualquer lugar a qualquer momento. Não está sujeito a horário ou itinerário fixo. Se o desejar pode ficar mais tempo ou partir antes do previsto.
- *Descobrimento.* A liberdade do automóvel alugado pode levar o turista a fazer suas próprias descobertas, pois poderá procurar lugares escondidos que não estão incluídos nos guias de turismo. Também, conhecer pessoas e descobrir novos lugares, no ritmo e da forma que preferir, transformando assim suas férias em algo essencialmente diferente do convencional.
- *Comodidade.* O aluguel dos automóveis permite uma rápida e cômoda movimentação entre o aeroporto e o hotel, assim como se trasladar dentro da cidade. Este sistema de "alugue aqui seu automóvel e entregue-o lá" permite que os viajantes se trasladem de um lugar para outro segundo seu próprio ritmo e seguindo o itinerário de sua preferência. Depois, podem continuar sua viagem com outro meio de transporte se assim o desejarem.
- *Custo.* É inferior a outros meios de transporte, especialmente quando viajam várias pessoas no mesmo veículo.
- *Continuidade.* Uma avaria pode frustrar as férias. Este problema não existe quando se utiliza uma grande organização de aluguel de automóveis que pode facilmente substituir o veículo caso seja necessário.

Existem várias agências locadoras de automóveis no mundo, entre elas se destacam Odin, Avis, Herts e Budget.

Os automóveis são alugados diretamente nas agências da companhia ou por intermédio de uma agência de viagens. Tanto o aluguel como a devolução do automóvel podem ser feitos na mesma cidade, ou de uma cidade para outra. Geralmente as tarifas incluem um seguro de responsabilidade contra morte e lesões pessoais (excluindo os ocupantes) e responsabilidade por danos contra propriedade alheia, perda ou dano no veículo.

O cliente, por uma taxa adicional, pode se proteger contra a perda ou dano do veículo devido a incêndio, roubo ou colisão.

O cliente deverá cobrir adicionalmente:

a) Gasolina, imposto e roubo parcial.
b) Uma tarifa diária ou semanal no caso de preferir a cobertura total do seguro.
c) O custo do seguro para gastos médicos para os ocupantes.
d) Uma taxa adicional por quilômetro para a devolução do automóvel na cidade de origem, quando for entre cidades não inclusas no plano "alugue em uma cidade e devolva em outra".

Para alugar um carro o cliente deverá:

- Ter mais de 25 anos.
- Ter a carteira de motorista vigente.
- Mostrar uma identificação adicional à carteira de motorista.
- Possuir um cartão de crédito (incluindo cartão da Odin, Hertz, Avis, etc.) ou deixar um depósito em dinheiro.

As companhias também alugam os carros pelos pacotes das linhas aéreas, oferecendo inúmeros planos. O pagamento pode ser em dinheiro, com cartão de crédito, ou adicionando-o no crédito aéreo, quando o aluguel do carro tenha sido realizado em pacote com alguma linha aérea.

Controle da Poluição

Com a finalidade de controlar a poluição ambiental produzida pelos veículos, está operando no Distrito Federal e no Vale do México um programa de rodízio e vistoria de automóveis de empresas e particulares; por isso uma das principais responsabilidades do condutor, cumprida pontualmente, é a de levar seu automóvel para vistoriar (Fig. 4.9).

Programa de rodízio e vistoria de automóveis de empresas e particulares

Plano "Hoje não circula" 5 às 22h	*Cor das placas*	*Primeira vistoria*	*Segunda vistoria*	*Plano de contingência*
Segunda-feira	Amarelo (5 e 6)	Janeiro	Julho	Rosa (7 e 8)
Terça-feira	Rosa (7e 8)	Fevereiro/Março	Agosto/Setembro	Azul (9, 0 e autorizados)
Quarta-feira	Vermelho (3 e 4)	Março/Abril	Setembro/Outubro	Verde (1 e 2)
Quinta-feira	Verde (1 e 2)	Abril/Maio	Outubro/Novembro	Vermelho (3 e 4)
Sexta-feira	Azul (9, 0 e autorizados)	Maio/Junho	Novembro/Dezembro	Amarelo (5 e 6)
Sábado				Por sorteio
Domingo				Por sorteio

FIGURA 4.9 – Programa de rodízio e vistoria de automóveis de empresas particulares.

Assim, o trâmite de vistoria de emissões veiculares tem se convertido em uma obrigação de consciência com a finalidade de proteger nossa saúde e a de nossas famílias.

Aproximando-se a temporada na qual o automóvel deve passar pela vistoria, deve-se dar maior atenção a alguns aspectos que ajudarão a aprovar sem problemas o exame, o que permitirá manter em bom estado as partes vitais do motor, prolongando assim a vida útil do automóvel. Estes pontos são:

- Medição dos gases gerados pelo veículo automotor, principalmente os hidrocarbonetos e o monóxido de carbono.
- Antes da vistoria devemos reunir os seguintes documentos, pois são requisitos indispensáveis: cartão de circulação, adesivo da verificação anterior, que já deve estar colado no vidro traseiro, e folha cor-de-rosa, que é um documento que apresenta o diagnóstico das emissões do veículo na verificação anterior.
- Os principais aspectos para passar no exame são: regulagem freqüente do motor, com velas em boas condições, carburador limpo, o tempo das revoluções do motor, troca do óleo, verificar a cor das emissões do escapamento e cuidar para que não sejam azuis, pretas ou em quantidade excessiva, e também que o cano do escapamento esteja em boas condições.
- No caso de não ser aprovado na vistoria, o técnico tem a obrigação de orientá-lo e especificar os motivos pelos quais o veículo não é aprovado, com base no resultado obtido pelo aparelho que o analisou.
- O principal motivo pelo qual os automóveis não passam na vistoria é a falta de regulagem.
- Os veículos que estão a serviço de pessoas físicas como de empresas devem ser vistoriados duas vezes por ano, de acordo com o calendário que aparece na página anterior.

Finalmente, ao final da vistoria, exigir a colocação do adesivo no vidro traseiro e receber o documento que garante o bom estado do veículo.

Aspectos Didáticos

Exercícios de Consolidação e/ou Auto-avaliação

Instruções. Marque um X dentro dos parênteses da opção correspondente.

1. Veículo que traslada pelo chão, sobre quatro ou mais rodas, mediante a força gerada por um motor próprio:

   ( ) aeroplano
   ( ) trem
   ( ) automóvel

2. Os carros dos romanos, dos egípcios, assírios e persas tinham somente:

( ) uma roda
( ) duas rodas
( ) três rodas

3. Durante a Idade Média, na Europa, as pessoas viajavam:

( ) a cavalo
( ) de carreta
( ) de carro

4. Durante a colonização, os veículos sobre rodas foram introduzidos na América Latina pelos:

( ) americanos
( ) ingleses
( ) espanhóis

5. A invenção do automóvel é de:

( ) 1521
( ) 1769
( ) 1827

6. O primeiro automóvel a vapor de três rodas foi construído por:

( ) Nicolás J. Cugnot
( ) Goldsworthy Gurney
( ) Walter J. Hankock

7. Em 1827, fabricou um veículo a vapor que foi utilizado vários anos como transporte:

( ) Nicolás J. Cugnot
( ) Goldsworthy Gurney
( ) Walter J. Hankock

8. Sir Goldsworthy Gurney inventou um trator em:

( ) 1846
( ) 1867
( ) 1829

9. Inventou, em 1846, o pneu:

( ) R. W. Thomson
( ) Amedée Bolée
( ) J. K. Fisher

10. O pneu de borracha sólida foi inventado em:

( ) 1867
( ) 1846
( ) 1827

11. Em 1880, J. Lenoir patenteou o primeiro:

( ) carro com rodas
( ) motor a gás
( ) motor a vapor

12. No México pré-hispânico, os tamemes transportavam algodão, milho e outros objetos em uma caixa de bambu, tecida e coberta de couro, denominada:

( ) "pipiltin"
( ) "mecapalli"
( ) "petlacalli"

13. O único veículo conhecido no México pré-hispânico foi a:

( ) liteira
( ) carreta
( ) carroça

14. Construiu, em 1536, a primeira carreta que transitou pelas ruas indígenas da antiga Tenochtitlan:

( ) Manuel Antonio Valadés
( ) Don Hernán Cortés
( ) Sebastián de Aparicio

15. O primeiro estabelecimento que proporcionava aluguel de carros, por hora ou por viagens no México colonial, foi estabelecido frente ao:

( ) Portal de Mercaderes
( ) Embarcadero de Roldán
( ) Juego del Volador

16. Os primeiros ônibus da Cidade do México eram puxados por quatro cavalos ou mulas e se denominavam:

( ) *fotingos*
( ) *bombés*
( ) *simones*

17. Originalmente, os trens que circularam na Cidade do México eram:
( ) puxados por mulas
( ) veículos elétricos
( ) puxados por tamemes

18. Os bondes iniciaram seu percurso na Cidade do México, em:

( ) 15 de junho de 1900
( ) 21 de janeiro de 1900
( ) 15 de janeiro de 1900

19. Os primeiros carros acionados por motores de explosão interna foram conhecidos como:

( ) *bombés*
( ) *fotingos*
( ) *simones*

20. Os automóveis do futuro terão um catalisador de:

( ) magnésio
( ) cerâmica
(.) carbono

Atividades de Reforço

1. Pesquise e apresente por escrito, a biografia de Nicolás J. Cugnot.
2. Procure ilustrações dos diversos tipos de veículos que apareceram no decorrer do tempo, coloque-as em um álbum em ordem cronológica.
3. Pesquise onde estão as fábricas de automóveis do seu país e quais são as marcas que fabricam.
4. Pesquise que marcas de automóveis se fabricam em cada um dos continentes e elabore um relatório com esta informação.
5. Pesquise quantas e quais empresas que alugam automóveis existem na sua cidade, quais são os requisitos e os preços para o aluguel de automóveis em cada uma delas.

Capítulo 5

TRANSPORTE TERRESTRE EM ÔNIBUS COMUM OU DE EXCURSÃO

Aspectos Teóricos

Definição e Conceito

É importante distinguir o ônibus comum e o ônibus de excursão; o comum (Fig. 5.1) é um veículo destinado ao transporte de passageiros em serviço urbano ou interurbano, geralmente com trajeto fixo; enquanto o de excursão é um veículo muito espaçoso, destinado ao transporte de passageiros, especialmente apto para longos percursos e não faz trajetos fixos, mas realiza serviços personalizados em excursões adequadas ao turismo, possui poltronas individuais reclináveis, janelas panorâmicas, calefação ou ar condicionado, dependendo da temporada: rodomoça, bar, banheiro, geladeira, sala para fumar, videocassete, revistas, serviços de tradução e outros. É conhecido também como "autopullman" e "motorcoach".

FIGURA 5.1 – Enquanto o ônibus comum é destinado a serviços urbanos, o ônibus de excursão é usado em trajetos longos e não fixos.

História dos Ônibus

A história dos ônibus comum e de excursão está estreitamente vinculada com a do automóvel, razão pela qual nos limitaremos apenas a dizer que Gottlieb Daimler (1834-1900) fabricou o primeiro ônibus em 1896, que funcionava com um motor leve acionado com gás de petróleo, patenteado na França em 1887; em 1910, já era possível encontrar ônibus nas ruas e estradas. Não obstante, até a década de 1920 estes veículos funcionaram com gasolina e tinham rodas com sólidos pneus de borracha. Porém, os motores a diesel eram mais econômicos e os pneus (enchidos com ar) começavam a ser mais seguros.

No começo da década de 1930, a maioria dos ônibus se parecia com os de hoje.

No México, durante a época colonial, foram utilizadas as diligências, que eram veículos toscos, fortes e seguros, chegavam a medir 4m, aproximadamente, de um eixo ao outro, com capacidade para seis ou oito pessoas e velocidade máxima de 8km/h; a liteira, uma caixa de 2m de comprimento por 3m de largura, com teto e cortinas, suspendidos por correias de couro presas à albarda das mulas. A viagem de diligência de Veracruz a México era feita em três dias e meio, percorrendo 577km a 15km/h.

Em 1853, Manuel Escandón estabeleceu o primeiro serviço de diligências e no ano seguinte elas cobriam as rotas México-Veracruz, por Puebla e Xalapa; México-Tepic, por Toluca e Zinapécuaro, e outros trajetos menores a Cuernavaca, Cuautla e Pachuca. Em 1921, iniciou-se o transporte por automóveis nas rotas México a Texcoco, Chimalhuacán e Chalco; no ano seguinte os ônibus de passageiros viajavam já a Toluca, Pachuca e San Juan Teotihuacan e, em 1924, a Cuernavaca. Em 1925, foi fundada a linha Flecha Roja com serviço a Puebla. Dos 44.858 veículos a motor que circulavam nesse ano, 23% (10.327) estavam representados por ônibus e, desse total, 53,5% (4.802) correspondia aos de passageiros.

Por outro lado, devido à greve dos motoristas de bondes de 1917, apareceram, na Cidade do México, os ônibus urbanos que eram simples esqueletos de madeira com bancos laterais, com capacidade para 10 ou 12 pessoas.

Em 1960, estavam registrados 802.650 veículos a motor, dos quais 319.549 eram ônibus, que representavam 39,8% do total; deles, a mais alta porcentagem correspondia aos de carga, que eram 91,8% (293.423), enquanto 26.126 eram de passageiros. Em 1970, os ônibus representavam 31,1% do total de veículos a

---

A palavra caminhão vem do francês e significa "carro". No México se conhece com esse nome o veículo com motor que pode ser usado tanto no transporte de carga como de passageiros. A partir da etapa construtiva da Revolução, a produção e o mercado destes veículos com motor registram um crescimento notável, impulsionado pelo aumento da rede de estradas que incorpora de forma constante a economia nacional de vastas regiões do país.

motor registrados no país, sem incluir as motocicletas; seu número chegou a 558.044; com 94,1% correspondendo aos de carga, com 524.985 unidades e os 5,9% restante aos de passageiros, com 33.059. Nesse ano foram produzidas 56.129 unidades e com isso o México se coloca no undécimo lugar entre as nações manufatureiras de caminhões, abaixo dos EUA, Japão, Alemanha (Ocidental), França, Reino Unido, Itália, Canadá, União Soviética, Espanha e Brasil, que já possuem uma larga tradição neste campo.

Em 1971, assumiu a presidência da União das Concessionárias de Transporte de Passageiros do Distrito Federal, Diódoro Rivera Uribe.

Nesse ano, John F. Beck foi diretor-gerente da General Motors do México, substituindo Ricardo L. Ehrlich, que se aposentou nesse ano.

Da mesma forma, na colônia Lindavista foram inauguradas as instalações da distribuidora General Popo do México. Autobuses Unidos (AU), nas suas instalações localizadas na Calle de la Soledad, anunciava saídas a cada 10min para Puebla, Perote, Jalapa e outras partes da República.

A Ford do México, nesses anos, teve grande participação no mercado de caminhões distribuidores de refrigerante com seu modelo F-600. Depois de várias reuniões de estudo, o diretor Alfonso Martínez explicou a necessidade urgente de dispor de terminais para transporte forâneo.

Em agosto de 1971, o secretário de Comunicações e Transportes, Eugenio Méndez, acompanhado pelo prefeito, Octavio Sentíes e Rubén Figueroa, iniciaram a construção do Terminal Central do Norte, cujo custo foi estimado em 60 milhões de pesos, teria o serviço simultâneo de 122 ônibus, com 3.500 saídas diárias e até 30.000 passageiros.

Nesse mesmo ano, um novo ônibus urbano foi apresentado, com capacidade para 66 pessoas, com acionamento híbrido, tipo OE302, com motor a diesel com gerador para viagens que simbolizou, em 1971, um dos ideais para o serviço de passageiros no D. F.

Rafael Cal y Mayor apresentou um projeto para o transporte público nas cidades mexicanas. Em novembro desse ano, iniciou-se a construção do Terminal de Ônibus de Passageiros de Oriente (TAPO) em uma área de 83.165m, com um investimento de 70 milhões de pesos.

Este terminal era um dos projetos mais ambiciosos, pois era um dos mais modernos e funcionais do mundo (agora, 24 anos depois, tem sido superado e é obsoleto), com capacidade para oferecer serviços a 9.600 saídas e chegadas, com a capacidade de transportar diariamente mais de 40 mil passageiros.

Durante o período echeverrista, a ordem interna foi perturbada por um movimento armado contra o governo, com seqüestros, assaltos a bancos e a centros comerciais que se estenderam por todo o país e teve seu auge entre os anos 1970-1972, como resposta à crise que o país sofrera nesses anos.

Em meados de 1972, começaram a circular boletins do Departamento do Distrito Federal, nos que se apontava a possibilidade de transformar o sistema de transporte em sociedades anônimas. No final do ano, publica-se um decreto para o desenvolvimento da indústria automotora; entre os artigos o que se destacava era o grau de integração nacional, que alcançou 60%.

O transporte urbano de passageiros foi reestruturado em 1973, quando apareceram nas avenidas na Cidade do México os ônibus chamados Delfines, da marca Dina. Esse ano o prefeito da cidade anunciou a urgência de substituir 2.300 ônibus para o transporte urbano, além da construção de 20 terminais com um investimento superior aos 300 milhões de pesos.

No Diário Oficial aparece o Regulamento para a Prevenção e Controle da Poluição Atmosférica, como uma das primeiras tentativas para proteger o ambiente. Em junho de 1973, deu-se início a reestruturação do transporte, os ônibus de segunda cobravam entre 30 e 40 centavos dos usuários. A General Motors de México exportou nesse ano 150 mil motores de fabricação mexicana e W. G. Scolum Jr. foi o diretor-gerente da referida empresa.

A General Motors comemorou 25 anos no México em janeiro de 1974. Octavio Sentíes Gómez, prefeito da Cidade do México, anunciou a reestruturação total do transporte urbano. Em 1994, o prefeito, Manuel Aguilera Gómez, fez público o mesmo propósito com resultados semelhantes.

Em março de 1974, circulavam na área metropolitana 600 unidades denominadas Ballenas com capacidade para 70 passageiros. Os ônibus custaram 240 mil pesos cada um. Nesse ano abre suas portas o Terminal de Ônibus do Norte do Distrito Federal.

Em fevereiro de 1975, foi registrada uma greve na fábrica de General Motors do México e, posteriormente, nesse ano, foi inaugurado o Terminal de Ônibus do Sul do Distrito Federal, designando Lloyd L. Halstead como presidente e gerente geral da Ford do México.

Para 1976 a paraestatal Dina ofereceu comercialmente seu ônibus Dina 3.000, com molas flutuantes de dupla ação, chassi mais robusto e motor de seis cilindros. Quatro mil ônibus tiveram seus motores convertidos de gasolina para diesel, para serem usados na capital.

López Portillo iniciou seu mandato presidencial em um ambiente de incertezas e sob o impacto psicológico da desvalorização decretada pelo seu antecessor, o que significava o fracasso do novo rumo que Luis Echeverría havia intentado, sem êxito, para impulsionar a economia do país.

Diante dos seus e de estranhos, demonstrou que não era uma opção viável para poder corrigir as deficiências do modelo de desenvolvimento estabilizador que o próprio presidente criticava no começo da administração echeverrista. Correspondia a seu sucessor corrigir as falhas da fracassada política econômica. No meio da turbulência política, a Volkswagen introduz a Hormiga, veículo utilitário cuja produção alcançou as 3.600 unidades. Sua montagem foi cancelada dois anos depois.

Carrocerias pré-construídas (Capre) tiveram grande aceitação com sua unidade tipo Vanette, para 3ton de reparto. Em 1977, o parque automobilístico foi renovado com 500 ônibus, além disso, se apresentava o ônibus Dodge-Diesel. A Volkswagen do México lançou o Caribe, do qual foram produzidas 30.269 unidades.

Francisco Javier Alejo, diretor-geral do Complexo Industrial Sahagún, anunciou no início de 1978 a fabricação de mais peças para carros. Da mesma forma, nesse ano, foi publicada a Regulamentação Veicular sobre a Emissão de Gases.

A TAPO iniciou seus serviços com os últimos avanços da tecnologia. Carlos Hank González, chefe do DDF (Departamento – de transporte – do Distrito Federal), nessa administração, anunciou a construção de eixos viários: 500km de vias com circulação rápida, acostamentos, pistas para ônibus, carros e área para pedestres.

Em 1979, foi colocada a primeira pedra do complexo industrial da General Motors do México no município de Ramos Arizpe, Coahuila, atualmente o mais importante no âmbito nacional. Os eixos viários melhoraram as vias públicas no Distrito Federal apesar da problemática inicial dos usuários desacostumados com as vias de modelo europeu.

Em 26 de julho de 1979, morreu na Cidade do México Manuel Mejía Rubio, fundador de Transportes e Turismo, depois de uma longa doença.

Em 1980, foi criada uma nova forma de arrecadação fiscal que se denominou Imposto ao Valor Agregado (IVA)[1] que eliminou o acúmulo de taxas na cadeia produtiva. A Volkswagen do México comemorou nesse ano a produção número um milhão do automóvel sedã.

Os anos de 1979 a 1980 foram considerados pelo próprio López Portillo como os de consolidação do desenvolvimento, pois afirmava ter superado a crise e restabelecido a confiança no país; a promulgação do Plano Nacional de Desenvolvimento Industrial, no começo de 1979, era uma mostra da euforia vivida na época, com um crescimento de 9% e uma inflação que conseguiu diminuir para 18%.

No meio do auge petroleiro e com a expectativa de que se chegaria a seu superávit em conta corrente, e que inclusive o México deixaria de ser devedor, aparentemente passou despercebido o fato de que já não eram cumpridas as metas previstas no programa do governo, com base no Acordo de Facilidade Ampliada com o Fundo Monetário Internacional.

Em 1981, apareceu no Diário Oficial a Regulamentação do capítulo de Exploração de Caminhos da Lei de Vias Gerais de Comunicação. José López Portillo inaugurou as instalações da Chrysler e General Motors no Complexo Ramos Arizpe, Coahuilla, e nessa ocasião se dizia que os carros integrariam 60% dos produtos nacionais. Naquele ano, FAMSA apresentou novos modelos de caminhões e tratores.

---

[1] Corresponde ao nosso ICMS.

Em 25 de setembro de 1981, Carlos Hank González entrou na sala da Independência. Ali o aguardavam dezenas de jornalistas com gravadores, câmaras, bloquinho e canetas. Diante dos representantes dos meios – entre eles Transportes e Turismo – Hank González anunciou a revogação das concessões outorgadas aos particulares para a prestação de serviços de transporte urbano de passageiros.

Acabavam 60 anos de concessões a particulares nesse setor. A sala da Independência se encheu de perguntas. Uma a uma, o prefeito da capital respondeu. Nesse mesmo dia o Partido Revolucionário Institucional (PRI) anunciou, minutos antes, o nome de Miguel de la Madrid Hurtado como seu candidato à presidência da República.

Carlos Hank González afirmou nesses dias que os antigos concessionários seriam indenizados segundo a lei e indicou que já existia uma Comissão Nacional de Avaliação que fizera o que correspondia para realizar o procedente.

A noite do 26 de setembro de 1981, Cuauhtémoc Santa Ana Seute, secretário de Obras e Serviços do Departamento do Distrito Federal, ouvia o informe que Armando Loizaga Barquín (vocal executivo do transporte) apresentava, e ele lhe anunciava a criação de Autotransportes Urbanos de Passageiros R-100.

O Serviço do Ônibus de Excursão

Para reservar um ônibus de excursão (Fig. 5.2.), segue-se o mesmo procedimento que para outros serviços. Costuma se fazer com, no máximo, três ou quatro meses antes do início da temporada, quando os proprietários dos ônibus de excursão geralmente fazem sua programação.

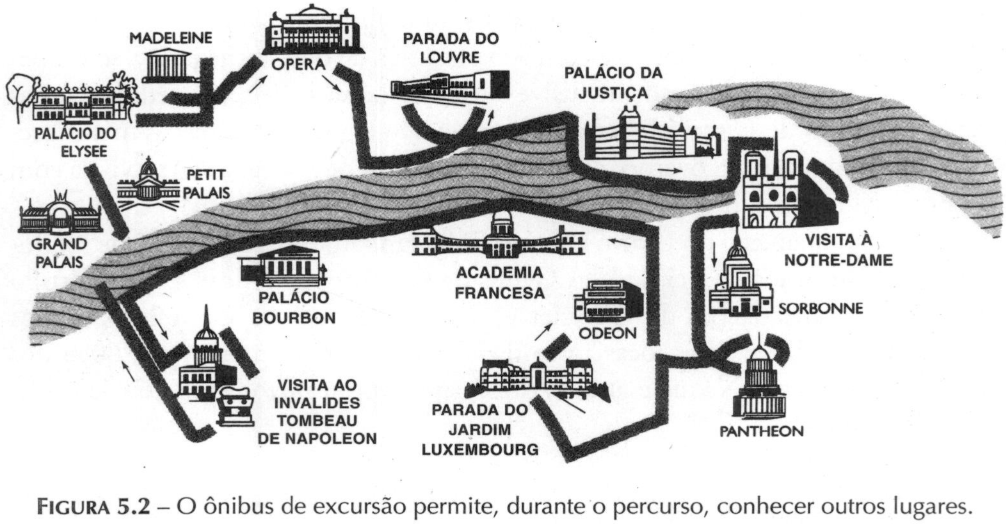

FIGURA 5.2 – O ônibus de excursão permite, durante o percurso, conhecer outros lugares.

Geralmente os donos dos ônibus de excursão são contratantes com poucas unidades e trabalham quase sempre com as mesmas operadoras. As grandes companhias, que são proprietárias de ônibus de excursão, como é o caso da Organização Olvani, cujo escritório central se encontra em Gênova, Itália, podem confirmar com maior facilidade ônibus de excursão em prazos mais próximos das saídas dos grupos; porém, as tarifas são mais altas.

O ônibus de excursão, da mesma forma que o hotel, é um lugar onde o passageiro passa um longo tempo; por isso os ônibus de excursão oferecem ao passageiro todo tipo de comodidades.

O fato de ratear o custo do ônibus de excursão entre todos os passageiros permite que este serviço seja mais econômico. O ônibus de excursão nunca deverá ser reservado com o número exato de lugares disponíveis para os passageiros, pois é sempre útil ter alguns espaços livres, para permitir que os passageiros possam se mover dentro dele, e que não pareça muito cheio por um excesso temporário de bagagem.

Pois bem, o serviço turístico ocasional prestado pelo ônibus de excursão é somente oferecido sobre a demanda e é resultado de um encargo especial, ou em ocasiões, o início de um novo percurso que pretende ressaltar determinados atrativos fora dos tradicionalmente explorados e, ao mesmo tempo, aproveitar algumas vantagens temporárias que, em um dado momento, existam nos serviços e instalações turísticas. O serviço de ônibus de excursão pode ser em visita local, radial e regional ou continental:

a) **Visita local.** A visita diária das cidades nos seus aspectos naturais e histórico-sociais, passados e presentes (Fig. 5.3.), por exemplo: os "Sightseeig Bus

FIGURA 5.3 – O ônibus de excursão também é usado para visitar as cidades em seus aspectos naturais e histórico-sociais.

Tours" e os "City by Night" que se realizam nas principais cidades turísticas como Paris, Madri e Londres. Estas visitas também podem ser realizadas de carro ou com guia-intérprete-motorista.

b) **Visita radial.** A visita radial pelos arredores das cidades, com duração de, no máximo, um dia e na qual se inclui a refeição escolhida pelo cliente, em lugares famosos ou típicos. Estas excursões se realizam em quase todas as cidades que possuam atrativos turísticos próximos; por exemplo, da Cidade do México, a visita a Xochimilco e Teotihuacan; de Paris a Versalhes e Fontainebleau e de Madri até o Escorial, Valle de los Caídos, Toledo e Aranjuez.

c) **Visita regional ou continental.** O "tour" une diversos pontos de atrativo turístico relativamente distantes uns dos outros, dentro ou fora de um país. Sua duração é de, no mínimo, um dia. Por exemplo, o "tour" pelo Vale do Loire, na França; pelo Rin, na Alemanha; a rota dos conquistadores na Espanha e da independência no México. Também os que cobrem regiões ou continentes em períodos variáveis.

Vantagens e Desvantagens do Transporte Automotivo

Vantagens do ônibus

- Fácil implantação na área urbana.
- Adaptação a uma capacidade média.
- Custo mais econômico que o de um veículo individual.
- Existe necessariamente infra-estrutura.
- No caso de "charter", mobilidade e flexibilidade, pois tem a liberdade de trasladar-se para qualquer lugar e em qualquer momento. Não está sujeito a nenhum horário nem itinerário fixo.

Desvantagens do ônibus

- É um transporte coletivo.
- Há trajetos terminais.
- Possíveis quebras na viagem e riscos devidos ao motorista (não confiável).
- Itinerário fixo e freqüência limitada.
- Motor poluente.

Vantagens do ônibus de excursão

- Mais economia se comparado ao de outros veículos.
- Trajeto mais cômodo e prazeroso, pois possui janelas panorâmicas, poltronas reclináveis, ar condicionado, calefação e outros serviços.
- O serviço prestado requer pouco pessoal, razão pela qual seus custos em relação a salários de pessoal de operação são reduzidos em comparação aos custos que possuem outras linhas de transportes.
- Pode mudar o itinerário, caso seja solicitado pelos passageiros, oferecer serviço com mais freqüência, carregar e descarregar com maior rapidez, dependendo da conveniência dos passageiros.
- Os passageiros podem conhecer e admirar tanto o campo como as cidades que se localizam na rota, inclusive parar em alguns lugares.
- O serviço de bordo inclui atendimento de uma rodomoça que tem por funções:

  – No início do trajeto, dar as boas-vindas em seu nome e da companhia e informar a hora aproximada de chegada a seu destino.
  – Informar aos passageiros sobre as instalações de bordo (serviços sanitários, salão para fumantes, videocassete – como é mostrado na Fig. 5.4 – e revistas, com a finalidade de tornar a viagem mais agradável).
  – Mostrar aos passageiros os lugares mais importantes do caminho.

FIGURA 5.4 – O ônibus de excursão conta com um interessante conjunto de vídeos.

– Servir alimentos e bebidas.
– Proporcionar sacos para enjôo, caso necessário.
– Chegando ao destino, despedir-se cordialmente dos passageiros, agradecer a preferência pela companhia e os convidar a viajar novamente pela mesma companhia.
– Recordar-lhes que não se esqueçam de seus pertences a bordo e indicar onde podem retirar suas bagagens com os tíquetes correspondentes.

Desvantagens do ônibus de excursão

- Este meio de transporte é lento comparado com o avião.
- É um meio de transporte relativamente inseguro, comparado ao navio e ao trem.
- Não pode transportar um volume muito grande de passageiros e carga, comparado especialmente ao barco.
- É cansativo, principalmente em trajetos muito longos.
- As unidades têm vida útil limitada; em conseqüência devem se deteriorar em um período relativamente curto de tempo, que varia entre cinco e oito anos, mesmo quando se prolongue a vida mecânica por vários anos ainda, mas ocasionando altos custos de manutenção.

Estação Rodoviária

A estação rodoviária é o lugar de onde saem e onde chegam as unidades, com instalações e serviços para o tráfego de passageiros e carga.

SERÁ ENTREGUE NO
MÉXICO
A BAGAGEM DOCUMENTADA **U**
TALÃO **37160**
Estrela de Ouro, S. A. de C. V.
México – Acapulco – Zihuatanejo
SERVIÇO DE PRIMEIRA
EXPRESSO DE LUXO
RUA DE TLAPAN, 2205
04370 México, D.F.

AVISO
Em casos de perda da bagagem ou danos da mesma, o passageiro ao adquirir este talão aceita o art. 88 da Lei de Vias Gerais de Comunicação.
IMPORTANTE
A empresa não se responsabiliza por dinheiro nem pelos artigos de valor intrínseco, tais como jóias, pedras preciosas, artigos de prata, documentos com valores negociáveis, etc., que não se considerem como bagagem, de acordo com a regulamentação expedida pela Secretaria de Comunicações e Transportes.
Se o passageiro não deseja limitar a responsabilidade da empresa, deverá registrar o valor do mesmo.
Este talão será válido somente quando acompanhado do bilhete da viagem que é o número. ______________

FIGURA 5.5 – Ao documentarem-se, os passageiros recebem um tíquete pela bagagem, para retirá-la quando chegam ao seu destino.

A estação pode ocupar vários quarteirões da cidade e possuir plataformas para a chegada e saída dos ônibus, escritórios na estação para cada linha de ônibus onde os passageiros despacham a bagagem e recebem um tíquete para retirá-la ao chegar ao seu destino (Fig. 5.5); estes escritórios vendem também as passagens e contam com um moderno sistema de computação para acompanhar as reservas de cada unidade; há amplas salas de espera com cômodas poltronas onde os passageiros podem esperar até serem chamados pelo alto-falante para embarcar na unidade, assim como serviços sanitários. Possuem também uma área para estacionar os automóveis dos familiares ou amigos que chegam para se despedir ou para receber os passageiros, assim como o pessoal que trabalha nesta área; instalações comerciais: cafeteria, farmácia, aluguel de carros, lojas de roupas, "souvenirs", revistas, doces, cigarros, etc.; costuma ter também um lugar de transportes urbanos para trasladar os passageiros a seus hotéis ou para o endereço que indiquem.

Manuais

Existe uma publicação mensal denominada *Russell's Official National Motor Coach Guide*, que é um livro de referência que inclui os horários da maioria das linhas de ônibus que operam nos EUA, Canadá, México e América Central. Estes horários se dividem em três grupos principais. A primeira parte do livro está dedicada à "Greyhound" e companhias associadas; a parte central do livro está dedicada às companhias independentes a efeitos de conexão; a última parte está dedicada ao sistema "Nacional Trailways" e companhias associadas. Para encontrar o serviço desejado, é necessário começar procurando o ponto menos familiar. Se o ponto não corresponde a uma cidade importante, é necessário consultar, no final do guia, as tabelas que incluem os números, que indicam a linha de ônibus que opera na cidade menos familiar.

No caso de aparecerem várias companhias no índice, deve-se selecionar a que for mais conveniente. Se o ponto se refere a um importante centro de serviço de ônibus, será fácil manusear os mapas que "Greyhoud" e "Trailways" proporcionam.

Todos os itinerários que constam no guia, que não incluam algum símbolo de freqüência ou outra indicação, se pressupõe que operam diariamente.

Por outro lado, se não estiver indicado o horário-padrão, se considera que o horário dos itinerários está expresso em hora local.

Mencionaremos também que, para facilitar o trabalho do pessoal encarregado, identifica-se por uma sigla com duas a três letras aproximadamente, a seguir enumeramos um grupo pequeno de nomes por linhas de ônibus, com a sua sigla correspondente:

- American Coach Lines, Inc. (AMC)
- Arizona Bus Lines, Inc. (ARZ)
- Continental Bus Service, Inc. (CTS)
- Greyhound Lines of Canada, LTD (ECG)
- De Luxe Trailways, Inc. (TWS)
- Ómnibus de México, S. A. e C. V. (OMA)
- Transportes Chihuahuenses, S. A. de C. V. (TC)
- Transportes del Norte (TDN)

No final do livro-guia há uma tabela que inclui as tarifas de ônibus entre os diferentes pontos, tanto para uma viagem simples como para uma viagem de ida e volta, considerando que a tarifa de uma viagem completa equivale a 90% a mais da tarifa de viagem simples.

"Trailers" ("Campers")

Mesmo quando os "trailers" pertencem principalmente a particulares, há também "trailers" para alugar. Eles podem fazer parte do mesmo veículo ou serem puxados por outro veículo.

Em muitas cidades há "trailer parks", isto é, instalações localizadas nas proximidades das vias de comunicação que permitem o aceso de veículos com "trailers". Contam com vias para circulação interna, pontos de água, serviços sanitários, fornecimento de energia elétrica, áreas de lazer, áreas para recreação, espaços para reunião e cafeteria.

No México, há lugares para acampar e áreas para "trailers" por todo o país. Para conhecer sua localização e obter maiores informações é conveniente comunicar-se com a Secretaria de Turismo (Departamento Geral de Promoção, Mariano Escobedo 726, C.P. 11.590, México, D. F., Telefone 211-00-99- ou 250-01-23).

Patrulhamento de Auxílio Turístico

Os (*Ángeles Verdes*) Anjos Verdes são a primeira organização desse tipo em todo o mundo, oferece assistência aos veículos automotores que sofrem alguma pane nas estradas. Este serviço, oferecido pela Secretaria de Turismo, é gratuito, exceto quando se proporciona combustível, óleo ou consertos; nestes casos é cobrado o preço de custo (Fig. 5.6).

Coordenadas e controladas por intermédio de rádio, 224 caminhonetes pintadas de verde e branco percorrem todas as estradas federais mexicanas os 365 dias do ano, das 8 às 22h, independentemente das condições climáticas. Os Ángeles Verdes são oficinas compactas, dirigidas por dois mecânicos qualificados que fa-

FIGURA 5.6 – Os Ángeles Verdes oferecem assistência a veículos que quebram na estrada.

lam espanhol e inglês. Foram cuidadosamente selecionados e treinados para oferecer um serviço eficiente a qualquer motorista, incluindo informações sobre as condições das estradas e primeiros socorros, quando necessário.

Estas unidades estão equipadas com peças de reposição, gasolina e óleo para casos de emergência. Além disso, possuem um rádio de ondas curtas, que permite a comunicação com qualquer lugar do México, para pedir guincho ou serviço médico de emergência. Se você sofrer algum acidente ou seu veículo quebrar em qualquer uma das estradas mexicanas, você pode ter certeza de que um Ángel Verde chegará para socorrê-lo.

Os serviços de socorro também podem acompanhar caravanas de 35 ou mais veículos que viajem pelas estradas do México. A solicitação deste serviço deverá ser feita com antecedência à Direção de Socorro Turístico da Secretaria de Turismo (localizada em Schiller 138, Col. Polanco, C.P. 11.587, México, D.F., ou pelos telefones 545-3008 e 250-8555, ramal 314).

Aspectos Didáticos

Exercícios de Consolidação e/ou Auto-avaliação

Instruções. Marque um X dentro dos parênteses da opção correspondente.

1. Veículo destinado ao transporte de passageiros, em serviço urbano ou interurbano, geralmente com trajeto fixo.

   (   ) ônibus
   (   ) ônibus de excursão
   (   ) "motorcoach"

2. Veículo muito espaçoso, destinado ao transporte de passageiros, especialmente apto para longos percursos. Oferece serviços discricionários em excursões adequadas ao turismo:

   ( ) ônibus
   ( ) ônibus urbano
   ( ) ônibus de excursão

3. O primeiro ônibus foi fabricado em 1896 por:

   ( ) Manuel Escandón
   ( ) Gottlieb Daimler
   ( ) Orville Wright

4. A palavra caminhão que significa "carro", vem do:

   ( ) inglês
   ( ) francês
   ( ) alemão

5. Durante e época colonial se usaram as:

   ( ) carruagens
   ( ) locomotivas
   ( ) diligências

6. Manuel Escandón estabeleceu o primeiro serviço de diligências em:

   ( ) 1813
   ( ) 1853
   ( ) 1873

7. Em 1921, iniciou-se o transporte por automotores nas estradas do México a:

   ( ) Texcoco
   ( ) Veracruz
   ( ) Toluca

8. A Cidade do México possui:

   ( ) 2 estações rodoviárias
   ( ) 3 estações rodoviárias
   ( ) 4 estações rodoviárias

9. É a visita diária das cidades em ônibus de excursão, nos seus aspectos naturais e histórico-sociais, tanto passados como presentes. Visita:

   ( ) radial
   ( ) local
   ( ) regional

10. Excursão pelos arredores das cidades, com duração de, no máximo, um dia e na qual se inclui a refeição escolhida pelo cliente, em lugares famosos ou típicos. Visita:

   ( ) radial
   ( ) regional
   ( ) local

11. O "tour" liga diversos pontos com atrativos turísticos, relativamente distantes uns dos outros, seja dentro ou fora de um país, cuja duração é de, no mínimo, um dia. Visita:

   ( ) regional
   ( ) radial
   ( ) local

12. A fácil implantação em área urbana é uma vantagem do:

   ( ) ônibus de excursão
   ( ) ônibus comum
   ( ) "autopullman"

13. Os passageiros podem conhecer e admirar tanto o campo como as cidades situadas nas rotas, é uma vantagem do:

   ( ) ônibus de excursão
   ( ) ônibus urbano
   ( ) ônibus comum

14. É cansativo, especialmente em percursos muito longos:

   ( ) ônibus urbano
   ( ) ônibus de excursão
   ( ) ônibus comum

15. A existência de trajetos terminais é uma desvantagem do:

   ( ) ônibus de excursão
   ( ) "motorcoach"
   ( ) ônibus urbano

16. É o lugar onde chegam e saem os ônibus:

( ) estação rodoviária
( ) aeroporto nacional
( ) estação de trens

17. Manual no qual se localiza a informação relativa às linhas de ônibus:

( ) Official Airlines International Guide
( ) Russell's Official National Motor Guide
( ) National Official Steamship Guide

18. A sigla que corresponde a ônibus de México, S. A. de C. V., é:

( ) AMC
( ) ECG
( ) OMA

19. São instalações localizadas na proximidade de vias de comunicação que permitem o acesso de veículos com "trailers":

( ) "trailer parks"
( ) "charter service"
( ) "parking lots"

20. São equipes de patrulhamento de socorro turístico os:

( ) Anjos Verdes
( ) Golfinhos Azuis
( ) Anjos Brancos

Atividades de Reforço

1. Explique oralmente, e com tuas próprias palavras, a diferença entre o ônibus comum e o ônibus de excursão.
2. Monte um inventário com os atrativos turísticos que podem ser visitados de ônibus de excursão no estado em que você vive, depois, sugira uma série de visitas locais, radiais e regionais.
3. Elabore uma relação das linhas de ônibus interestaduais que ligam seu estado com os outros.
4. Pesquise quais as linhas de ônibus que se agrupam em cada uma das quatro estações rodoviárias localizadas na sua cidade.
5. Pesquise os endereços dos "trailer parks" que se localizam no estado onde você mora.

Capítulo 6

TRANSPORTE FERROVIÁRIO

ASPECTOS TEÓRICOS

Definição e Conceito

A ferrovia é formada por dois trilhos paralelos sobre os quais deslizam os trens. No seu sentido mais amplo, o trem inclui uma série de vagões puxados por uma locomotiva, os trilhos, pátios[1], estações com prédios complementares e outras instalações auxiliares do serviço (Fig. 6.1).

A tração clássica é a do vapor, modernamente substituída pela eletricidade e pelos motores a diesel. Não obstante, o Japão conta com um sistema magnético que, em lugar de flutuação por meio de ar comprimido, utiliza magnetos para manter o trem levantado sobre os trilhos, tornando-o um sistema relativamente silencioso que gera velocidades de até 450km/h. Por contar com um serviço limpo e confortável, o trem, em determinados casos, pode substituir o automóvel.

[1] Os pátios são espaços localizados nos terminais ferroviários, que possuem vias e construções especiais onde se limpam e consertam os vagões para formar novos trens; onde os tanques das locomotivas a diesel recebem combustível, óleo lubrificante, areia e água; onde se providencia gelo para os vagões frigoríficos; se lava o interior dos vagões-tanque com vapor, os caminhões entram para buscar a carga dos vagões. Cada conjunto de trilhos no pátio tem um nome que indica sua função. Os trens saem da via principal, a locomotiva é retirada e se traslada para as vias de máquinas. Os pátios maiores estão nos terminais, entroncamentos e pontos de divisão.

FIGURA 6.1 – O trem inclui uma série de vagões puxados por uma locomotiva e uma série de instalações auxiliares.

Classificação

A ferrovia pode ser classificada em função do seu uso, natureza do terreno e serviço que presta.

1. Em função do seu *uso*, a ferrovia se classifica em:

a) **Serviço regular**. Para o traslado de trens de passageiros e com itinerários fixos. Na maioria dos países, operados pelo próprio Estado; além disso, em alguns países existem empresas privadas que prestam um serviço basicamente turístico.
b) **Serviço especial**. Utiliza-se este serviço quando um grupo de pessoas aluga o trem com a finalidade de fazer percursos especiais, nesse caso se trataria de um serviço discricionário.

2. Em função da *natureza do terreno*, classifica-se em:

a) **Terrestres**. São as que possuem trilhos paralelos que descansam em terra e sobre os quais deslizam os trens.
b) **Aéreas**. São aquelas em que os trens são suspensos dos trilhos, elevados sobre o terreno por meio de estrutura tramada. Existem vários tipos de trens aéreos, como:

- *Funicular*. É o que se destina a cruzar espaços com grandes desníveis e que funciona mediante cabos, correntes ou cremalheira (neste caso se denomina ferrovia de cremalheira; as rodas dentadas dos trens engrenam em um trilho central, também dentado).

- *Teleférico*. Cabina com um ou vários cabos aéreos por onde ela desliza.
- *Telecadeira*. Teleférico com cadeiras suspensas por um único cabo.
- *Telesqui*. Dispositivo teleférico que permite que os esquiadores subam a um lugar elevado, vestidos com os esquis. São característicos dos centros receptores de montanha em seus vários níveis.

3. Em função do *serviço que presta*, o trem se classifica em:

a) **Trens de passageiros**. São aqueles que transportam pessoas, bagagens e correspondências. Existem vários tipos de trens de passageiros:

- *Serviço estrela*. É a melhor opção para viajar com sossego, luxo, comodidade, atenção personalizada de primeira e com as vantagens de confortáveis vagões-dormitório, assentos anatômicos reclináveis, serviço de restaurante, climatizado, vagão-bar-observatório com serviço de cafeteria.
- *Dormitórios*. Para viagens longas, o passageiro dispõe de excelentes vagões-dormitório cuja comodidade se usufrui em dois tipos de compartimento (Fig. 6.2):

FIGURA 6.2 – À noite, nos dormitórios dos trens, o passageiro pode descansar placidamente.

- *Cabina.* É um quarto individual com poltrona que se transforma em cama, para uma viagem cômoda, com a facilidade de um serviço sanitário integrado.
- *Cabina privativa.* É um espaçoso quarto privado com amplos assentos durante o dia, e duas camas durante a noite, o que o tornam funcional, conta com serviço sanitário próprio.

- *Primeira especial.* Oferece a comodidade de espaçosos assentos numerados reclináveis que permitem uma viagem mais confortável. Pelo seu baixo custo é uma opção interessante.
- *Primeira regular.* Conta com assentos numerados que se localizam em vagões reformados totalmente, seu preço não tem comparação.
- *Vagão-restaurante.* Sob a atenção esmerada do pessoal, é possível saborear deliciosos pratos em um ambiente agradável.
- *Vagão-bar.* É o lugar de convivência para o entretenimento ou a conversa amena.

b) **Trens de carga.** São aqueles que se utilizam para transportar materiais. Há vários tipos de trens de carga:

- *Trens unitários.* Transportam um único produto de uma mesma origem para um mesmo destino, utilizando o mesmo tipo de equipamento. Que pode ser contratado com um mínimo de 25 unidades ou vagões e pode estar disponível para o usuário em menos de 24h.
- *Trens locais.* Proporcionam ao cliente um serviço comum de carga entre as estações intermediárias e os principais terminais do sistema ferroviário, mobilizando todo tipo de embarques, em vagões inteiros ou menos.

c) **Trens de carga e passageiros.** São aqueles que podem transportar passageiros e carga. Existem vários tipos:

- *Trens especiais.* Transportam tanto carga como passageiros; têm passagem preferencial e podem ser contratados para o transporte de produtos de difícil manipulação ou perigosos, para mover máquinas com dimensões especiais ou que requeiram cuidados especiais na sua manipulação.
- *Trens mistos.* A diferença deste com o anterior é seu itinerário, que tem horário fixo de chegada e saída. Contam com lugares de segunda classe para passageiros e transportam em carga direta, basicamente, produtos perecíveis.
- *Serviço expresso.* Permite o transporte de pacotes e encomendas de menos de um vagão inteiro, integrado com os trens de passageiros. Os vagões com duplo estribado de contêineres estão integrados por múltiplas plataformas articuladas, cada uma delas permite transportar até três contêineres. Permite menores requerimentos de força motriz, menor dano às mercadorias, possibilidade de transportar artigos de alto risco e redução considerável da média do frete do contêiner.

Para os serviços de carga se conta com os seguintes dispositivos:

- *Reboque sobre plataformas ("piggy back")*. Consiste no transporte de caixas-reboque e/ou contêineres sobre plataformas. Este serviço está dirigido principalmente às indústrias que não possuem instalações ferroviárias dentro da sua fábrica.
- *Contêineres convencionais*. São caixas sem rodas que se movimentam sobre plataformas ou gôndolas, dependendo do tipo de carga a ser transportada, como máquinas, estruturas, materiais de difícil manuseio ou perigosos. No México, a Trens Nacionais transporta somente contêineres mas não conta com uma frota própria, pelo que o cliente deve contratá-los através de empresas especializadas. Estes contêineres permitem diminuir a manipulação da carga, garantindo sua integridade ao evitar riscos no transporte, além disso agiliza os processos de exportação e importação para a comercialização.

Assim, o objetivo final da Trens Nacionais do México é transportar 50% da carga total do país e 10% de passageiros. Um objetivo ambicioso, mas não impossível.

História do Trem

A idéia de utilizar trilhos teve origem nas minas do século XVI, pois era difícil carregar um vagão pelo chão desigual de uma mina, motivo pelo qual se colocaram no chão duas fileiras paralelas de pranchas de madeira para que as rodas pudessem rodar facilmente. Como a mão-de-obra escrava era econômica, ninguém teve a idéia de utilizar a força do vapor para o trabalho, até que no século XVII, Demis Papin descobriu que a expansão do vapor podia ser usada para forçar para cima um êmbolo no interior de um tubo. Assim, em 1686, ele construiu uma máquina a vapor na qual o pistão se movia para cima, empurrado pelo vapor, e para abaixo, quando o cilindro esfriava, empurrado pela pressão do ar do outro lado. Nesse mesmo ano, Thomas Savery construiu uma máquina que servia para extrair água criando um vácuo em uma câmara localizada na parte superior de uma tubulação. A bomba de vapor Savery foi utilizada nas minas, porém, por utilizar vapor em alta pressão, existia o risco de explosões.

Por outro lado, Thomas Newcomen inventou, em 1712, uma bomba a vapor melhor, que funcionava com o mesmo princípio que a de Savery. Assim a bomba de Newcomen foi a primeira máquina a transformar a energia mecânica útil, assim suas bombas foram utilizadas nas minas durante muitos anos. A última foi desmontada em 1934.

Contudo, o avanço mais importante no desenvolvimento das máquinas a vapor no século XVIII foi o realizado por James Watt, em 1769; em 1800, Watt já havia vendido aproximadamente 500 unidades. As máquinas a vapor de Watt foram desenvolvidas oportunamente em plena Revolução Industrial, por isso, implantadas nas fábricas de toda Inglaterra.

A invenção de Watt possibilitou o transporte com máquinas a vapor, de forma que prontamente as carruagens a vapor já transitavam pelas estradas.

Por outro lado, Richard Trevithnick projetou, em 1801, um modelo montado sobre rodas, que gerou poder suficiente como para se mover sozinho, e o chamou de *locomotiva*. Esta máquina conseguiu arrastar cinco vagões com 70 homens e dez toneladas de ferro ao longo da uma via construída em Gales.

A princípios do século XVIII, começam a ser usadas as rodas de ferro sobre trilhos de madeira, pelo que o experimento de Richard Trevithnick não alcança o êxito desejado, pois a máquina pesava tanto que quebrou os trilhos; então introduziram os trilhos de ferro; porém outros já haviam compreendido a idéia da tração a vapor sobre trilhos, o que possibilitou que, em 1812, John Blenkinsop (1783-1831) tivesse quatro locomotivas que circulavam com sucesso em um trem de cremalheira nas minas Middleton de carvão, perto de Leads. Estas locomotivas foram as antecessoras das que circulam hoje nos trens de cremalheira nas áreas montanhosas.

William Hadley (1779-1843) construiu, em 1814, a Puffing Billy para as minas de carvão.

O sucesso destas locomotivas não demorou, pois George Stephenson inventou uns dos primeiros e mais eficazes trens a vapor, no norte da Inglaterra, que percorreu o fundo de uma mina de carvão.

Stephenson trabalhava com seu pai em uma mina de carvão como encarregado de uma bomba de água, que funcionava com o motor a vapor de James Watt. O jovem, fascinado pela máquina, resolveu construir um motor para levar vagões desde o vagão do carvão (onde se extrai o mineral) até o elevador, o que conseguiu em 1814.

Oito anos depois, teve conhecimento do projeto para instalar um bonde entre Stockton e Darlinton. Foi quando mostrou sua invenção aos capitalistas e os convenceu de que sua máquina podia substituir os cavalos e, além disso, arrastar 34 veículos pequenos, carregados de carvão, farinha e passageiros. Correu a 48km/h e arrastou 9ton. Esta foi a primeira vez que um motor a vapor arrastou um trem transportando passageiros sobre uma via férrea pública.

O segundo trem foi criado pelo mesmo Stephenson, em 1830, junto com seu filho Robert, que o ajudou a projetar a locomotiva chamada "O foguete" (The Rocket), não obstante sua construção se realizou em função de um outro projeto. O vapor utilizado não se eliminava, mas era dirigido para a chaminé onde provocava aumento da intensidade da tiragem, que avivava o fogo e produzia mais vapor.

Nos 20 anos seguintes muitos engenheiros tentaram igualar o êxito da linha Liverpool-Manchester, Brigton, Bristol, Dover, Lancaster, Southanpton e York, onde corria "O foguete". As ferrovias dessa época tiveram uma longitude máxima de 100km, uma via apenas, e as locomotivas chegavam a desenvolver uma velocidade de 30km/h. Em 1830, foi inaugurado a ferrovia entre Manchester e Liverpool, de via dupla, com paradas a cada 600m. A corrida de locomotivas que se realizou em Rainhill, em 1829, foi famosa, nela Stephenson e sua máquina se impuseram.

Na América, em 1815, John Stevens recebeu das autoridades de Nova Jersey a ordem de construir o primeiro trem, mas não conseguiu nem dinheiro nem crédito para realizar o trabalho. Em 1826, foi construído um trem entre Homesdale e Cabondale (Pensilvânia), de aproximadamente 70km, para transportar carvão das minas para o canal de Hudson, chamado de Stourbridge Lion. Em 1928, inicia-se a construção da ferrovia entre Ohio e Baltimore, a primeira que a América teve para transportar passageiros e carga.

O desenvolvimento dos trens tem sido muito desigual; nos EUA, com pouco mais de 6% da população e 5% da área terrestre do mundo, existe quase 30% da extensão total de vias férreas e uma porcentagem maior em relação à capacidade de transporte de passageiros e carga. Assim, as Américas do Norte e Central possuem 445.350km; Europa, 396.000km, Ásia, 206.000km; América do Sul, 112.000km; África 77.000km; Oceania 48.500km.

Além das locomotivas a vapor, apareceram, sucessivamente, as elétricas, as diesel-elétricas de turbina, de condensação. Também os modelos de vagões foram adequados às suas diferentes finalidades: de passageiros, de carga, correio, tanque, com refrigeração, blindados, basculantes, etc.

Uma variedade particular, especial para cruzar rios, estreitos, ou lagos, são "ferryboats".

As linhas elegantes e a sobriedade luxuosa dos interiores são as características sobressalentes dos trens atuais.

Existem na atualidade ao redor de 1.223.000km de vias férreas em todo o mundo, de forma que os trens proporcionam um serviço cuja importância cresce dia a dia. Nas últimas décadas do século passado, os projetistas de trens têm-se concentrado especialmente nas viagens de alta velocidade, como é o caso do Japão, com seu famoso trem-bala; por isso trens muito rápidos circulam pelas cidades mais importantes do mundo.

As viagens de trem oferecem a vantagem de um ritmo tranqüilo e as paisagens únicas do campo ao longo de percursos, que raramente os automobilistas poderiam apreciar, como é o caso da rota do trem de Chihuahua ao Pacífico, que atravessa os grandes barrancos da Serra Tarahumara, na qual turista pode apreciar as fortes torrentes de água, as grandes cachoeiras, florescentes árvores Mopa e Kapoc misturadas com orquídeas silvestres e frutas tropicais que crescem no fundo das canhadas, também, os índios tarahumaras que freqüentemente são vistos ao lado da ferrovia usando vistosas e originais indumentárias.

Nos trens de passageiros mais recentes, as instalações para dormir são mais confortáveis. As viagens de trem oferecem a oportunidade de relacionar-se com outros passageiros, particularmente, nos vagões-observatório e nos vagões-sala.

O Trem no México

Antes da construção dos trens no México os únicos sistemas de transporte terrestre que existiam no país eram os velhos caminhos construídos durante a Colônia, e eram os seguintes: os mais relevantes México-Acapulco, que passava pelas vias marítimas para as Filipinas e o Oriente; México-Veracruz, que passava pela Espanha. México-Santa Fé, Paso del Norte, com paradas para Valladolid (Morelia), Guadalajara, San Luis Potosí e Monterrey; México-Oaxaca-Guatemala.

Desde 1833, existem as observações sobre o estabelecimento de caminhos de ferro no México.

O presidente Anastasio Bustamante outorgou, em 1837, a primeira concessão para construir a primeira estrada-de-ferro do México, entre o porto de Veracruz e a Cidade do México, a Francisco de Arrillaga, devido à importância que este porto tinha adquirido, desde a Colônia, na economia mexicana.

Mas as previsões de Arrillaga foram muito otimistas. Não conseguiu criar a empresa que se encarregaria das obras, e nem construir um metro de via em três anos; apesar do governo oferecer subsídios importantes e a força de trabalho de 800 a 1.000 presidiários. Esta primeira concessão foi anulada, mas o projeto não.

O presidente Antonio Lopez de Santa Anna fez uma segunda tentativa ao publicar o decreto de 31 de maio de 1842, que restabeleceu o chamado "direito de avaria", destinado a consertar e conservar estradas, e construir uma ferrovia desde Veracruz até o Rio San Juan, afluente do Papaloapan.

Não obstante, foi em 1850, quando foi possível construir o primeiro trecho ferroviário: Veracruz-El Molino (136km).

A partir desta data a rede ferroviária foi ampliada, pois, em 1857, foi construída a segunda linha férrea, México-Villa de Guadalupe. Em 1867, o trecho México-Apizaco (139km) do trem a Veracruz. Em 1869, o trecho Apizaco-Puebla (47km).

Sebastián Lerdo de Tejada recebeu os poderes constitucionais no dia 1 de dezembro de 1872 e, no mês seguinte, inaugurou o trem do México à Veracruz e, nesse mesmo ano, iniciou uma das primeiras promoções turísticas de trem, com trens de recreio entre Puebla, Panzacola e Santa Ana, por motivo de uma festividade.

Assim, o período de 1837 a 1873 assinalou o fim de uma época na história dos trens mexicanos.

Mesmo quando não mencionado o período, se outorgaram concessões para construir 48 linhas ferroviárias, somente o trem México-Córdoba ficou completo.

Durante o governo de Porfirio Díaz, foi empreendida a construção de diversas linhas férreas com um custo elevado, pois o governo se comprometeu a pagar às companhias construtoras norte-americanas entre seis e oito mil pesos por quilômetro construído, e concedeu-lhes, em troca, a exploração das instalações durante 99 anos.

No final do século, o México era o país que recebia a maior parte dos investimentos norte-americanos no interior.

O impacto social e econômico dos "cavalos de aço" foi a razão primordial, pela qual o governo interveio na regulamentação das atividades e tarifas e, em 28 de fevereiro de 1908, o governo do México formalizou um convênio com os acionistas das empresas estrangeiras que consolidou as propriedades ferroviárias das mesmas em uma única empresa constituída e unificada no México. Foram representantes destes acionistas as empresas Speyer & Co.; Kuhn, Loeb & Co.; Hallgarten & Co.; Landerberg, Thallman & Co., Speyer & Bros.; Berliner Handegagesellschaft e Bank of Handland Industrie. Em 28 de maio de 1908, foi estabelecida a companhia dos Trens Nacionais do México, na qual o estado obteve participação majoritária pelo então secretário da Fazenda, Limantour; em um relatório de novembro de 1908, explica ao Congresso as causas que levaram o governo a adotar tais medidas.

Assim, a Trens Nacionais do México, nos seus dois primeiros anos de atividade, teve de construir mais de 500km de vias para remediar, em partes, alguns dos defeitos, ao mesmo tempo, iniciou a construção de outras linhas consideradas importantes. A Revolução de 1910 interrompeu este processo. As guerras civis deste período (1910-1925) propiciaram uma grande tensão no sistema ferroviário, já que do domínio das linhas e estações dependiam, e muito, a sorte dos exércitos beligerantes. Daqui surge um anedotário muito extenso, formado por histórias, contos, romances, lendas, canções e músicas típicas, nos quais o trem e os maquinistas são motivos e personagens principais; e também surgiu "La Rielera", música que ainda hoje é considerada como o hino dos trabalhadores do transporte ferroviário, que em algumas das suas estrofes diz:

Y soy rielera, tengo (eu sou "rielera", tenho)
mi Juan; (meu João)
él es mi encanto, yo soy (ele é meu encanto, eu sou)
su querer; (seu querer)
cuando le anuncian que ya (quando lhe avisam que já)
se va el tren, (vai partir o trem,)
¡Adiós mi rielera, se va tu (Adeus, minha "rielera"! vai embora teu)
querer! (querer!)
Pobres ferrocarrileros, (Pobres maquinistas)
no pueden tener mujer, (não podem ter mulher)
porque la vida la tienen (porque a vida passa)
entre las ruedas del tren. (entre as rodas do trem.)

E dentro do movimento armado dessa época, quando o trem tinha uma função relevante, não podia faltar a letra de uma melodia que foi muito popular nessa etapa da nossa história, "La Adelita", cujos versos se encontram na versão procedente da Hacienda de Pedernales, Chihuahua, com o seguinte refrão:

Y si acaso se fuera con otro (e se por acaso fugisse com outro)
le seguiría la huella sin cesar (seguiria seu rastro sem cessar)
e vapores y buques de guerra (e vapor e barcos de guerra)
y si no, en un tren especial (e se não, em um trem especial.)

Existe outra versão que é talvez mais conhecida, diz:

Si Adelita se fuera con otro, (Se Adelita fugisse com outro,)
la seguiría por tierra y (a seguiria por terra e)
por mar, (por mar,)
si por mar en un buque (se por mar em um barco)
de guerra (de guerra)
si por tierra en un (se por terra em um)
tren militar. (trem militar.)

O trem, carregado de tropas e de soldaderas*, constitui a figura revolucionária típica (Fig. 6.3). Esta experiência ocorreu durante movimento de Francisco I. Madero contra a ditadura porfiriana e, depois, na rebelião de Venustiano Carranza contra o usurpador Victoriano Huerta, com graves transtornos para o funcionamento geral dos trens.

Por outro lado, Francisco Villa, no norte do país, se apoderou dos trens Paredón-Durango-Tepehuanes e Zacateas-Chihuahua. Mas a prioridade militar sobre as linhas continuou causando estragos, até que em novembro de 1915, o governo de Carranza declarou incompatíveis os serviços ferroviários e militares, retirou os oficiais da administração das linhas e desmilitarizou os trabalhadores ferroviários.

Muitos trechos das linhas desapareceram, quase a metade das pontes foram destruídas, trilhos e dormentes (em mau estado desde a época porfiriana) mal resistiram ao intenso e pesado movimento dos trens de campanha, grandes extensões de vias estavam arruinadas e em muitas delas era perigosa a passagem de comboios. Assim, o governo de Carranza iniciou a reconstrução, mas seu sucessor, o presidente Alvaro Obregón, percebeu que todas as hipotecas sobre os trens estavam vencidas; os credores estrangeiros (possuidores de títulos da dívida externa mexicana) tinham a opção de embargar os bens ferroviários e arrematá-los em

---

* Soldaderas. Mulheres de revolucionários mexicanos, que os acompanhavam e assumiam as tarefas de cozinheira, enfermeira e, se necessário, também lutavam ao seu lado.

FIGURA 6.3 – As soldaderas representaram a típica figura revolucionária.

leilão público, pelo que a casa bancária Morgan, dos EUA, em um Comitê Internacional de Banqueiros com Negócios no México, dirigido por Thomas W. Lamont, exigiu o pagamento imediato das dívidas ou a entrega dos trens.

Como isso era praticamente impossível, o governo do México negociou com o comitê por intermédio do secretário da fazenda, Adolfo de la Huerta. As negociações realizadas em Nova Iorque levaram ao Convênio De la Huerta-Lamont (16 de junho de 1922), no qual foi estabelecido que o montante da dívida era de $242.4 milhões, que representavam pouco menos da quarta parte da dívida externa mexicana; a conta dos juros se retomaria em 1 de janeiro de 1928, quando o governo pagasse os vencimentos do período de 1913 a 1922 em somas anuais. No decorrer de 40 anos que terminariam em 1 de janeiro de 1968, o governo se comprometeu a devolver, "em um prazo razoável", a Trens Nacionais do México à empresa privada, mas se transformaria em credor dela pelas quantidades que tivesse coberto em pagamentos da dívida, e as hipotecas vencidas seriam colocadas em fideicomisso, os direitos dos credores não seriam exercidos "a menos que o governo não cumpra com as obrigações deste convênio".

Durante o período de 1925 a 1940, os trens sofreram os efeitos de mais duas guerras civis: a chamada rebelião dos cristeros (1926-1929) e o levante de Gonzalo Escobar, em março de 1929. A primeira causou graves danos nas linhas de Guanajuato, Querétaro, Jalisco, Michoacán, Colima e Veracruz; a segunda em quase todas as vias do norte, especialmente em Coahuila e Durango. Como conseqüência, as obrigações derivadas da emenda Pani não puderam ser cumpridas e as taxas de juros da dívida federal ferroviária se acumularam, razão pela qual os governos de Emilio Portes Gil, Pascual Ortiz Rubio e Abelardo L. Rodríguez tiveram de intervir para resolver a crise ferroviária, conseguindo um novo acordo com os credores estrangeiros para adequar as obrigações às possibilidades financeiras do momento.

Por outro lado, o presidente Cárdenas decretou a nacionalização, pela utilidade pública, dos bens e interesses privados da tal empresa, no dia 13 de junho de 1937. Antonio Madrazo ficou encarregado de administrar as linhas da Trens Nacionais do México até abril de 1938.

A primeira iniciativa da lei enviada ao Congresso da União pelo presidente Manuel Ávila Camacho, em 19 de dezembro de 1940, foi para criar a empresa descentralizada dos Trens Nacionais do México, segundo se conhece até hoje, e dotá-la de uma lei orgânica.

A expropriação de 1937 abriu o caminho para um melhor desenvolvimento dos trens e a fundação da empresa descentralizada dos Nacionais do México assinalou o início de um período de reabilitação que adquiriu suas condições mais intensas de 1946 a 1960, e continuou em bom ritmo nos anos posteriores.

O sistema ferroviário tem acompanhado o desenvolvimento do México praticamente desde o início deste século, e mesmo existindo alguns avanços muito localizados se encontra em evidente atraso no processo de modernização indispensável para adequada inserção do país no marco da transformação econômica mundial. Principalmente, se considerarmos as inovações tecnológicas implantadas nas nações que são líderes do desenvolvimento econômico e comercial, como Japão, China e outros países da Ásia, Europa, assim como EUA e Canadá, e diante dos quais se pretende ter um nível de competitividade com o Tratado de Livre Comércio.

A participação privada na atividade ferroviária foi formalizada a partir de 1992, quando foram definidas as estratégias de ação, traçadas no Programa de Mudança Estrutural.

Esta decisão foi tomada em função da disponibilidade do equipamento de carga dos principais usuários, de empresas arrendadoras, de vagões estrangeiros usados na importação de material e os da Trens Nacionais do México para completar a frota requerida.

Uma das sociedades privadas recentemente criada é Ferropuertos, que promove a construção de terminais interiores para transferência de carga.

O transporte de passageiros também está previsto, embora não tenha a mesma importância que o transporte de carga. Em 1993, trabalharam na recuperação de 36 unidades e quando terminaram, em 1994, foram incorporados ao serviço 160 vagões adicionais; porém, foi dada baixa em uma parte importante da frota devido à sua antigüidade.

Em relação aos trens elétricos, em 1978, decidiu-se eletrificar a linha que vai do México a Querétaro, 254km. Nesta modernização de Ferronales se destaca a renovada operação dos trens com programação antecipada de horários, itinerários, tempo e lugar das conexões, lotes específicos das unidades em cada terminal, assim como a atribuição de responsabilidades que garantam a rapidez e a confiabilidade no movimento das mercadorias.

Em 1994, foram transportados oito milhões de passageiros, dos quais 82% viajaram na segunda classe e somente 18% na primeira.

Mesmo quando a atenção foi direcionada aos serviços da alta demanda da segunda classe, para passageiros de baixo poder aquisitivo, não foram retiradas as linhas que oferecem o serviço de dormitório conhecido como *Pullman*, que permanecerão enquanto houver demanda.

Generalidades do Serviço no México

Compra de passagens

É aconselhado aos passageiros que comprem pessoalmente suas passagens nas estações ou através do seu agente de viagens, com a finalidade de evitar as fraudes que podem ser cometidas quando há intervenção de pessoas alheias à compra.

Passagens para crianças

As crianças entre 5 e 12 anos pagam meia-passagem e devem viajar acompanhadas de adultos; também pagam meia as menores de 5 anos que ocupem um assento para uso exclusivo e outros passageiros viajem de pé por falta de lugares. Não são aceitas passagens inteiras para a viagem de duas crianças e nem duas meias-passagens para a viagem de um adulto.

Bagagens

O peso da bagagem transportada gratuitamente é oferecido livre de encargos por cada passagem de adulto, como se discrimina a seguir:

- Para a primeira classe, dormitório: 50kg
- Para a primeira classe, vagão: 50kg
- Para a segunda classe: 25kg

Com a meia-passagem se transporta gratuitamente a metade do peso da bagagem oferecido para passagem inteira.

Peso máximo

Não se admite nenhum pacote cujo peso exceda 115kg.

Com cada passagem de qualquer classe pode-se despachar até 300kg de bagagem incluindo o que se oferece livre de taxas.

De acordo com o regulamento da bagagem, não se deve despachar: jóias, dinheiro, nem artigos de valor, pois estas remessas devem ser enviadas pelo serviço expresso mediante pagamento do frete correspondente; portanto os trens não respondem pela perda de tais objetos se eles forem despachados como bagagem.

Bagagem a bordo dos vagões

Cada passageiro pode levar dentro do vagão até 25kg de bagagem de tamanho adequado, para não incomodar os outros passageiros nem obstruir a passagem. Não serão aceitas bagagens que por natureza possam ocasionar danos ou incômodos.

Dentro dos vagões-dormitório somente serão transportadas, sob a responsabilidade do passageiro, as bagagens de mão que se acomodem sob os assentos que os usuários têm direito de ocupar.

Os trens não são responsáveis por bagagens que não tenham sido despachadas devidamente juntos à empresa.

Estado das bagagens

Nas estações não serão despachados baús, maletas, caixas ou malas que não estejam fechadas com chave, cadeados ou trancadas de alguma forma. Os passageiros devem ajudar para que esta disposição seja cumprida em benefício dos seus próprios interesses, fazendo com que todas as bagagens ofereçam as devidas condições de segurança para seu transporte.

Cobrança de depósito de bagagem

Serão cobradas diárias das bagagens que chegam às estações ferroviárias e não são retiradas dentro de dois dias após a sua chegada, contando domingos e feriados.

Transporte de cadáveres

O transporte de cadáveres será feito exclusivamente pelo serviço expresso e sempre que no mesmo trem viaje uma pessoa adulta responsável por ele, com sua respectiva passagem.

Transporte de animais domésticos

Não é permitido levar cachorros, gatos e outros animais domésticos dentro dos vagões de passageiros. Estes animais podem ser transportados no vagão da bagagem no mesmo trem em que viajam seus proprietários, mediante o pagamento de uma gratificação aos guardadores de bagagens.

Os cachorros e gatos devem ter coleira e corrente ou estar presos de outra forma. Não se transportam mais de dois cachorros ou gatos ou uma gaiola com pássaros para cada passagem de primeira ou segunda classe. O transporte dos referidos animais é feito exclusivamente para oferecer facilidades aos passageiros e as quantias cobradas são para gratificar para os guardadores de bagagens. Portanto, os trens não são responsáveis por qualquer dano ou perda que os animais possam sofrer.

Os passageiros que não desejam responsabilizar os trens quando transportam animais pelo serviço expresso devem pagar as respectivas tarifas.

Serviço Exclusivo de Trens para o Turismo na Europa

Como resultado do uso racional das linhas internacionais de trens, particularmente, na Europa, foi criado um serviço exclusivo com fins turísticos, denominado *Cruzeiro de trem*, com base em um programa autorizado pelos países participantes. Este serviço é proporcionado para o uso livre do turista. Denomina-se *Europass*, ou *Student Railpass* que é uma variante do anterior.

Europass. É um bilhete único que permite viajar ilimitadamente em trens de primeira classe por cinco países da Europa; oferece também quilometragem para trasladar-se para qualquer lugar da Europa fazendo escala onde for mais conveniente, com toda liberdade. Se o turista preferir, pode escolher uma cidade como ponto de partida e fazer a partir dela numerosas excursões de trem (Fig. 6.4).

FIGURA 6.4 – O Europass é um bilhete único que permite viajar de trem por diferentes países da Europa.

Europass. Não se limita exclusivamente às viagens de trem, pois permite realizar excursões em barcos fluviais e lacustres pela Europa, além de ser aceito em muitos "ferry-boats" em travessias marítimas e para algumas linhas de ônibus da Europa e outros serviços de ônibus de excursão.

As crianças menores de 12 anos pagam somente meia-passagem e os menores de 4 anos viajam de graça.

Student railpass. Um bilhete único que permite a qualquer estudante, devidamente identificado, menor de 26 anos, viajar ilimitadamente de trem durante dois meses, de segunda classe, por 13 países da Europa, pagando com antecedência. Com esta passagem ferroviária podem ser percorridos cômoda e prazerosamente mais de 160.000 km de itinerários que unem cidades, povoados e lugares de interesse histórico, turístico ou cultural.

Student railpass autoriza seu possuidor a viajar grátis ou com grandes descontos no preço, nos "ferryboats" para travessias marítimas e em múltiplos barcos de serviços fluviais ou lacustres, além de ônibus na Europa e de outros serviços de ônibus de excursão, seja de forma gratuita ou por preços muito reduzidos.

As instalações para dormir nos trens de *Eurail* podem variar em função da disponibilidade. Algumas linhas oferecem vagões com assentos que depois se transformam em cama para as viagens noturnas, cada passageiro recebe um cobertor e um travesseiro. É claro que não há separação neste tipo de vagões.

Pelo contrário, os vagões-dormitório oferecem compartimentos separados cujas camas apresentam diversas características. Os cobertores, lençóis, travesseiros, banheiro e tomadas elétricas são padrão.

Em relação a reembolsos e cancelamentos de passagens, estão sujeitos a taxas de cancelamento de 15% no ano seguinte, a partir da data de expedição e, obviamente, as reservas de assentos não são reembolsáveis.

Finalmente, existem diversos guias da *Eurail*, como o *Travel Planner*, que contêm farta e valiosa informação; *Saltman's Eurail Guide* que é um guia de bolso com as rotas e trens mais importantes para percorrer na Europa; *Cook's Continental Timetable* cuja periodicidade é mensal e constitui um valioso guia sobre o serviço de trens na Europa, norte da África e Oriente Médio, no que se refere a horários, alimentos disponíveis a bordo, assentos, bagagem, moeda, informações sobre as cidades e tarifas para menores de idade.

Serviço de Trens nos Estados Unidos

De forma análoga aos serviços na Europa, existe nos EUA um sistema equivalente, pois o governo desse país criou, em 1970, a *National Rail Passenger Corporation*, mais conhecida como Amtrak, cuja finalidade é salvar o arruinado serviço de trens. O sistema Amtrak cobre 41.843km de vias. As novas unidades para passageiros que possuem este sistema são bastante confortáveis e eficientes; além disso, a referida companhia conta com um moderno sistema de reservas pelo computador o que permite agilizar o tráfego (Fig. 6.5).

As instalações dos trens Amtrak apresentam diversas características e, é claro, nem sempre todas estão disponíveis em todos os tipos de trens.

As instalações para dormir geralmente se dividem em duas categorias: vagão-geral e vagão-dormitório privativo. O primeiro consiste em assentos verticais parecidos com os de aviões ou de um ônibus; mas determinados trens possuem assentos projetados para dormir denominados "slumbercoach".

Compartimentos de primeira classe. Alguns trens possuem compartimentos privativos que podem ser cabinas ou dormitórios.

A cabina é uma sala privativa individual com cama dobrável e banheiro. Obviamente, para usufruir deste serviço é necessário ter uma passagem de primeira classe.

FIGURA 6.5 – O sistema Amtrak dos EUA é análogo aos serviços da Europa.

O dormitório pode ter seis configurações diferentes:

- Econômico
- Padrão
- Familiar
- De luxo
- Para deficientes físicos
- Suíte

O dormitório econômico comporta duas pessoas e não dispõem de banheiro privativo; um dormitório-padrão possui dois beliches, vaso sanitário e lavabo; o familiar possui três camas dobráveis e assentos para cinco passageiros; o de luxo se localiza no nível superior e conta com serviço sanitário; os dormitórios para deficientes físicos dispõem de instalações especiais, próprias para quem usa cadeira de rodas; uma suíte possui dois dormitórios interligados com quatro camas. Para qualquer dormitório é necessário ter uma passagem de primeira classe.

"Slumbercoach". Este serviço é parecido com uma cabina, mas de tamanho menor, é necessário apenas uma passagem de segunda classe.

Segunda classe. São instalações que consistem de poltronas padrão reclináveis que possuem descanso para as pernas.

Em relação às tarifas do sistema em questão, cada passageiro paga uma tarifa base que corresponde ao tipo de serviço determinado.

Por uma cabina ou dormitório é cobrada uma taxa separada. Quando vários passageiros dividem as instalações para dormir, cada um deles paga a tarifa de viagem simples ou ida e volta, segundo corresponda; porém, uma única taxa por alojamento cobre todos os integrantes do grupo.

As viagens de trem nos EUA são isentas de imposto federal de transporte, embora, em determinados casos, sejam cobrados impostos do trem.

A informação relacionada com estes serviços pode ser consultada no *Amtrak manual*, no *Official Railway Guide* e nos sistemas pelo computador.

Para fazer uma reserva no sistema Amtrak, é necessário prestar as seguintes informações:

- Tipo de serviço, hospedagem e número total de assentos
- Número do trem
- Cidades (origem e destino)
- Data de saída
- Informações sobre a viagem de regresso (classe, trem, cidades, origem e destino, data de saída)
- Nome do passageiro

- Número de telefone do agente que fez a reserva
- Outros integrantes do grupo, incluindo a relação dos adultos e a idade das crianças

Quando o bilhete é expedido ao fazer a reserva, deve-se informar ao agente o número do bilhete. Se for para um futuro próximo, será fixado um limite de validade da reserva e o Amtrak lhe entregará um número de reserva que corresponde ao cadastro do passageiro.

Em caso de mudanças posteriores à reserva, o passageiro deverá informar ao agente o número da sua reserva.

O Fascinante Trem Turístico da Cidade do México

Em outubro de 1993, foi criado o programa de transporte turístico: "Passeios pelo Centro Histórico", somando assim mais uma atração com a introdução dos chamados trenzinhos amarelos que, construídos à moda dos bondinhos das décadas de 1930 e 1940, fazem o percurso pelas principais avenidas do coração comercial e cultural da Cidade do México.

Este esperado projeto tem seus antecedentes no decreto de 1982, quando a Organização das Nações Unidas para a Educação, a Ciência e a Cultura (UNESCO) declarou o Centro Histórico da Cidade do México patrimônio da humanidade, e os governos federal e estadual promoveram a restauração de um significativo número de edifícios públicos e privados.

Durante anos foi realizada uma intensa campanha de trabalhos de reformas cujos primeiros resultados se evidenciaram na década de 1990, quando planejado o caminho que seria seguido, assim como, a seleção do pessoal que, durante meses, passou por um minucioso curso de capacitação.

Sua finalidade é oferecer ao visitante não apenas um passeio pelo primeiro quadro da Cidade de México, mas também criar neles a imagem de que nosso país possui belos e valiosos edifícios e construções, que o convertem em um dos países com um grande patrimônio cultural, da mesma forma que outros países importantes do mundo.

A Praça Manuel Tolsá, localizada nas ruas de Tacuba, recebe esse nome devido a duas obras de grande transcendência que ali se encontram, a estatua de Carlos IV e o Palácio de Minería, anteriormente sede da Câmara dos Deputados; antigo local da Secretaria da Agricultura e Pecuária e, na atualidade, Centro de Educação Continuada da Divisão de Estudos Superiores da Faculdade de Engenharia.

O processo de andamento do referido projeto não foi fácil, mas devido a apoios e recursos que permitiram a construção dos três bondinhos que hoje circulam e que foram batizados com os nomes de Francisco Primo Verdad, Ahuizote e Revillagigedo, foi possível que eles começassem seus percursos em 1993.

Os trenzinhos realizam um percurso de oito estações, visitando o Museu da Cidade do México, a Praça da Constituição, o Colégio de São Ildefonso, a Praça de Santo Domingo, a Praça Manuel Tolsá, a Praça da Santa Veracruz, o Museu da Pinacoteca Virreinal e o Palácio de Iturbide; o percurso demora entre 1h e 1h15min, se não houver nenhum imprevisto. Com a mesma passagem os passageiros podem subir e descer durante o dia, quantas vezes o desejarem.

Assim poderão conhecer de perto os edifícios, entre museus, bancos, templos, hotéis e escritórios públicos ou privados, considerados monumentos históricos e que nos últimos anos têm sido restaurados até somarem um total de 329, resultado do programa "Dê-me uma mãozinha".

Os primeiros hotéis no centro do México; a antiga casa do Conde de Cortina, onde ocorreram os assassinatos que tornaram famosa sua lendária história; os edifícios que albergaram conventos e escolas jesuíticas, assim como a casa do Apartado del Oro y la Plata que se enviavam à Europa, são alguns dos múltiplos lugares de interesse que se observam durante o percurso.

Também são fornecidos aos visitantes dados arquitetônicos e históricos; lendas e anedotas complementam as informações que durante a visita os 15 guias, contratados para participar do mencionado programa, se encarregam de proporcionar aos visitantes, há ainda tradução para o inglês e francês.

Cada percurso é diferente, pois nunca são proporcionadas as mesmas explicações nem se referem a edifícios únicos. Cada grupo é diferente, seus integrantes não perguntam as mesmas coisas e se interessam de diferentes formas.

Os guias têm a obrigação de atualizar seus conhecimentos e possuir um panorama completo das principais construções que integram o Centro Histórico, para responder aos interesses do público.

Vantagens e Desvantagens do Transporte Ferroviário

As vantagens técnicas do transporte ferroviário são as seguintes:

1. É reconhecida a superioridade do trem sobre o transporte automotivo e o avião no serviço de passageiros e carga volumosa e pesada, pois o trem pode transportar, em poucas viagens, enormes volumes de passageiros e carga. Até há poucos anos, os grandes trens estadunidenses, com suas potentes locomotivas a vapor, já arrastavam até 64 vagões de carga em uma única viagem. Atualmente, as potentes locomotivas diesel arrastam, em uma única viagem, até 200 vagões. Despachar a carga e o passageiro dessa forma significa economia de tempo e de dinheiro.

2. No serviço de passageiros e, em se tratando de viagens longas, o trem oferece grandes vantagens para o usuário devido às inúmeras facilidades que proporciona. Somente em casos de viagens rápidas de longas distâncias, o usuário prefere o avião.
3. São reconhecidas as vantagens do trem em relação aos outros meios de transporte, com exceção do barco, quando se trata de transportar mercadorias de baixo valor econômico, ou seja, aquelas que não podem suportar tarifas altas por ser de pouco valor ou preço. Este é o clássico caso das matérias-primas da indústria. O trem realiza este transporte cobrando tarifas muito reduzidas, devido à sua grande capacidade para transportar grandes volumes de mercadorias.
4. São reconhecidas as vantagens do trem no transporte de mercadorias e passageiros em distâncias longas porque, em tais casos, devido à grande capacidade de carga, é factível que a empresa ferroviária cobre tarifas muito reduzidas seguindo a norma de tarifas decrescentes à medida que as distâncias aumentam.
5. O trem tem vantagem sobre outros meios de transporte pela organização de reunir e distribuir grandes volumes de mercadorias, confiadas pelos usuários para transporte.
6. Com exceção do transporte marítimo, que é considerado o mais seguro, as estatísticas mostram que o trem é um meio de transporte que oferece máxima segurança para a vida e os interesses dos usuários, pois os acidentes com conseqüências fatais são mínimos e insignificantes e evidentemente variam de um país para outro dependendo da eficiência particular de cada serviço ferroviário. O fator segurança significa, portanto, grande vantagem para o trem.

Este meio de transporte tem, assim como os outros meios conhecidos, suas desvantagens técnicas:

1. Os grandes investimentos que o negócio ferroviário requer e que se traduzem em vias e instalações diversas, terrenos para o direito à via, construção de diferentes obras, como pontes, túneis, estações, oficinas escritórios, edifícios diversos, equipamento ferroviário, linhas telefônicas e telegráficas, sistemas de sinais e outras instalações, têm custo muito elevado.
2. O capital ferroviário é por natureza pouco flexível. Encontra-se imobilizado. Se o negócio ferroviário fracassar, boa parte do investimento não se recupera porque está representado em obras fixas como pontes, túneis, terraplanagens, edifícios e outras instalações próprias do trem que não podem trasladar-se para outro lugar e que devem ser abandonadas ou vendidas por um preço muito baixo.
3. Tratando-se do transporte de mercadorias de alto valor econômico e de artigos perecíveis em distâncias curtas, o trem não pode competir com o autotransporte devido aos usuários, donos das mercadorias, preferirem um serviço direto, porta a porta. Além disso, pela natureza dos artigos transportados,

eles podem pagar uma tarifa muito alta e, neste caso, o trem se encontra em posição de desvantagem em relação ao transporte automotivo.

4. Em determinados países, o transporte automotivo é mais rápido que o trem, já que a desorganização ferroviária, a falta de vias duplicadas para expedir rapidamente o transporte, a falta de força de tração adequada, a falta de vias pesadas capazes de suportar a passagem de comboios pesados e muitas outras deficiências de caráter técnico. Porém, tecnicamente não se poderia afirmar que o veículo automotivo é mais rápido que o trem, como afirmam alguns observadores superficiais. Certamente, nos países de alta tecnologia ferroviária, a velocidade dos trens supera a do veículo automotivo.

Aspectos Didáticos

Exercícios de Consolidação e/ou Auto-avaliação

Instruções. Marque um X dentro dos parênteses da opção correspondente.

1. Espaços localizados nos terminais ferroviários e que possuem vias especiais e construções onde se limpam e consertam os vagões:

   ( ) escritório
   ( ) estação
   ( ) pátios

2. O trem se classifica, em função do uso, em serviços:

   ( ) regulares e especiais
   ( ) terrestres e aéreos
   ( ) de passageiros e carga

3. O trem se classifica, em função da natureza do terreno, em serviços:

   ( ) terrestres e aéreos
   ( ) passageiros e carga
   ( ) regulares e carga

4. O trem se classifica, em função do serviço que presta, em:

   ( ) terrestres e aéreos suspensos no ar
   ( ) de serviço regular e de serviço especial
   ( ) de passageiros, de carga e de carga e passageiros

5. Teleférico com cadeirinhas suspensas de um cabo aéreo único:

( ) cremalheira
( ) telecadeira
( ) funicular

6. Destina-se a subir grandes ladeiras e funciona mediante cabos, correntes e cremalheira:

( ) funicular
( ) teleférico
( ) telecadeira

7. Quarto individual com assento que se transforma em cama, para uma viagem descansada, e com a comodidade de um banheiro integrado:

( ) dormitório
( ) alcova
( ) camarim

8. O lugar para a convivência, o entretenimento ou a conversa animada:

( ) vagão-bar
( ) vagão-restaurante
( ) primeira regular

9. Permite o transporte de pacotes e encomendas de menos de um vagão inteiro em equipamento integrado aos trens de passageiros:

( ) trens especiais
( ) serviço expresso
( ) trens mistos

10. A idéia de utilizar vias férreas é do século:

( ) XVIII
( ) XVII
( ) XVI

11. Descreveu que a expansão do vapor podia ser utilizada para forçar para cima um êmbolo no interior de um tubo:

( ) Demis Papin
( ) Thomas Newcomen
( ) James Watt

12. Construiu uma máquina que servia para extrair a água, criando um vazio dentro de uma câmara localizada na parte superior de uma tubulação:

( ) Thomas Savery
( ) James Watt
( ) Demis Papin

13. Projetou em 1801 um modelo montado sobre rodas, que denominou de locomotiva:

( ) Thomas Newcomen
( ) Thomas Savery
( ) Richard Trevithnick

14. A companhia Trens Nacionais do México foi estabelecida em:

( ) 28 de maio de 1908
( ) 15 de junho de 1908
( ) 18 de maio de 1908

15. As crianças de cinco anos e menores de 12:

( ) não pagam passagem
( ) pagam meia passagem
( ) devem pagar a passagem

16. O peso da bagagem que se transporta gratuitamente, livre de taxas para cada passagem de adulto de primeira classe, é de:

( ) 25kg
( ) 40kg
( ) 50kg

17. Bilhete único que permite viajar ilimitadamente de trem, em primeira classe, por 13 países da Europa:

( ) *Eurailpass*
( ) "Ferryboats"
( ) *Eurail guide*

18. Nos Estados Unidos da América, é um serviço parecido com uma cabina, porém mais reduzida, e para a qual é necessária apenas uma passagem de segunda classe:

( ) "slumberboat"
( ) "slumbercoach"
( ) "slumbertring"

19. O trem turístico que circula no centro histórico da Cidade do México iniciou seus percursos a partir de:

( ) outubro de 1993
( ) outubro de 1994
( ) setembro de 1993

20. Os trens turísticos que circulam no centro da Cidade do México realizam um percurso de:

( ) 7 estações
( ) 8 estações
( ) 9 estações

Atividades de Reforço

1. Pesquise as rotas dos trens que chegam e saem da cidade onde você mora.
2. Pesquise e apresente por escrito a biografia de James Watt.
3. Elabore, em grupo, uma maqueta de uma estação de trens.
4. Faça um percurso turístico no trem que circula pelo Centro Histórico da sua cidade e, posteriormente, entregue um relatório a seu professor.
5. Elabore em grupo, um jornal-mural sobre o tema, procurando consultar outras fontes para enriquecer a informação.

Capítulo 7

TRANSPORTE AÉREO

ASPECTOS TEÓRICOS

Definição e Conceito

O avião é um aparelho cujo peso é superior ao do ar e que devido à aplicação de uma força propulsora pode voar. É mantido no ar pela força de sustentação que produz o vento relativo no choque com a superfície inclinada das asas. A força propulsora é proporcionada por um ou vários motores a explosão, no caso de aviões convencionais (de hélice), e vários reatores nos motores de reação, entre os que se destacam os turborreatores (providos de turbina e hélice) e os estatorreatores, que não possuem partes móveis. Os elementos estruturais são as asas ou conjunto de planos destinados à sustentação, uns móveis ("aileron") e outros fixos; a empenagem constituído por um plano vertical e outro horizontal, que assegura a estabilidade, e lemes de profundidade e direção; a fuselagem, que forma o corpo do avião; e o trem de aterrissagem, sistema retrátil de rodas pneumáticas colocadas para decolagem e aterrissagem.

História da Aviação

A história da luta do homem pela conquista do espaço se inicia no ano 5000 a.C. aproximadamente. O desejo de voar nasceu no homem ao observar as aves elevando-se no ar, fator determinante que o impulsionou a conceber idéias para atravessar o espaço.

Isto fica claro nos famosos touros alados da Assíria, que foram utilizados como gênios guardiões no palácio de Khorsabad, dos quais se aprecia, hoje em dia, uma colossal escultura no museu do Louvre em Paris, procedentes das portas do palácio mencionado. Esta escultura tem corpo de touro, rosto humano e, naturalmente, asas; o que confirma a primeira concepção do homem de que para voar era preciso que se tivesse asas (Fig. 7.1).

Os gregos também conceberam a possibilidade de voar, razão pela qual na sua mitologia aparece o pégaso, ou seja, o cavalo alado de Zeus, que finalmente se transformou em constelação.

Mas uma das personagens mitológicas mais populares é Ícaro que, na companhia do seu pai Dédalo, foi trancado em um labirinto. Devido à criatividade paterna, Ícaro fugiu usando asas feitas de penas unidas com cera. Apesar dos avisos de Dédalo, o filho se aproximou muito do sol, a cera derreteu-se e Ícaro caiu no mar Egeu (Fig. 7.2).

Policertes, escultor da ilha de Samotracia, no mar Egeu, esculpiu um dos mais belos expoentes da arte grega, *A Vitória de Samotracia*, uma mulher com asas que simbolizava a vitória. Esta escultura está exposta atualmente no museu do Louvre em Paris.

Além disso, os árabes criaram os contos de *As Mil e Uma Noites*, nos quais incluem também cavalos que voam e, é claro, o *tapete mágico*, que podia voar levando passageiros (Fig. 7.3).

Os romanos também consideravam as aves como símbolo de divindade e velocidade; a palavra latina *avis*, cujo significado é "ave", deu origem ao vocábulo aviação, adotado pelo pesquisador francês De Le Landelle em 1863.

FIGURA 7.1 – Os touros alados da Assíria manifestam a concepção de asas em seres que não eram aves.

FIGURA 7.2 – Segundo a lenda grega, Ícaro sem atender o conselho de seu pai, voou muito perto do sol.

FIGURA 7.3 – Os árabes conceberam cavalos que voavam e tapetes mágicos nos contos de *As Mil e Uma Noites*.

Posteriormente, em pleno Renascimento surge, na Itália, a figura de um célebre artista, Leonardo da Vinci (Fig. 7.4), cuja versatilidade lhe permitiu destacar não somente no campo da pintura, escultura, música, literatura, engenharia e arquitetura, mas também da ciência, em virtude de ter desenhado uma hélice para efeitos de locomoção, a qual girava horizontalmente, levando uma fuselagem

FIGURA 7.4 – Leonardo da Vinci projetou uma hélice para efeitos de locomoção, que girava horizontalmente, com uma fuselagem embaixo, como um helicóptero.

debaixo, como um helicóptero; tal como previu, o aparelho se elevava no ar e na teoria era perfeito, mas a falta de um motor leve o impediu de implementá-lo.

O princípio do vôo de um objeto "mais leve que o ar" é muito simples, pois se o referido objeto pesa menos que o volume do ar que desloca, é suscetível de subir na atmosfera.

Os chineses descobriram que o ar aquecido pesa menos que o comum, o que se evidenciou quando encheram com ar quente um dragão de papel, o que permitia que o brinquedo se elevasse.

Mas, em 4 de junho de 1783, os irmãos Joseph Michel e Jacques Etiènne Montgolfier, na França, encheram um balão com ar quente, produzido por fogueiras de palha, que se elevou a mais de 1.000m de altura.

Posteriormente, utilizaram outros balões de folhas de seda, dos quais penduraram jaulas com frangos, patos e cordeiros; finalmente, em 21 de novembro de 1783, dois jovens franceses, Pilatre de Rozier e o marquês de Arlandes, realizaram, em Paris, um percurso de 5km em 25min, a bordo de um balão de Montgolfier.

Os ensaios dos aeróstatos continuaram e rapidamente as grandes bolsas de ar voaram em muitos países; porém, devido aos balões serem livres, não era possível dirigi-los, pois iam onde o vento os levasse.

Em meados do século XIX, aparecem os primeiros modelos fusiformes; em 1851, Henri Gifard construiu uma máquina de vapor que acionava uma hélice, acondicionou a máquina num balão que alcançou uma altura de 1.520m, a uma velocidade de 2 a 3m/s, apenas superior ao passo de um homem (Fig. 7.5).

Entre os anos de 1891 e 1897, destaca-se a presença do engenheiro francês Clement Ader, que construiu aparelhos voadores mais pesados que o ar, e que tiveram importância decisiva no desenvolvimento da aeronáutica. Os aparelhos de Ader receberam sucessivamente os nomes de *Eodo* e *Avião* e tinham em comum as asas dobráveis, parecidas com as dos morcegos, as hélices para imprimir tração e o corpo com três pequenas rodas onde iam o motor e o piloto.

Enquanto isso, na Alemanha, em 1891, Otto Lilienthal realizou experiências com um planador, observando que ia mais longe quando soprava o vento (Fig. 7.6).

Anos depois se mudou para Berlim, onde, em 1894, construiu um planador biplano de envergadura menos excessiva e nele realizou vôos mais perfeitos.

FIGURA 7.5 – Na metade do século XIX, apareceram os primeiros dirigíveis.

FIGURA 7.6 – Otto Lilienthal em um dos seus planadores. Construiu seis planadores biplanos e 12 monoplanos que controlava no vôo alterando com a posição do seu corpo.

Por outro lado, em 1898, Alberto Santos Dumont dispôs-se a voar sobre Paris em uma espécie de balão com forma de charuto, de 27m de comprimento, feito de seda envernizada, cheio de hidrogênio e impulsionado por um motor a gasolina de 3 ½ cavalos de força, desmontado de um autotriciclo. Dessa forma se transformou no primeiro homem que governou a vontade, e que utilizou a gasolina como força motriz.

O século passado foi o da aviação, pois quase em seus primórdios o homem viu coroado de êxito seu eterno sonho de voar em máquinas construídas por ele, sulcando livremente a atmosfera.

No dia 17 de dezembro de 1903, às 10h35min, Orville Wright realizou em Kitty Hawks, EUA, o primeiro vôo controlado, o qual durou 12 segundos, avançando 36m. Orville Wright ia estendido sobre a asa inferior e dirigia o aparelho com os pés e as mãos; sua inexperiência fazia com que o aparelho subisse e descesse, algumas vezes alcançando os 3m e outras vezes quase tocando no chão (Fig. 7.7).

Finalmente o contato com a terra se deu de forma um pouco brusca, mas sem provocar nenhum dano. O testemunho dos cinco espectadores maravilhados foi unânime, confirmado por uma fotografia tirada por um dos assistentes e reproduzida pelos jornais do mundo todo, ficando assim para a posteridade.

Nesse mesmo dia, Wilbur, irmão mais velho de Orville, realizou outro vôo com um percurso de 300m, distância enorme para a época.

Devido à importância dos irmãos Wright na história da aviação, à continuação incluímos alguns dados biográficos:

Wilbur Wright nasceu em 16 de abril de 1867, em uma fazenda em Milville, Indiana, EUA. Orville nasceu em 19 de agosto de 1871, em Dayton, Ohio. Eram, respectivamente, o terceiro e o quarto filhos de Milton Wright, que brevemente

FIGURA 7.7 – Orville e Wilbur Wright.

chegaria a ser bispo. Depois de uma curta passagem por Ohio, Indiana e Iowa, o bispo foi com a sua família a Dayton, cidade na qual se estabeleceu. Assim, Wilbur e Orville passaram ali a sua infância. Iam ao colégio e realizavam algumas tarefas da casa para ganhar algum dinheiro, que gastavam nos seus passatempos. A paixão de Wilbur era patinar, enquanto Orville nascera para os negócios, por isso coletava sucatas de metal. Orville fez um bom negócio com pipas feitas em casa. Enquanto isso, Wilbur inventava uma máquina para dobrar jornais. Ganhou algum dinheiro com o jornal da igreja local: oito páginas em cada edição, para dobrar e recortar toda semana. Mas isto era muito tedioso, Wilbur tinha coisas mais interessantes para fazer; então automatizou o processo com uma invenção parecida com os pedais das máquinas de costura.

Seu sonho de voar, desde criança, surgiu quando seu pai comprou um helicóptero de brinquedo; as crianças o desmontaram e o estudaram; assim, na sua memória ficou gravado o sistema de vôo.

Posteriormente, observaram o vôo das pipas de brinquedo e estudaram o movimento das asas dos pássaros durante o vôo.

Anos depois, os irmãos Wrigth tinham em Dayton um negócio de bicicletas e, depois que souberam das experiências com planador realizadas por Otto Lilienthal, interessaram-se pela aviação, o que no princípio era apenas um passatempo, transformou-se em uma importante descoberta científica. Os irmãos Wright perceberam que grande parte da informação disponível naquela época sobre aerodinâmica, de fato, não tinha fundamento, razão pela qual reuniam seus próprios dados sobre as quatro forças que intervém no movimento do avião; ou seja, o levantamento, o peso, o empuxo e a resistência ao avanço.

Em 1902, consideraram que já tinham aprendido o suficiente para projetar um avião que funcionasse, imediatamente iniciaram o projeto e a construção de um avião, que foi construído com peças de madeira e tecido, em dezembro de 1903, já haviam realizado sua façanha.

Dois anos depois do primeiro vôo pilotado, os irmãos Wright aperfeiçoaram o sistema, pois a fabricação de aviões já era necessária. Mas era imprescindível ajuda financeira, e para obtê-la era necessário que fizessem, na Europa, uma demonstração da sua habilidade.

A realeza os viu voar e a resposta foi positiva; quando regressaram aos EUA com sucesso venderam ao governo um avião por 30.000 dólares; como conseqüência, o exército fundou a primeira escola de aviação, com Orville como instrutor.

Em virtude do já exposto, em 1906, os irmãos Voisin estabeleceram em Paris a primeira oficina para a fabricação de aviões, nascendo assim a indústria aeronáutica.

Entre os antecedentes da aviação cabe mencionar o herói da travessia do Atlântico, Charles Lindbergh, que por sua façanha mereceu o título de "A Águia Solitária".

Em 1919, Richard Orteg, magnata da indústria hoteleira de Nova Iorque, ofereceu um prêmio de 25.000 dólares para o primeiro vôo sem escalas entre Nova Iorque e Paris, o que significava uma distância de 5.800km. Depois de transcorridos oito anos, antes que os progressos na construção de aviões e motores permitissem uma aventura dessa natureza, em 1927, vários pilotos de ambos os lados do Atlântico se dispuseram a conquistar o prêmio e, quase no último momento, Charles Lindbergh se inscreveu em Nova Iorque iniciando a sua proeza no dia 20 de maio de 1927, às 7h45min, no *Spirit of St. Louis*, partindo do aeródromo Roosevelt Field, cuja pista era a mais longa. O vôo de Lindbergh viu-se coroado com o sucesso depois de 33h30min, quando o *Spirit of St. Louis* aterrizou no aeródromo de Le Bourget, em Paris (Fig. 7.8).

Desenvolvimento da Aviação no México

Desde a época pré-hispânica, o homem da América Central, da mesma forma que o do velho mundo, concebeu a possibilidade de que outros seres também pudessem voar, daí a dança do voador e as derivações, como os guaguas e quetzalines que executavam imitando o vôo das aves.

A referida dança, com reminiscências pré-hispânicas e cuja origem é desconhecida mesmo quando é possível que seja da região huasteco-totonaca, localizada ao norte do estado de Veracruz, se relacionava com os sacrifícios humanos (rito correspondente ao culto de Xipe-Totec). Com o decorrer do tempo, esta dança se difundiu em grande parte da América Central, por isso a chegada dos espanhóis era muito popular em muitas comunidades.

FIGURA 7.8 – Charles Lindbergh atravessou o Atlântico no *Spirit of St. Louis.*

A dança do voador, mesmo com diversas variantes, de forma geral, executava-se da seguinte maneira:

Seis índios acrobatas, vestidos de pássaros, subiam ao topo de um poste elevado onde cada um dançava na sua vez, fazendo ondas com um lenço; outros índios amarrados com cordas giravam ao redor do poste descendendo em círculos enquanto tocavam pífanos, imitando o canto das aves; os espectadores faziam soar seus tambores (instrumentos musicais como o huehuetl, tlapanhuehuetl e teponaxtle) lançando gritos estridentes (Fig. 7.9).

Esta dança se realizava na praça maior em Tenochtitlan. Posteriormente, nesse mesmo lugar, que atualmente é ocupado pela Suprema Corte da Justiça da Nação, instalou-se o Mercado do Voador, como lembrança aos homens voadores do rito indígena que se praticava nesse lugar.

Por outro lado, na mitologia náhuatl, Tohtli é um enorme falcão (ave de rapina diurna), com a possibilidade de estender suas majestosas asas para desligar-se do humano da terra e alcançar o divino dos céus; entre os astecas existiram duas ordens guerreiras: a dos cavaleiros tigre (*ocelotecuhtli*) e a dos cavaleiros águia (*cuauhtecuhtli*); estes últimos usavam a fantasia da águia, com o que se destacavam pelas proezas realizadas. Este personagem foi escolhido como emblema da Aeroméxico, a linha aérea nacional (Fig. 7.10).

No período de vice-reinado se destaca a presença de José María Alfaro, que, em 18 de maio de 1874, elevou o primeiro balão sobre o território da Nova Espanha; no dia 6 de fevereiro de 1785, Antonio María Fernandez, em Tlaxcala, transformou-se no primeiro mexicano que voou a bordo de um aeróstato.

Do período independente, salientamos os seguintes fatos: o dia 15 de setembro de 1825, por ocasião do décimo quinto aniversário do início da guerra da independência, a família Ibar lançou, em San Miguel de Allende, Guanajuato, um aparelho impulsionado por ar quente.

FIGURA 7.9 – Os centro-americanos também consideram a possibilidade de voar, como podemos observar em "La danza del volador"

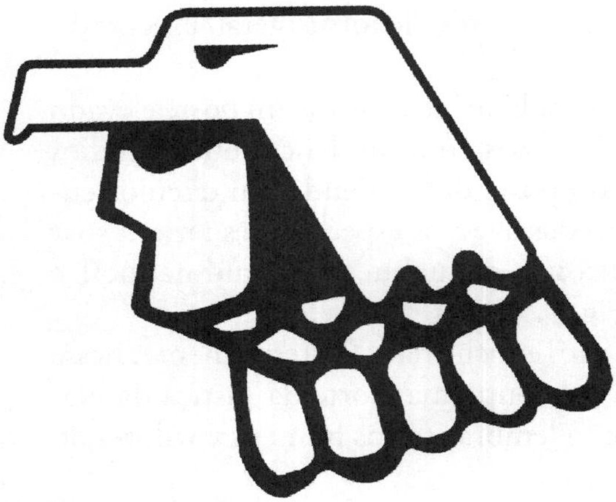

FIGURA 7.10 – O cavaleiro águia (*Cuauhtecuhtli*) escolhido como emblema da Aeroméxico.

Vários aeróstatos estrangeiros vieram ao México, para tentar sorte, entre eles um famoso físico aeronauta, Adolphe Theodore, um francês nascido em Dijon. Theodore havia realizado quatro ascensões em Cuba e uma quinta em Porto Príncipe. Em 1833, publicou suas memórias nas quais descrevia suas cinco ascensões aerostáticas, assim como uma narrativa sobre a aerostação desde sua origem. Também incluiu em suas memórias o anúncio da sua sexta ascensão, a primeira na República Mexicana, que se realizaria no dia 1º de maio de 1833, com a ajuda de Manuel Barrera, que conheceu na sua chegada ao México. Infelizmente tal ascensão nunca se realizou em virtude de, em sua primeira tentativa, a atmosfera ameaçava tempestade e chuva, adiando-se para outra data; porém, na véspera, o governo havia ordenado suspendê-la por considerar o aeronauta carente dos conhecimentos necessários para realizá-la sem risco para a sua pessoa. Este incidente provocou o descontentamento do público, que exigia a intervenção da justiça, para que Theodore e Barrera devolvessem a quantia paga pelos espectadores. Isto teve como conseqüência o encerramento do desventurado Theodore por dois anos, abandonando depois o país na busca de melhores horizontes. Posteriormente, continuaram as ascensões de Guillermo Eugenio Robertson (1835); Benito León Acosta, como prêmio por sua façanha (1842), obteve o direito exclusivo de voar por três anos; Samuel Wilson (1831 a 1857); Tranquilino Alemán (1860) e Manuel M. de la Barrera y Valenzuela.

Devido aos incidentes que este "hobby" provocava freqüentemente, em 1862, foram proibidas as experiências aerostáticas no Distrito Federal mexicano.

Mas, apesar de tudo isto, na província continuaram realizando-as: Braulio Franco em Morelia e Félix Morales de San Miguel de Allende. Joaquín de la Cantolla y Rico recomeçou suas tentativas na capital da República em 1863, ao mesmo tempo em que trabalhava no projeto de um dirigível sob o patrocínio da Empresa Aerostática Mexicana.

Em 1882, voou Abraham Dávalos, em 1894, José Sort de Sáenz y Arángulo, e em 1898 a primeira mulher, Flora Conde.

O desenvolvimento da aviação no México durante o século XX inicia-se em 1907, quando Ernesto Pugibet, dono da fábrica de cigarros El Buen Tono, trouxe para o país o primeiro dirigível, cuja decolagem foi assistida pelo presidente Porfirio Díaz.

No que diz respeito à aviação civil, é importante destacar que Alberto Braniff trouxe de Paris um biplano Voisin, com motor ANV de 60 cavalos resfriado a água; preparou as planícies de Balbuena, propriedade da sua família e, em 8 de janeiro de 1910, voou uma distância de 500m, a 25m de altura. A partir dessa data até nossos dias, a aviação comercial mexicana tem se desenvolvido com eficiência e dinamismo de tal forma que colocou o México no terceiro lugar da América, depois dos EUA e Canadá. Mundialmente, o país tem alcançado uma posição importante, pois ocupa o quarto lugar.

Cabe destacar que Alberto Braniff navegou em um balão livre, acompanhado por De la Cantolla y Rico (Fig. 7.11).

No dia 6 de julho de 1917, utiliza-se o avião pela primeira vez no mundo para transportar correspondência entre Pachuca e a Cidade do México.

No dia 4 de agosto de 1927, Alberto Lezama e David Borja voaram de Balbuena a Nuevo Laredo, em um biplano construído nas oficinas de Construções Navais.

Em 1928, o jornal *Excélsior* adquiriu, mediante coleta pública, um avião gêmeo do *Spirit of St. Louis*, para realizar um vôo sem escalas entre México e Washington.

Emilio Carranza recebeu o aparelho em San Diego no dia 14 de maio do mesmo ano e o batizou com o nome de *México-Excélsior*; voou até Balbuena em 21h4min e, no dia 11 de junho, decolou de um campo construído para esses efeitos na colônia Moctezuma; devido ao mau tempo que prevalecia, aterrissou

FIGURA 7.11 – Alberto Braniff, acompanhado por De la Cantolla y Rico, navegou em um balão livre.

em Mooresville, Carolina do Norte, a 60km da meta, à qual chegou no dia seguinte, sendo recebido com grandes honras. No dia 26, chegou a Nova Iorque, sendo chamado pelos jornais "A Solitária Águia Mexicana". Em 12 de junho, iniciou seu regresso e morreu perto do monte Holly no estado de Nova Iorque. Enquanto isso, no dia 30 de maio de 1928, Roberto Fierro, patrocinado por Abelardo Rodriguez, realizou um vôo de Mexicali à Cidade do México, no *Baja California Número 2*, em quase 15h.

Em 11 de agosto, Fierro realizou a bordo do mesmo avião o percurso México-La Habana e, dali, continuou para Belize, Guatemala, El Salvador, Honduras, Costa Rica e Panamá.

Também, um vôo muito importante foi realizado por Pablo Sidar, de 29 de agosto a 7 de novembro de 1929, no qual, partindo da Cidade do México em um biplano chamado *Ejército Mexicano*, percorreu aproximadamente 42.000km da América Latina. Em 11 de maio de 1930, Sidar perdeu a vida na Costa Rica, junto com seu co-piloto Carlos Rovirosa, intentando um vôo sem escalas México-Buenos Aires.

Francisco Sarabia, no dia 2 de dezembro de 1938, realizou um vôo entre Los Angeles e México, empregando um tempo mínimo para a época; no começo de 1939, fez a mesma coisa entre a Cidade do México e Chetumal, Mérida e Guatemala. Passando por Yucatán fundou uma escola para pilotos e mecânicos; em 24 de maio do mesmo ano, bateu o recorde de velocidade entre México e Nova Iorque, ao realizar o percurso em quase 11h; na volta perdeu a vida quando sua nave caiu perto do rio Potomac.

Com relação à aviação comercial nacional no México, como conseqüência de que a Secretaria de Comunicações e Obras Públicas não tinha regulamentos nos quais se fundamentar, inicialmente, adotou os códigos dos ferroviários e, em 1920, encarregou Juan Guillermo Villasana da organização da Seção Técnica de Navegação Aérea. A primeira Autorização-Contrato foi outorgada no dia 21 de agosto de 1921 à Companhia Mexicana de Transporte Aéreo S.A., concessionária da rota México-Laredo-Matamoros-Saltillo-Monterrey-San Luis Potosí, que cobria com biplanos com capacidade para transportar um passageiro, 30kg de bagagem e 20kg de correspondência. Durante o primeiro ano, foram percorridos quase 200.000km e se transportaram 1.248 passageiros.

Os seguintes contratos se outorgaram a diferentes pessoas físicas e morais e, em 1928, se percorriam 4.000.000km e se transportaram passageiros. Esta seção técnica foi transformada em Departamento, e no dia 1º de setembro se inaugurou a rota México-Nuevo Laredo.

No fim de 1936, já operavam 12 empresas mexicanas cujos nomes e rotas mais importantes se enumeram a continuação:

- Compañía Mexicana de Aviación (México-Los Angeles, via Guadalajara)
- Transportes Aéreos de Chiapas (México-Tapachula)
- Líneas Aéreas Mineras (Mazatlán-La Paz)

- Francisco T. Mancilla (Mérida-Payo Obispo)
- Comunicaciones Aéreas de Veracruz (Poza Rica-Tuxpan)
- Transportes Aéreos del Pacífico (Oaxaca-Acapulco)
- Carlos Panini (México-Morelia)
- Sistema Compañía Aeronáutica del Sur (Villahermosa-Álvaro Obregón)
- Línea Postal Experimental (Guadalajara-Puerto Vallarta)
- Aeronáutica de la Sierra (Parral-Guadalupe Calvo)
- Taxis Aéreos de Oaxaca (Oaxaca-Tehuacán)
- Alfredo Zárate Leyves (Acapulco-Petatlán)

Para saber mais sobre as linhas aéreas nacionais, a seguir nos referiremos à história das duas mais relevantes: Aeroméxico e Companhia Mexicana de Aviação.

História da Aeroméxico

A Secretaria de Comunicações e Obras Públicas (SCOP), a partir de 1921, outorgou concessões a diferentes empresas ou pessoas para que voassem por uma determinada rota.

Em 1929, expandiram-se as rotas aéreas do país com a rota México-Tampico-Brownsville e inaugurou-se a rota México-Tapachula-Mérida, vinculando desta forma o norte, centro e sudeste do país.

Nesse mesmo ano, se fundou a Corporação Aeronáutica de Transportes (CAT) com sede em Torreón, que oferecia serviço ao norte do país; porém se dissolveu em 1931, pois não teve sucesso do ponto de vista econômico. Essa mesma concessão foi outorgada, em 1934, às Líneas Aéreas Mineras (LAMSA), com sede em Mazatlán.

Posteriormente, as ações foram vendidas à United Airlines, mudando o nome para Linhas Aéreas Mexicanas, conservando as mesmas siglas.

Outorgaram-se concessões como a outorgada a Hans Mattes, que fundou o Sistema Companhia Aeronáutica do Sul com sede em Villahermosa, que proporcionava serviço a todo o estado de Tabasco; e a Daniel Forti para operar a rota Guadalajara-Puerto Vallarta.

Todas essas pequenas companhias subsistiam basicamente devido aos serviços de correios e carga; neste período se destacam duas personalidades importantes da aviação mexicana: Carlos Panini e Francisco Sarabia.

O primeiro fundou o serviço Aéreo Panini, em 1936, operando uma rota circular entre México e Morelia, e o noroeste do estado de Guerrero. Anos mais tarde, estendeu seus serviços até o norte do país; porém, com seu falecimento, em 1947, a companhia desabou.

Francisco Sarabia fundou a companhia Transportes Aéreos de Chiapas em 1933. Antonio Díaz Lombardo obteve a concessão da rota México-Acapulco, fundando uma empresa com capital integralmente mexicano, Aeronaves do México. O primeiro vôo foi realizado no dia 14 de setembro de 1934. Em 1941, Pan American reconheceu a importância desta rota e adquiriu ações da empresa; por outro lado, ampliou seu raio de ação adquirindo várias companhias pequenas como Transportes Aéreos do Pacífico, Táxis Aéreos de Oaxaca, Aeronaves de Michoacán, etc.

Pan American com sua grande participação em Aeronaves, empreendeu uma ação para obter a hegemonia na aviação mexicana, solicitando rotas que podia obter mediante convênios preestabelecidos.

Os investidores mexicanos interessados na Aeronaves do México não desistiram da luta contra um rival que tinha à sua disposição um capital quase ilimitado. Foi assim que a década de 1940 transcorreu quase na luta; o México estava saturado de companhias de aviação e, sem dúvida, a Companhia de Aviação, na sua condição de subsidiária da Pan American, era a mais importante.

Em 1945, inicia seus serviços Aerovias Reforma, com vôos a Guadalajara, Ensenada e Guaymas, e ao absorver Servicio Aéreo Panini, incorporou as rotas México-Tijuana, México-Puebla e México-Monterrey.

Em 1946, inicia seus serviços Aerovías Guest e, em 1948, começou a voar a Madri, com escalas em Miami, Bermudas, Azores e Lisboa.

Em 1952, os investidores mexicanos ao adquirir LAMSA reduziram a participação da Pan American a 21% do total das ações.

Em 1954, os investidores nacionalistas adquirem a Aerovías Reforma e com ela o controle das rotas do norte, noroeste e centro do país.

Em 1957, a Aeronaves obteve sua primeira rota internacional entre México-Nova Iorque, prestando o serviço com aviões de turbo-hélice: os Britania 302.

Em 1959, a participação da Pan American na Aeronaves do México tinha se reduzido a apenas 10% do capital total e, depois de algumas negociações, em 28 de julho o governo mexicano adquire esse pacote por intermédio da Nacional Financeira, adotando o símbolo do Cavaleiro Águia; no ano seguinte, a Aeronaves do México comemorou o cinqüentenário da Revolução voando a Nova Iorque em um turborreator DC-8. Em 1961, aumentou seis vôos, cobrindo o norte do país e a Península da Baixa Califórnia, e incorporou dentro do seu serviço internacional a cidade de Tucson.

Em 1962, inicia-se a consolidação de todas as empresas aéreas estatais: TransMar de Cortés, SAESA, Aerolíneas Vega, Aerovías Rojas, Aerolíneas Mexicanas, AeroMaya, Aerolíneas del Istmo e Aeronaves Anáhuac; de tal forma surgiram como sociedades afiliadas em 1969: Serviços Aéreos Especiais (SAE) e Aeronaves Alimentadoras. Esta última mais tarde se dividiu em Aeronaves do Norte, do Sul, do Leste, do Oeste e do Centro. Em 1962, também herda as rotas de Aerovías Guest aumentando sua frota com três aeronaves para cruzar o Atlântico, cobrindo o serviço a Centro e a Sul-America. Em 1963, a Aeronaves decidiu proteger seus interesses afiliando-se à IATA como membro e com direito a voz e voto.

Em 1964, a empresa possuía uma frota de 28 aviões e a rota a Tijuana havia-se estendido a Los Angeles; em 1966, foi introduzido o Boeing 727, o qual, segundo parece, foi programado para voar justamente nas rotas cuja concessão é da Companhia Mexicana de Aviação.

Em 1969, inaugura-se o serviço de Tijuana a Mérida via Ciudad Juárez e Monterrey. Esta rota é a precedente direta da atual, Los Angeles-Cancun.

Em 1972, a Aeronaves do México muda seu nome para o atual, Aeroméxico.

Em 1977, se desfaz a filial Aeronaves Alimentadoras, pois já tinha cumprido seu propósito integrador da indústria do transporte aéreo.

Atualmente, a Aeroméxico possui uma rede de aproximadamente 110.000km que serve a 35 cidades mexicanas, além das estadunidenses, latino-americanas e européias. A frota conta com 38 aviões que transportam 5.168.968 passageiros em 1980.

Além disso, a Aeroméxico conta com um programa de treinamento para comissários de bordo que é realizado em quatro áreas:

1. Desenvolvimento incluindo relações públicas, relações humanas e apresentação pessoal.
2. Cultura geral que compreende história da empresa, geografia, fusos horários, itinerários, meteorologia, tráfego, reservas, operações terrestres e conceito de carga aérea.
3. Aspectos técnicos em que se explica Aerodinâmica, equipamento de vôo, sistemas da aeronave, procedimentos de segurança, primeiros socorros e regulamento de operação.
4. Serviços de bordo, avisos e demonstrações, procedimentos no atendimento aos passageiros, deveres e responsabilidades, obrigações, gastronomia e coquetelaria, familiarização com a cabina de passageiros.

História da Companhia Mexicana de Aviação

Como já vimos a primeira autorização-contrato que o Governo mexicano outorgou foi à Companhia Mexicana de Transportes Aéreos no dia 12 de julho de 1921, uma linha aérea fundada por Harry Lauson e L. A. Winship e que durante três anos operou o serviço aéreo regular de passageiros e correio.

Em 1924, George Rhil, de Tampico, adquiriu um pacote acionário que o transformou em proprietário potencial da empresa e utilizou o serviço aéreo para transportar o dinheiro correspondente ao pagamento dos salários dos operários das companhias petroleiras que nessa época trabalhavam na região, além disso, mudou o nome da empresa para Companhia Mexicana de Aviação.

O primeiro vôo programado Tampico-Tuxpan se estendeu, em 1928, até a Cidade do México; nessa época a empresa comprou aviões com capacidade para 13 passageiros e abriu uma nova rota: México-Veracruz-Mérida via Villahermosa, Cozumel e Campeche.

O curso da aviação comercial mexicana se modificou por um acontecimento em Washington. No dia 2 de janeiro de 1929, o correio dos Estados Unidos, através de anúncios, solicitava transportadores para a rota Brownsville-Tampico.

Poucas semanas depois, a Pan American, sob a direção de Juan Trippe, comprou a totalidade das ações da Companhia Mexicana de Aviação por 150.000 dólares.

As rotas da Companhia Mexicana de Aviação resultaram uma peça-chave para o plano que Trippe tinha traçado com o propósito de desenvolver uma rede que abrangesse toda América Latina.

Na década de 1930, CMA-Pan American quase conseguiu monopolizar a aviação comercial no México.

Em 1934, foi inaugurado um serviço de vôo duas vezes por semana, unindo México e Los Angeles e, em 1936, quando introduziram os Boeing 247, a freqüência passou a ser diária, a mais lucrativa da década seguinte.

CMA se consolidou como linha de transporte, concentrando-se em algumas rotas principais que incluíam Guadalajara, Monterrey, Mérida, a partir de 1941, Nuevo Laredo.

Em maio de 1942, a Companhia Mexicana de Aviação chegou a Guatemala e, em outubro, a La Habana e Panamá, para conectar com outras rotas da Pan American; no ano seguinte, se iniciam os vôos noturnos a Los Angeles.

Para essa época, a CMA quase detinha o monopólio de serviço entre as cidades e outras empresas aéreas se viram restringidas àquelas rotas que a CMA não queria. Algumas pessoas, como Francisco Sarabia, Carlos Panini e outros, tentaram estabelecer linhas aéreas pequenas, mas nenhuma destas sobreviveu por falta de volume de tráfego.

De todas as linhas aéreas, somente uma superou as desvantagens: Aeronaves do México, uma concessão outorgada a Antonio Díaz Lombardo e que possuía a concessão da rota México-Acapulco.

De 1940 a 1941, Pan American conseguiu o controle desta linha aérea, depois da segunda guerra mundial o presidente do México, Miguel Alemán, promoveu a criação de uma nova linha aérea para Aeronaves do México.

Em 1957, a Aeronaves começou a voar para Nova Iorque, se promoveu aos olhos do público e a Companhia Mexicana de Aviação obteve os direitos da rota a Chicago e San Antonio. Anos antes, em 1954, tinha adquirido a Transportes Aéreos de Jalisco que operava a rota Guadalajara-Puerto Vallarta.

Nesses anos Puerto Vallarta representava uma alternativa turística em relação a Acapulco (onde somente chegava a Aeronaves).

No final do ano de 1958 e princípio de 1959, uma greve nas linhas aéreas nacionais quase paralisou a aviação comercial mexicana. O Governo não interveio, se modificou certa autorização de rotas em detrimento da CMA e, em 1961, chegaram a circular informações de que todas as linhas aéreas mexicanas seriam unidas em uma única linha.

Essa crise foi superada e a Companhia Mexicana de Aviação continuou operando até 1965, as rotas principais nos Comets 4 que tinha adquirido em 1959.

Em 1966, a Cia. Mexicana tomou uma decisão de compra, que anos mais tarde seria o fator-chave do seu destino, ao encomendar três Boeings 727 para substituir os Comets.

Infelizmente as circunstâncias impediram a chegada dos Boeings 727. De fato, em setembro de 1967, os acionistas se reuniram para resolver o problema da enorme dívida que a Mexicana tinha e decidiram solicitar aos tribunais mexicanos a suspensão dos pagamentos para que fosse possível pagar seus credores em prazos maiores.

No final desse ano, Crescencio Ballesteros fez uma oferta pela parte remanescente das ações que a Pan American possuía, reduzidas a 35% do total e o controle das referidas ações passou para mãos mexicanas no dia 15 de janeiro de 1968.

As medidas tomadas foram colocar em operação os Boeings 727 e criar uma rigorosa campanha publicitária que restaurou a imagem da Companhia Mexicana.

Foi assim que, em 1968, obteve lucros de mais de 600.000 dólares contra a perda de mais de 300.000 dólares do ano anterior.

Aos poucos foi expandindo a estrutura das rotas. Em 1972, retomou o serviço a Dallas; em 1973, a Cancun e a San Luis Missouri; em 1974, para a cidade de Kansas, em 1975, a Ixtapa-Zihuatanejo; em 1977, a San José del Cabo e San José de Costa Rica; em 1978, a San Francisco (que ocupou o segundo lugar depois de Los Angeles como rota geradora de lucro).

Também, em 1978, começou a voar para a Filadelfia. A rota para Seattle pode ser interpretada como uma concessão simbólica, pois a cidade é sede da empresa Boeing Co., fabricante do 727, que durante 10 anos foi o equipamento regular da Mexicana.

Em 1980, foram encomendados mais cinco Boeings, o total chegou a 39 e a Mexicana se converteu na maior operadora de 727 no mundo, sem contar com os EUA.

Em 1982, a Mexicana transportou 7.623.000 passageiros para 39 cidades, das quais 14 estão fora do país.

Não obstante, em julho desse mesmo ano, os jornais anunciaram que na quinta-feira (15), a Aeroméxico adquirira 54% das ações da Companhia Mexicana de Aviação.

História das Companhias de Aviação Comercial Internacional

A seguir nos referiremos à aviação comercial internacional do México, razão pela qual é conveniente destacar na história da aviação comercial internacional as seguintes companhias:

American Airlines ocupa um lugar preponderante. No dia 16 de setembro de 1942 aterrissou um DC-3 e ao instalar sua escola em Dallas (Texas) envia jovens mexicanos para realizar estudos e receber treinamento especial; construiu os aeroportos de Monterrey e Ciudad Victoria entre outros, e estabeleceu um sistema de aeronavegação por meio de radiofaróis.

Os serviços internacionais originais foram México-Monterrey-Dallas-Nova Iorque. No final da segunda guerra mundial introduziu o DC-4 para 50 passageiros; em 1947, o DC-6 e, em 1953, o DC-7.

Cubana de Aviación. Inaugurou seus vôos no México em 1953 e, entre 1963 e 1975, proporcionou a única via de comunicação entre a ilha e o continente. Atualmente possui dois vôos semanais no México, com aparelhos Tupolev TU-154, de fabricação soviética e com capacidade para 164 passageiros.

KLM. A aterrissagem do Douglas DC-6 da KLM realizou-se no dia 24 de outubro de 1952, iniciando assim os serviços entre Holanda e México. Sua rota era Amsterdam-Shannon-Montreal-Monterrey-México, o tempo de vôo foi de 26h30min. Em 1957, introduz-se o DC-7C Seven Seas e se modifica a rota: elimina-se Monterrey como escala e se inclui Dallas (Texas). Em 1969, chega o Douglas DC-8-63. No dia 1º de novembro de 1971 chegou o primeiro Boeing 747 para operar normalmente no México.

Western Airlines. O primeiro vôo para o México foi realizado em 15 de julho de 1957, com a rota Los Angeles-México. Além disso, estabeleceu-se a rota México-San Diego, comunicando o porto de Acapulco com as grandes cidades do oeste estadunidense.

Air France. O primeiro vôo Paris-México foi realizado entre 27 e 28 de abril de 1952, cobrindo 11.200km em 22h de vôo, sendo a primeira linha européia a chegar ao México. O vôo fazia escalas em Shannon (Irlanda); Gander (Terranova) e Nova Iorque. Os aparelhos eram Lockheed Constelation, com capacidade para transportar entre 55 e 59 passageiros; a passagem de ida e volta custava 791 dólares para a primeira classe e 667 dólares para a classe econômica. Em 1961, quando incorporou o Boeing 707, as horas de vôo foram reduzidas de 11 para 10; anos depois foi realizado o primeiro vôo Paris-Nova Iorque-Guadalajara-Puerto Vallarta. Em 1973, entrou em operação o Boeing 747 na rota Paris-México. No dia 20 de setembro de 1978, se iniciaram os vôos regulares com o avião supersônico Concorde, cobrindo a rota México-Paris em apenas 6h40min. O preço da passagem de ida e volta era de 3.778 dólares. Como conseqüência da crise econômica mundial, o Concorde realizou seu último vôo (México-Paris) no dia 1º de novembro de 1982.

Além das companhias anteriores, outras 16 empresas integram o grupo de aviação comercial internacional, com vôos regulares para o México.

A seguir se indicam as linhas aéreas que realizam vôos regulares para o México e a data em que iniciaram:

- LACSA, dezembro de 1955
- Eastern Airlines, 1958
- Iberia Líneas Aéreas de España, 1950, com o serviço Madrid-México, suspenso por razões políticas, retomado em 1959
- Varig, 1959
- Avianca, outubro de 1962
- Viasa, 1965
- Tan Airlines, 1966
- Aerolíneas Argentinas, 1967
- Ecuatoriana de Aviación, 1968
- Aeronica, Aviateca e Air Panama, 1969
- Japan Airlines, 1962
- Lufthansa, 1926
- Aeroflot, 1937
- Continental Airlines, 1965

Aviões Comerciais do Mundo

As múltiplas e constantes necessidades específicas da aviação comercial e os incessantes melhoramentos obtidos no campo de projeto aeronáutico tiveram como resultado a fabricação e a operação de uma grande variedade de aviões comerciais.

Os principais tipos de aviões comerciais em operação são classificados como: de longo alcance (6.000km, 3.750 milhas ou mais), de médio alcance (entre 3.000km, 1.800 milhas e 6.000km, 3.750 milhas) e de curto alcance (menos de 3.000km, 1.800 milhas).

Os aviões se registram nas listas segundo seu fabricante; de cada avião são fornecidas as informações: código do avião, tal como aparece nos guias de viagens e horários das linhas aéreas; número de motores; número mínimo e máximo de poltronas que pode variar segundo o modelo do avião; velocidade máxima de cruzeiro em mph (milhas por hora) e km/h (quilômetros por hora).

Estas listas não são exaustivas e é possível encontrar em operação em algumas partes do mundo, principalmente em serviços domésticos, outros aviões que não foram enumerados.

Boeing 707

Foi o primeiro avião turborreator de fabricação estadunidense. Conta com quatro motores localizados sob as asas. A linha aérea Pan Am inaugurou este avião em 1958 (707-121), fazendo uma viagem transatlântica para publicidade e prestigio; porém, foi utilizado somente em vôos nacionais nos EUA.

Como produzia muito ruído, foi criticado por poluir o ambiente, mas, devido a sua maior capacidade para passageiros e cargas, em pouco tempo, teve preferência em relação a outros aparelhos.

Na década de 1960, adaptaram-se outros motores, solucionando assim o problema do ruído que produzia. Nos 20 anos seguintes ao vôo inaugural, foram construídos aproximadamente dois mil aparelhos, dos quais o mais popular foi o modelo 720.

Boeing 727

No final da década de 1950, a fábrica Boeing começou a estudar a possibilidade de criar um reator de curta e média distância, menor que o 707. Possui superfícies de controle motorizadas, mas em caso de emergência o piloto pode retomar o controle. O 727 tem um acesso principal para os passageiros na parte posterior, por meio de uma escada hidráulica sob a fuselagem traseira. Seu primeiro vôo foi em 1963 e se vendeu mais de 1.500 aparelhos, transformando-se no reator mais vendido no mundo.

O 727-200 é uma versão do anterior na qual as poltronas, a cozinha e o lavabo podem ser desmontados facilmente e substituídos por pisos com rodízios para realizar operações de carga.

Boeing 747

Na década de 1960, o número de pessoas que viajava pelo ar aumentou de 100 milhões para 200 milhões, o que provocou a necessidade de multiplicar a frota ou de construir aviões maiores para satisfazer a demanda. Assim, surgiu, em 1969, o Boeing 747, com o dobro de capacidade, potência e peso de qualquer avião existente (Fig. 7.12).

Uma fábrica foi construída perto de Seattle (EUA), para montar 2.500.000 componentes ao redor de uma fuselagem suficientemente grande para que coubesse o aparelho que realizou o primeiro vôo dos irmãos Wright.

Em 1970, Pan Am iniciou os serviços regulares; a capacidade deste aparelho (entre 374 e 420 passageiros) provocou o caos nos terminais aéreos, mas a apreensão

FIGURA 7.12 – O Boeing 747 pode transportar entre 374 e 420 passageiros.

sobre a longitude necessária das pistas para a decolagem foi infundada, principalmente pelos dispositivos de grande elevação das asas (os grandes "flaps" do bordo de fuga se estendem para aumentar a superfície da asa). O enorme 747 tem capacidade para seis cozinhas com um custo aproximado de 150.000 dólares cada uma, 16 lavabos, 175m^2 de espaço para a bagagem. Pintá-lo novamente significa um acréscimo de 450kg ao seu peso; e como consome 4,5L de combustível em menos de dois segundos, transporta 180.000L de combustível. O peso do aparelho é de aproximadamente 380.000kg, o que exige quatro jogos de "bogies" de quatro rodas como patins gigantes para aterrissar com segurança. A altura da cabina dos pilotos supõe que o piloto deve ter o maior cuidado no momento de avaliar a tolerância de uma aproximação final para aterrissar, deixando um espaço detrás para a suite "sótão" de 16 lugares, com acesso por uma escada-caracol.

A versão 747SP é mais alta e mais rápida que o 747 regular; há alguns anos voou de Seattle à Cidade do Cabo (19.000km), sem escalas e sem reabastecimento de combustível.

Douglas DC-8

Em 1955, a Douglas Aircraft Company arriscou seu capital neste aparelho para competir com o Boeing 707. Existem três famílias principais de DC-8; em 1961, o DC-8-40 foi o primeiro reator de linha que superou a velocidade do som.

O DC-8 Super 61 foi uma versão na qual a fuselagem se alongou em 11,2m (o recorde de todos os tempos).

O DC-8 Super 63 pode voar a 1.111km/h e a uma distância de 14.300km.

A fábrica Douglas foi a que projetou o jorramento soprador, um dispositivo para evitar a formação de turbilhões de ar que pudessem aspirar objetos do piso para os motores, soprando um jorro de ar para baixo, longe das tomadas de ar. Este equipamento teve muito sucesso e quando deixou de ser fabricado, em 1972, já tinham sido construídas 556 unidades.

Douglas DC-9

Em 1965, a Douglas fez voar o primeiro DC-9, um birreator com motor traseiro. No começo, não se fizeram encomendas por adiantado, de tal forma que a empresa utilizava a cabina de pilotos do DC-8, projetava e fabricava peças à medida que cada avião era entregue ao cliente.

As séries (10, 20, 30, 40 e 50) se diferenciam basicamente pelo comprimento do aparelho; o DC-9 série 10 começou a voar em 1965, com capacidade para 90 passageiros, foram construídos 137 aparelhos; o DC-9 série 20 possuía o mesmo comprimento que a série 10 (31,83m) e foram construídos por encomenda da linha aérea SAS; a série 30 começou a voar em 1967, com 125 lugares e comprimento de 36,36m; foram vendidos 503 aparelhos.

A série 40 começou a voar em 1968, com a mesma capacidade que os aparelhos da série 30, seu comprimento é de 38,28m, com maior capacidade de combustível, se fabricaram 24 aparelhos para a empresa SAS.

A série 50 começou a voar em 1975, com capacidade de 139 lugares e sua longitude é de 40,72m, são vendidos mais de 800 aparelhos e ainda continua a ser fabricado.

O DC-9 Super começou a voar em 1980, com capacidade para 172 lugares e longitude de 43m; tem autonomia de vôo de 3.700km e pode utilizar pistas de 2.450m de longitude.

Douglas DC-10

Em 1967, depois de 47 anos de existência, a Douglas Aircraft Corporation, que fabricou as cápsulas espaciais Mercury e Géminis; adquiriu o nome de McDonnel Douglas Corporation.

Em 1966, a Douglas projetou o DC-10 para competir com a Lockheed que utiliza motores Rolls-Royce enquanto a Douglas utiliza motores General Electric (Fig. 7.13).

O DC-10 Série 10 é usado em trajetos de curta e de meia distância; já as séries 30 e 40 são para longas distâncias. A cozinha esta unida a um centro de serviços localizado no centro da cabina, por meio de dois elevadores um para a comida e

FIGURA 7.13 – Em 1966 a Douglas projetou DC-10 para competir com a Lockheed.

outro para o pessoal. A cozinha pode ser carregada em menos de 7min, com até 600 pratos de refeição, em módulos contêineres. Foram vendidos 250 aparelhos deste equipamento.

Tupolev 144

Realizou seu primeiro vôo meses antes do Concorde (dezembro de 1968), é a versão russa desse avião. A diferença mais relevante em relação ao Concorde é a capacidade. O TU-144 tem capacidade para 140 passageiros. A primeira exibição para o público teve lugar na Exposição Aérea, realizada em Paris, em 1973, na qual sofreu um acidente desastroso.

Depois de remodelar algumas partes e de provas intensivas foi utilizado para vôos dentro da antiga União Soviética e como avião de carga. Em 1978, havia 5 aparelhos em uso e se pensava em construir mais 20.

Tupolev 154

Andrei Tupolev é um dos principais projetistas de aviões da antiga União Soviética; ele projetou o bombardeiro TU-2. O TU-104 foi o segundo reator do mundo, o TU-134 (1964) é um trirreator de motores traseiros similar ao DC-9 estadunidense, com capacidade para 180 lugares, exportado para vários países. O TU-114 foi o maior avião do mundo até que se fabricou o Boeing 747.

O TU-154 é o maior reator do mundo, de corpo estreito, mais rápido e com maior autonomia e capacidade que o Boeing 727.

Os trens de aterrissagem com "bogies" de 6 rodas permitem aterrissagem em pistas acidentadas.

Lockheed L-1011

Foi exibido pela primeira vez em 1971. A empresa ultrapassou sua própria fama de interiores elegantes e luxuosos, equipando o aparelho com assentos muito grandes e com tapetes macios, instalando uma sala com butique e biblioteca. O equipamento de aterrissagem automática possibilita que aterrisse em aeroportos com visibilidade zero. Os motores são Rolls-Royce e, até 1975, tinham sido vendidos mais de 200 aparelhos (Fig. 7.14).

Airbus A300B

Atualmente, o avião mais avançado que se encontra em serviço é o Airbus A300B. Para a sua construção se uniram empresas de cinco países europeus: Espanha, França, Holanda, Grã-Bretanha e Alemanha, representando a primeira tentativa da Europa de quebrar o monopólio estadunidense no mercado de aviões subsônicos de linha.

A asa reúne características especiais: possui um lado inferior mais convexo, uma parte superior mais plana e um bordo de fuga curvado para baixo, de maneira que a sustentação se divide mais uniformemente da seção dianteira para a traseira. Este projeto atrasa a formação de ondas sônicas de choque a grandes velocidades e, alem disso, não produz mais resistência que uma asa convencional a

FIGURA 7.14 – O Lockheed L-1011 foi exibido pela primeira vez em 1971.

grandes velocidades; por este motivo, esse tipo de asa está sendo adotado para os aviões do exército. O Airbus é o mais silencioso entre os jatos de tamanho grande; e como possui apenas dois motores, tem o menor consumo de combustível por passageiro que qualquer outro reator da história.

As configurações de assento podem variar de um máximo de 345 passageiros, a uma combinação de 41.000kg de carga e 145 passageiros ou a um avião totalmente de carga. A Air France começou a utilizar este equipamento em 1974 e seu sucesso foi tão grande que, em 1978, sua produção aumentou para quatro aparelhos por mês.

Concorde

Foi construído por ingleses e franceses, empregando aproximadamente 50.000 pessoas, entre operários, técnicos e engenheiros. Possui asa em forma de delta gótica, quatro motores Rolls-Royce, fuselagem quase tão longa quanto a do Boeing 747, com capacidade para 108 e 128 passageiros, autonomia de vôo de 6.500km, e desenvolve uma velocidade de 2.100km/h (2.2 Mach).

A tripulação é formada por três navegadores técnicos (comandante, oficial-piloto e oficial-mecânico) e seis navegadores comerciais (cinco comissários de bordo e um chefe de cabina).

A Air France realizou o primeiro vôo comercial na rota Paris-Dakar-Rio de Janeiro, no dia 21 de janeiro de 1976, em 7h, diferentemente das 11h que usam os aviões subsônicos.

Posteriormente, a Air France abriu novas rotas: Paris-Caracas, Paris-Washington (em abril de 1977), Paris-Nova Iorque (em novembro) e Paris-México (em setembro de 1978).

O Concorde voa a uma altura que varia entre 15.000 e 18.000m, onde não há nenhuma alteração meteorológica e a temperatura externa é de -60°C. O interior da cabina de passageiros possui fileiras com quatro poltronas, duas de cada lado do corredor central. A cabina está dividida em dois compartimentos separados por banheiros e armários (Fig. 7.15).

Vôos Regulares e "Charter"

Os vôos regulares, conhecidos também como vôos programados, são aqueles que saem regularmente nos mesmos dias, na mesma hora e do mesmo ponto de origem ao mesmo destino. As linhas aéreas publicam os itinerários em seus próprios folhetos e em publicações como o Official Airline Guide (OAG) ou o ABC, pelo qual os passageiros podem fazer suas reservas antecipadamente; em relação aos vôos programados, a companhia aérea pode agregar uma seção extra em determinado momento, conforme a demanda de espaços.

FIGURA 7.15 – O Concorde foi construído em conjunto pelos ingleses e os franceses.

O vocábulo deriva do termo "charter party", que equivale a um contrato de arrendamento. Porém, atualmente é aplicado ao sistema de frete como meio de transporte para um serviço não regular, a pedido de uma pessoa ou um grupo. O vôo "charter" é aquele em que se realiza a aquisição total da capacidade de um avião para um vôo ou vôos sujeitos a um itinerário particular e disponível exclusivamente para o contratante.

A invenção dos vôos "charter" se deve a Krukenberg, uma agente de viagens de Hamburgo (Alemanha), que percebeu que alugar aviões e lotá-los com passageiros barateava o custo; até então, um vôo de Hamburgo a Mallorca, ida e volta, custava 25.000 pesetas aproximadamente, Krukenberg vendia as passagens e a pensão completa por 18.000 pesetas.

Em nossa época os vôos "charter" gozam de grande popularidade; também são conhecidos como "vôos não regulares" e "charter flight".

No começo, os vôos "charter" eram oferecidos unicamente a grupos organizados ou associações cujos membros fossem afins; por exemplo: participantes de uma convenção, membros de uma organização religiosa ou de um partido político, integrantes de uma delegação esportiva, etc.

Em virtude da proliferação de indivíduos e associações que desejavam trasladar-se pelo mundo com tarifas muito reduzidas, foram criadas grandes empresas que, em parceria com as agências de viagens, prestam este serviço de forma continuada a estudantes, associações e ao público em geral, como World Airways nos EUA; Bavaria e Cóndor na Alemanha, Spanta e Avianco na Espanha.

Por este motivo, todas as empresas aéreas importantes como Aeroméxico, American Airlines, Air France, TWA, Iberia e outras, dispõem de unidades para proporcionar o serviço "charter".

As linhas aéreas funcionam como atacadistas, vendendo séries completas de passagens de um vôo a um operador de "charter", que as vende diretamente ao público ou por intermédio de um agente de viagens. Além disso, permite que as operadoras de vôos "charter" determinem suas próprias tarifas, o que propicia concorrência entre eles que traz como conseqüência preços mais reduzidos.

De forma geral, as linhas aéreas programadas não concorrem em relação às tarifas, já que elas costumam ter um preço padrão, exceto quando todas as passagens de um avião são vendidas para uma única operadora de "charter".

Estes critérios podem sofrer mudanças no futuro se os regulamentos das linhas aéreas forem modificados.

Tradicionalmente os vôos "charter" de férias são vendidos em base a viagens de ida e volta e operam com itinerários fixos; por exemplo, no momento de fazer a reserva se sabe a data de saída, mas não o horário; não podem prorrogar a estada, devem escolher com antecipação os pacotes turísticos de acordo com itinerários preestabelecidos que são oferecidos em diversas modalidades; o vôo e o hotel são confirmados imediatamente, o que de outra forma seria difícil de acontecer.

Os pacotes turísticos costumam incluir outros serviços, como traslados, gorjetas, impostos, etc. Estas transações implicam em grandes obrigações financeiras para as operadoras de "charter".

A experiência mostra que a confiabilidade das saídas dos vôos "charter" é semelhante à dos vôos programados.

As condições gerais dos pacotes turísticos estipulam todos os serviços que incluem um programa "charter"; devem ser lidos com muito cuidado, particularmente os relativos aos procedimentos de reservas, cancelamento e suas diferentes modalidades.

Em contraposição, as linhas aéreas programadas criaram a tarifa Super Apex, aumentando a receita por passageiro/milha.

O primeiro passo na era dos transportes aéreos de massa foi a regulamentação da reserva antecipada de vôos "charter", o que permitiu a concorrência no mercado de transportes, sem incluir encargos mínimos nem regulamentos importantes, com a finalidade de aumentar a proteção ao público contra operadoras de "charter" inescrupulosas. As agências de viagens vendiam antecipadamente as reservas de vôos "charter" diretamente, não da mesma forma que as linhas aéreas.

Atualmente já não é necessário ser membro de um grupo de afinidade ou pagar antecipadamente o hotel ou outros serviços terrestres.

Os vôos "charter" não afins são vendidos ao público de forma geral. Os vôos "charter" públicos se vendem na hora da saída; uma viagem simples em potencial não tem limite de tempo, nem a obrigação de comprar serviços terrestres no ponto de destino. Suprimindo as restrições dos regulamentos de vôos "charter", é possível uma redução no preço da poltrona e das excursões no último momento nos vôos em que a demanda é escassa com tarifa completa; além disso os passageiros têm acesso a excursões a preços especiais.

O efeito positivo desta nova disposição em relação aos vôos "charter", para as agências de viagens e para os passageiros, consiste em operar todos os vôos que se planejem e organizem.

A seguir, enumeramos alguns tipos de excursões "charter", à disposição do passageiro:

- *Advance Booking Charter* (ABC) (reserva antecipada de vôos "charter"), se refere somente à tarifa aérea, mas pode incluir serviços terrestres.
- *Affinity Group on Charter Flight* (AFF) (grupos de afinidade em vôos "charter"), se aplica somente a grupos afins idôneos, com um mínimo de 20 a 40 passageiros.
- *Apex ou Super Apex* (APX) (compra antecipada de excursão), as tarifas se oferecem somente às linhas aéreas programadas para viagens, as que incluem restrições. Por exemplo, a tarifa 14/15 dias, deve ser pago antecipadamente o valor total e há multas por cancelamento.
- *Group Inclusive Tour* (GIT) (grupos que incluem serviços terrestres), aplicados em vôos programados; o tamanho do grupo varia de acordo com o destino, geralmente de 10 a 15 passageiros. Os varejistas e empresas de transporte reúnem grupos mínimos.
- *Group Fares* (GRP) (tarifas para grupos), são vendidas através das operadoras de excursões. Algumas tarifas requerem a compra de pacotes terrestres.
- *Inclusive Tour Charter* (ITC) (vôos "charter" que incluem serviços terrestres), inclui tarifa aérea, pacotes terrestres e um mínimo de três destinos por programa.
- *Inclusive Tour Excursion Fare* (ITX) (tarifa de excursão que inclui serviços terrestres), se aplica unicamente a vôos programados. O preço inclui tarifa aérea e pacote terrestre.
- *Non Affinity Group Fare* (NAG) (tarifa para grupos não afins), opera em serviços não programados.
- *One Stop Inclusive Tour Charter* (OTC) (vôos "charter" com uma escala, inclui serviços terrestres), inclui tarifa aérea e pacote terrestre para um destino. Pode incluir mais de um destino.
- *Public Charter* (PUC) (vôos "charter" públicos), se refere a vôos "charter" para todo o público, mesmo quando não tenha afinidade ou não reuna a quantidade mínima necessária de passageiros. Não é necessário realizar a compra antecipadamente. Geralmente pode se aplicar a vôos de uma fração. As datas adicionais de regresso podem ser oferecidas através de operação "charter".
- *Super-Saver Fare* (SVER) (tarifa econômica). Este tipo de excursão também é chamado de "tarifa de desconto de serviços de linhas aéreas programadas". É necessário que a reserva e o pagamento sejam feitos antecipadamente. Conta com requisitos de estada mínima e máxima. Esta tarifa é utilizada principalmente nos EUA, razão pela qual é conveniente verificar com a empresa aérea o que for relacionado com restrições e limitações.

Parte do trabalho do agente de viagens é conhecer e vender as diferentes modalidades que os vôos "charter" oferecem; o passageiro deverá programar suas férias simultaneamente com a saída do vôo "charter".

Existem preços competitivos de transporte aéreo e serviços terrestres que são oferecidos em vôos programados operando com maior freqüência e, às vezes, o "charter" pode não ser a melhor opção, pois, em algumas ocasiões, tem inconvenientes, como grandes demoras, mudanças na data de saída, mudanças nos pontos de saída, razão pela qual muitos agentes de viagens não estão interessados em vendê-los.

Porém, algumas agências de viagens minoristas acertam viagens para seus clientes de forma individualizada passo a passo, mas, hoje em dia, isto é complexo, em virtude de os agentes de viagens nada receberem pelo tempo gasto, a menos que se trate de uma viagem de luxo, na qual o custo não é relevante. A maioria dos agentes de viagens prefere pacotes turísticos já estabelecidos que podem se unir como os tijolos de um prédio. Atualmente quase todos os pacotes incluem transporte e hospedagem, excursões, alimentação, diversão, traslados entre aeroportos e hotéis; alguns ou todos estes elementos e outros podem chegar a formar parte dos acordos.

Os pacotes turísticos permanecem tal como o cliente o solicitou. A ética profissional aconselha aos agentes de viagens que solicitem a seus clientes a leitura cuidadosa dos termos do contrato antes de assiná-lo, em virtude de que podem aplicar multas posteriores devido a mudanças ou cancelamentos.

A maioria dos vôos "charter" obriga à compra de um pacote turístico; porém, quase todos os pacotes simples incluem algo mais que tarifas aéreas e hotéis.

Os operadores de excursões são aqueles que compram todos estes elementos dos fornecedores do mercado, pagando normalmente tarifas com desconto pela compra em quantidade. Posteriormente confeccionam um pacote com todos estes elementos e o preço marcado cobre todo o trabalho, custo de venda e a margem de lucro correspondente. Alguns operadores oferecem excursões mais baratas que outros quando ambos vendem o mesmo produto, devido a obtenção de tarifa aérea mais econômica.

O fato de determinar as diferenças existentes entre pacotes semelhantes e assinalar as vantagens entre várias operadoras é próprio de um agente de viagens profissional. A experiência do agente de viagens é extremamente importante para o cliente.

Mesmo quando alguns vôos "charter" são anunciados como excursões, o transporte se vende somente devido às novas regras que regem o "charter" público, que permite às operadoras vender os mesmos "charter" públicos, seja com ou sem pacotes turísticos. Os vôos "charter", com uma escala, que incluem serviços terrestres (OTC), converteram-se em "charter" públicos, e os de afinidade continuam operando. Supostamente, os turistas devem ser membros da organização patrocinadora durante seis meses ou mais, devido a que essas afinidades em potencial são ainda os únicos tipos permitidos em alguns países como Austrália, Japão, Dinamarca e Noruega.

Considerando que o serviço de "charter" tem crescido muito, surgiu um sério problema no que se refere à concorrência; por este motivo, as linhas aéreas sentiram a necessidade de modificar as tarifas fixadas internacionalmente, com a finalidade de responder com uma política de fornecimento de preços, dirigida a grupos de uma determinada idade e, é claro, em certas épocas do ano, em viagens a lugares determinados, geralmente coincidentes com eventos especiais.

A situação assinalada previamente tem evidenciado três aspectos relevantes:

- *Primeiro*. Que o transporte aéreo pode ser oferecido por um preço inferior ao atual.
- *Segundo*. Que existe um mercado crescente de usuários para o serviço de transporte aéreo, desde que se estabeleçam tarifas ao seu alcance.
- *Terceiro*. É necessária a formação de um sistema equilibrado de transporte aéreo que contemple todos os possíveis aspectos da demanda do usuário, com tarifas perfeitamente determinadas do ponto de vista dos custos econômicos totais.

Serviços para o Passageiro em Terra

O balcão da linha aérea se localiza no aeroporto e é ali que os passageiros que saem apresentam seus documentos e recebem o tíquete para a identificação da bagagem.

Este balcão de atendimento está sob a responsabilidade de um gerente, do qual dependem os funcionários. Em algumas linhas aéreas o gerente também tem sob seu controle o setor de operações e os agentes de carga.

No balcão de atendimento o passageiro pode reclamar pelo dano ou extravio que a sua bagagem tenha sofrido, e a pessoa responsável encaminhará os procedimentos correspondentes.

Os funcionários desempenham múltiplas funções. No que se refere a passageiros de saída, o funcionário em questão recebe dos passageiros os bilhetes e após verificar a reserva através de uma lista ou de um computador, destaca o cupom que corresponde ao vôo que está documentando; quando se trata de um vôo internacional, o funcionário deverá verificar se o passageiro tem documentação completa; se consta de um passaporte vigente, visto (se o país de destino assim o exigir); formulário migratório mexicano FME e formulário migratório I-94 se o passageiro se dirige aos EUA; carteira de reservista, se for do sexo masculino e maior de 18 anos; e vacinas.

O funcionário está autorizado a expedir passagens, mas o tempo que dispõe para esta atividade é mínimo. Em alguns vôos também designa as poltronas, entrega ao passageiro o cartão de embarque, indicando-lhe ao mesmo tempo a que sala deve dirigir-se para aguardar o embarque.

O cartão de embarque geralmente inclui o número do vôo e, em alguns casos, a classe e o número da poltrona.

Quando chega o momento de embarcar, um funcionário, pelo sistema de alto-falantes, dá as instruções aos passageiros para dirigirem-se ao avião (quando se trata de um vôo internacional, as instruções são dadas em inglês e na língua oficial do país).

A seguir, um exemplo das instruções mencionadas:

Sua atenção por favor! Passageiros do vôo 450 da Aeroméxico, com destino a Paris e com escalas em Miami e Madri, queiram embarcar pela sala quatro. Agradecemos a escolha pela Aeroméxico e desejamos uma boa viagem; muito obrigado.

Em se tratando de vôos de chegada, recebe os passageiros, acompanha-os e ajuda a passar pela migração, alfândega e departamento de salubridade.

Atende reclamações dos passageiros em casos de bagagens extraviadas ou danificadas. Além disso, elabora diversos relatórios, transmite mensagens pelo fax ou telex, e ajuda os passageiros que devem fazer conexão imediata com outro vôo, ou aqueles que têm problemas para comunicar-se em outro idioma.

Bagagem

A IATA define este termo como: "artigos e efeitos de propriedade pessoal que são necessários ou adequados para seu uso, comodidade ou conveniência durante sua viagem".

Os regulamentos alfandegários geralmente proíbem a importação e exportação de mercadorias como bagagem, com exceção de amostras comerciais transportadas por representantes de vendas. Porém, geralmente devem se declarar as amostras na alfândega antes da saída, o que se deve saber na hora dos preparativos da viagem. Qualquer outro tipo de mercadoria deve ser enviado por carga aérea ou por outro meio de transporte.

A bagagem de um passageiro se divide em duas categorias: despachada e não despachada.

1. *Bagagem despachada.* Bagagem do passageiro que a linha aérea toma sob a sua responsabilidade e é transportada no compartimento de carga do avião. O número de malas e o seu peso é anotado no bilhete do passageiro. A linha aérea emite um cartão de bagagem para cada mala, colando uma parte na própria mala e a outra entregue ao passageiro como comprovante para que possa retirá-la na chegada. Quando o itinerário inclui conexões, a bagagem pode ser despachada diretamente para seu destino final.
2. *Bagagem não despachada.* Faz parte da bagagem do passageiro que permanece em seu poder. Por razões de limitação de espaço dentro da cabina de

passageiros do avião, a bagagem não despachada está normalmente limitada aos artigos que as linhas aéreas transportam gratuitamente e que, portanto, não são pesadas e nem anotados na passagem.

Porém, se um passageiro deseja levar consigo um volume que não esteja incluso na categoria de artigos gratuitos, deverá ser pesado e anotado na sua passagem.

Além da franquia de bagagem, cada passageiro internacional, exceto as crianças menores de dois anos, pode levar gratuitamente os artigos pessoais: uma mala de mão para uso pessoal e não como meio de transporte de outros artigos que sejam considerados como bagagem; um casaco; um guarda-chuva ou bengala; uma câmara fotográfica pequena e um par de binóculos; uma quantidade razoável de leitura para a viagem; um moisés (cesta para carregar bebês); alimentos para as crianças durante o vôo; uma cadeira de rodas, dobrável, para deficientes físicos e um par de muletas ou outros aparelhos protéticos para o uso do passageiro e somente em caso de necessidade.

Nos vôos internacionais, estes artigos não se pesam e formam parte da bagagem não despachada do passageiro, permanecendo sob sua custódia.

Porém, em certos casos, as cadeiras de rodas para deficientes físicos, os berços, etc., podem ser transportados no compartimento de carga do avião. Nos vôos locais nos EUA não é permitido levar berços na cabina do avião, a menos que seu tamanho permita segurá-los com o cinto de segurança da poltrona, que tenha poltrona reservada e que tenha sido paga a tarifa correspondente.

As normas detalhadas que tratam da franquia das bagagens, tarifas de excesso de bagagem, artigos restritos, aceitação de animais vivos e taxas, encontram-se nos manuais das linhas aéreas IATA, como o TIP e o *Manual Air Tariff*, nas seções correspondentes.

Um dos serviços mais valiosos que presta a linha aérea ou um agente de viagens a seus clientes consiste em aconselhá-los a colocar em cada mala uma etiqueta impressa ou bem legível, com o nome do passageiro e seu endereço permanente. As passagens da muitas linhas aéreas incluem etiquetas auto-adesivas de identificação, para este fim. Se a agência proporciona as referidas etiquetas, devem ser entregues ao cliente com os dados pessoais já anotados, no caso pouco provável de que se extravie a bagagem do passageiro, sua rápida localização dependerá, em grande parte, de terem sido tomadas estas precauções.

É importante assinalar que os passageiros não devem colocar na bagagem despachada passaportes, documentos de viagem e objetos de valor como jóias, valores e papéis de negócios. O passageiro deve transportá-los sob sua responsabilidade na bagagem de mão.

Se dois ou mais passageiros viajam juntos ou fazendo parte de um grupo para o mesmo destino e em um mesmo vôo, apresentam sua bagagem para despachar ao mesmo tempo e para o mesmo lugar, terão direito ao total da franquia de bagagem correspondente à soma das suas franquias de bagagem individuais.

Em relação à franquia da bagagem, é permitido aos passageiros transportar gratuitamente certa quantidade de bagagem. Nos vôos internacionais, a franquia de bagagem está relacionada com a tarifa paga pelo passageiro, sendo geralmente:

Em vôos internacionais, os menores que pagam 50% da tarifa de adulto têm direito à franquia total da bagagem correspondente à tarifa paga; as crianças menores de dois anos que viajem com 10% da tarifa de adulto ou sem pagar nada, não têm direito a nenhuma franquia.

Com relação ao excesso de bagagem, o funcionário do aeroporto pesa a bagagem e cobra o excesso quando ultrapassar o máximo permitido, cobra-se a razão de 1% da tarifa na primeira classe por cada quilo de excesso.

O transporte aéreo de produtos químicos, gases, explosivos, líquidos e sólidos inflamáveis, venenos, materiais radioativos ou magnéticos e muitos outros produtos que de alguma forma possam ser considerados perigosos, encontram-se sujeitos a restrições, cuja finalidade é proteger a segurança do transporte aéreo.

Por outro lado, as armas de fogo como tais não são consideradas como artigos restritos e, portanto, podem ser transportadas a bordo dos aviões, sem prévio consentimento das linhas aéreas. Porém, transporte, importação e exportação de armas de fogo estão sujeitos geralmente a normas governamentais e o passageiro que deseje levar armas na sua bagagem deve portar os respectivos documentos antes da saída.

As normas do IATA estabelecem que:

- Os transportadores não devem permitir que os passageiros levem armas de fogo na cabina.
- As armas de fogo devem ser apresentadas no momento do "check-in"; os passageiros devem fazer uma declaração escrita ou verbal, assegurando que as armas que foram entregues oferecem garantias de segurança para seu transporte.
- Sempre que isso for possível, as armas de fogo devem ser aceitas para transporte como bagagem despachada. A arma deve estar descarregada e devidamente empacotada.
- Se a arma de fogo não está convenientemente empacotada ou se o passageiro não deseja que seja transportada no compartimento de carga do avião, pode ser colocada em um lugar adequado na cabina dos passageiros ou da tripulação, desde que não acessível aos passageiros.
- Todo tipo de munição deve ser transportada no compartimento de carga do avião, de acordo com as normas da IATA.
- A bordo de um avião pode ser permitido que uma pessoa autorizada (por exemplo um oficial de segurança ou um correio diplomático) leve uma arma de fogo e munição, mas identifique-se antes ao transportador no momento do "check-in".
- Estas normas estão sujeitas às condições mais restritivas que sejam de aplicação nos países de saída, trânsito ou destino.

Com referência ao transporte de animais vivos, as normas veterinárias variam de um país para outro. Em geral, cachorros, gatos e pássaros devem ir devidamente engaiolados em lugares a prova de infiltrações e acompanhados dos correspondentes documentos, certificados e autorizações exigidos pelos países de destino ou trânsito. Em geral, transportam-se no compartimento de carga do avião. Paga-se pelo excesso de bagagem correspondente ao peso do animal e seu recipiente; sem considerar se o passageiro utiliza ou não totalmente a sua franquia de bagagem.

O transporte de cachorro-guia para acompanhar passageiro cego não paga o excesso de bagagem; são aceitos na cabina de passageiros e devem usar focinheira e coleira e não tem direito a assento. Devem apresentar os comprovantes de vacina correspondentes e veterinários ou as autorizações de entrada para a viagem, e não serão aceitos para o transporte se algum país proíbe a entrada de cachorros.

As condições de aceitação de animais diferem de uma linha aérea para outra, pelo que devem ser consultadas sobre este assunto.

Formalidades de fronteiras

São todas as condições de conteúdo e forma a que está sujeita a autorização para cruzar a fronteira. Compreendem limitações de viagem em relação ao tempo e ao espaço, restrições em relação a importação e exportação de divisas, importação de objetos destinados ao uso pessoal ou adquiridos no exterior como lembranças e, finalmente, a regulamentação no que se refere à proteção contra a propagação de doenças contagiosas.

As formalidades em questão são três, isto é, migração, alfândega e salubridade; mas não entraremos neste último tema, pois no Capítulo 10 aprofundaremos este aspecto.

Salas de espera de passageiros muito importantes

Muitas linhas aéreas possuem uma sala de espera privativa para passageiros importantes como diplomatas, ministros e dirigentes públicos e privados; especialmente recomendados e de primeira classe, os que podem utilizá-la enquanto esperam a saída do seu vôo. Estas salas se localizam geralmente em um lugar afastado do terminal, são cômodas e freqüentemente luxuosamente mobiliadas.

Na maioria das ocasiões são atendidas por uma aeromoça que serve bebidas gratuitamente e avisa os passageiros quando são chamados a embarcar no avião.

Em relação à sigla VIP, corresponde à expressão em inglês “Very Important Person” ou “Very Important Passenger”.

ASPECTOS DIDÁTICOS

Exercícios de Consolidação e/ou Auto-avaliação

Instruções. Marque com um X dentro dos parênteses da opção correspondente.

1. Aparelho cujo peso é superior ao do ar e que por meio da aplicação de uma força propulsora pode voar:

   ( ) avião
   ( ) caminhão
   ( ) barco

2. O Pégaso pertence à mitologia:

   ( ) assíria
   ( ) grega
   ( ) persa

3. Otto Lilienthal realizou experiências com um planador na Alemanha, em:

   ( ) 1871
   ( ) 1881
   ( ) 1891

4. No dia 17 de dezembro de 1903 às 10h35min, realizou em Kitty Hawks, Estados Unidos, o primeiro vôo controlado:

   ( ) Otto Lilienthal
   ( ) Orville Wright
   ( ) Alberto Santos Dumont

5. Wilbur Wright nasceu em:

   ( ) 16 de abril de 1867 em Milville, Indiana
   ( ) 19 de agosto de 1871 em Dayton, Ohio
   ( ) 15 de junho de 1867 em Milville, Indiana

6. Mereceu o título de "A Águia Solitária do Atlântico":

   ( ) Charles Lindbergh
   ( ) Richard Orteg
   ( ) Orville Wright

7. Na América Central, se realizavam uma dança que imitava o vôo das aves:
   ( ) os *acatlaxquis*
   ( ) os *matalachines*
   ( ) os *quetzalines*

8. A ordem dos Cavaleiros Águias entre os astecas se denominava:
   ( ) *ocelotecuhtli*
   ( ) *cuauhtecuhtli*
   ( ) *amatcuhtli*

9. Primeiro mexicano que subiu a bordo de um aeróstato:
   ( ) José María Alfaro
   ( ) Guillermo Eugenio Robertson
   ( ) Antonio María Fernádez

10. Aeronaves do México foi fundada com capital integralmente mexicano por:
    ( ) Francisco Sarabia
    ( ) Carlos Panini
    ( ) Antonio Díaz Lombardo

11. Primeiro avião turborreator de fabricação estadunidense:
    ( ) Boeing 707
    ( ) Boeing 727
    ( ) Boeing 747

12. É a versão soviética do Concorde:
    ( ) TU-104
    ( ) TU-144
    ( ) TU-102

13. Avião construído pelos ingleses e franceses, com a asa em forma de delta gótica:
    ( ) Boeing
    ( ) Tupolev
    ( ) Concorde

14. Os vôos programados são conhecidos como vôos:
    ( ) irregulares
    ( ) "charter"
    ( ) regulares

15. A invenção dos vôos "charter" se deve a um agente de viagens de Hamburgo (Alemanha), chamado:
    ( ) Goldsmith
    ( ) Krukenberg
    ( ) Rosenberg

16. O balcão de uma linha aérea se localiza:
    ( ) no aeroporto
    ( ) na central
    ( ) no centro

17. Forma migratória mexicana:
    ( ) FM2
    ( ) I-94
    ( ) FME

18. Forma migratória americana:
    ( ) FM2
    ( ) I-94
    ( ) FME

19. Bagagem do passageiro que a linha aérea toma sob a sua responsabilidade e o transporta no compartimento de carga do avião:
    ( ) bagagem reservada
    ( ) bagagem despachada
    ( ) bagagem não despachada

20. As formalidades de fronteira são:
    ( ) duas
    ( ) três
    ( ) quatro

Atividades de Reforço

1. Pesquise e apresente por escrito a biografia de Francisco Sarabia.
2. Busque fotografias de diferentes marcas e tipos de aviões, identifique-os e coloque-os em um álbum.
3. Pesquise as linhas aéreas internacionais da cidade onde você mora e pesquise seus números de vôos, freqüências e os países estrangeiros com os quais tem ligação.
4. Pesquise as linhas aéreas nacionais que servem à cidade onde você mora e pesquise seus números de vôos e suas rotas.
5. Elabore, em grupo, um jornal-mural com as informações deste capítulo.

Capítulo **8**

SERVIÇO AOS PASSAGEIROS

ASPECTOS TEÓRICOS

Tripulação

Para iniciar definimos tripulação como o grupo de pessoas empregadas por uma linha aérea para desempenhar seu trabalho a bordo de uma aeronave (Fig. 8.1). De acordo com as funções realizadas a bordo, a tripulação se classifica em tripulação de vôo e tripulação de serviço ao passageiro; como conseqüência, cada indivíduo pertencente a este grupo é denominado membro da tripulação.

Tripulação de Vôo

Esta parte da tripulação é formada pelo piloto ou capitão, co-piloto ou primeiro oficial e engenheiro de vôo, cujas responsabilidades se enumeram a seguir.

O piloto ou capitão se encarrega de toda a tripulação e do avião, é responsável pelo vôo e pela segurança do avião, pois, uma vez que o último passageiro embarca no avião e se fecham as portas, a autoridade recai integralmente nele. Qualquer pessoa, seja qual for sua categoria, está sujeita às disposições do capitão e deve obedecê-las.

O co-piloto ou primeiro oficial é o segundo no comando e divide com o comandante as obrigações do vôo e a total responsabilidade sobre os passageiros e o avião.

FIGURA 8.1 – A tripulação desempenha seu trabalho a bordo da aeronave.

O engenheiro de vôo é o responsável perante o capitão pelo funcionamento de todos os sistemas do avião, desde os motores até os fornos das cozinhas. Verifica também o exterior, ou seja, o estado do revestimento, pneus, superfície de controle, etc., assim como o controle do avião, a manutenção correspondente e se o combustível é suficiente. Ele é o único que pode decidir se o avião está pronto para voar.

Durante o vôo, o território do engenheiro de vôo é o painel de controle, localizado na parede lateral, atrás do co-piloto.

A seção do avião onde se localiza este pessoal se chama cabina de vôo. Os passageiros dificilmente vêem esta tripulação, mesmo quando o capitão se comunica com eles por intermédio dos alto-falantes, para cumprimentá-los brevemente depois da decolagem e dar algumas informações em relação aos pontos geográficos de interesse que serão sobrevoados, assim como as condições do tempo durante o vôo.

Tripulação de Serviço ao Passageiro

É a parte da tripulação responsável pelos serviços prestados aos passageiros a bordo do avião; os referidos serviços se realizam na cabina de passageiros.

Esta parte da tripulação está integrada por uma comissária-chefe ou chefe de cabina e as comissárias.

Comissária-chefe

É a responsável por supervisionar todas as fases do serviço na cabina de passageiros; ou seja, as fases prévias, durante e posteriores ao vôo, assegurando-se de que sejam realizados os procedimentos de forma correta. Também decide outras situações, como o horário de servir as refeições.

Comissárias

Estes membros da tripulação são também conhecidos como aeromoças, e elas auxiliam a comissária-chefe, seguindo estritamente o estabelecido pela chefia dos comissários e pela gerência de serviço de passageiros, no que se relaciona com as obrigações do serviço e seqüência de trabalho para cada equipe de forma particular.

A informação apresentada neste capítulo é muito geral, pois algumas características variam de uma linha aérea para outra.

A carreira de comissária não se restringe exclusivamente ao sexo feminino, também os homens têm uma função importante nesta atividade, embora predominem as mulheres. As funções desempenhadas pelo pessoal de serviço ao passageiro são vitais, e são eles que, mediante o bom serviço que proporcionam, projetarão uma boa imagem da companhia, ou vice-versa, as linhas aéreas escolhem cuidadosamente as futuras comissárias de vôo, considerando obviamente o domínio de línguas estrangeiras, a boa aparência e o bom relacionamento humano. Por outro lado, as linhas aéreas contratam os serviços de famosos estilistas, que criam os uniformes da tripulação; algumas companhias, como Japan Airlines ou Air Indian vestem suas comissárias com belos e tradicionais trajes regionais.

Logicamente, o objetivo é conquistar novos passageiros, conservar os já existentes e melhorar de forma constante o serviço mediante boa coordenação e trabalho em equipe.

Os requisitos mínimos que as linhas aéreas exigem para a contratação de novas comissárias, são os seguintes:

1. Idade de 18 a 30 anos.
2. Estatura mínima de 1,60m e máxima de 1,78m.
3. Peso proporcional à estatura.
4. Saúde em perfeito estado, comprovado com exame médico.
5. Cordialidade.
6. Boa visão (de forma geral não é admitido o uso de óculos, mas lentes de contato sim).
7. Formação mínima exigida: nível médio ou estudos na área de comércio.
8. Língua estrangeira (domínio do idioma inglês, além da língua local).
9. Nacionalidade ou visto de residente do país em que trabalha.

As linhas aéreas, através do seu departamento de pessoal, atraem um número de pessoas suficiente para cobrir as vagas oferecidas. A contratação do pessoal envolve um processo que consta de cinco fases, ou seja, recrutamento, preenchimento de uma ficha, entrevista prévia, seleção e contratação.

Uma vez que a futura comissária foi aceita, passa por um período de treinamento que dura de quatro a seis semanas, dependendo da linha aérea. Algumas empresas o realizam em seus escritórios centrais, outras dispõem de instalações adequadas que incluem luxuosas acomodações e em alguns casos até piscinas.

O treinamento que recebem as futuras comissárias não é útil somente para o bom desempenho do seu trabalho na sua carreira, mas também para enriquecer sua vida em muitos aspectos.

O curso inclui diversos temas relacionados às linhas aéreas e aos aviões, medidas e regulamentos internacionais de segurança e, em alguns casos, o estudo de uma língua estrangeira.

Algumas linhas aéreas proporcionam o material antes do início do curso com a finalidade de que se familiarizem com as rotas da linha aérea, cidades, pontos geográficos, etc.

Durante o curso, familiarizam-se também com a terminologia utilizada, assim como com outros tipos de códigos, como os números usados para designar vôos. Também recebem instruções em relação à estrutura e história da linha aérea, memorizando os avisos para todas as situações; no final do curso é feita uma avaliação do desempenho.

A palavra comissária é sinônimo de beleza e saúde, por esse motivo se incluem como complemento consultas com cabeleireiros e especialistas em cosmética, sendo indispensável o uso de tudo o que foi aprendido.

Este treinamento é semelhante ao que recebe uma modelo profissional, pois inclui a forma correta e elegante de caminhar, sentar-se, subir ou descer uma escada, as atitudes que deverão ser adotadas estando em pé, etc., evitando os extremos e adotando um estilo atraente e simples que reflita a moda atual (Fig. 8.2).

As linhas aéreas contam também com uma comissária assessora que é a instrutora e que avalia todas as comissárias, que deve ser o exemplo a ser seguido, e será a encarregada do treinamento; examinará as novas comissárias contratadas de acordo com as normas da empresa e fará as recomendações em relação ao trabalho de todos e de cada um deles.

As obrigações da assessora durante a comissão são:

1. Em terra:

   a) Verificar a apresentação adequada das comissárias, tanto no desempenho dos seus serviços como ao embarcar no avião.

   b) Verificar a pontualidade das comissárias ao embarcar nas aeronaves.

FIGURA 8.2 – As comissárias recebem um treinamento similar ao que receberia uma modelo profissional.

c) Conferir que mantenham em bom estado, e em dia, o manual de comissárias que tenham recebido.

d) Constatar o bom comportamento das comissárias no desempenho de suas funções, de acordo com o regulamento estabelecido.

e) Dar treinamentos às novas contratadas, treinamentos periódicos e de promoção, quando a empresa assim o determine.

f) Dispensar do serviço as comissárias que não cumpram as obrigações impostas.

2. No vôo:

a) Verificar que a comissária-chefe encarregada do vôo distribua as tarefas de acordo com o estabelecido no regulamento.

b) Verificar que os serviços de bordo sejam realizados de acordo com as normas estabelecidas pela empresa.

c) Em vôos de treinamento, observar e qualificar o correto desempenho das tarefas das comissárias e, se for o caso, fazer os comentários pertinentes.

d) Treinar as comissárias em relação a novos procedimentos nos serviços, segundo as determinações da empresa.

e) Verificar a uniformidade na apresentação das comissárias, de acordo com o vôo que realizam.

f) Coordenar com a comissária-chefe, encarregada do vôo, o momento em que serão verificados os conhecimentos técnicos das comissárias que estejam a bordo.

Realizar todo tipo de supervisão e de capacitação tanto em terra como em vôo, em relação às tarefas inerentes à especialidade da comissária de acordo com as instruções transmitidas pela gerência de serviços ao passageiro e/ou chefia de comissárias.

As comissárias assessoras entregarão à chefia de comissárias os relatórios correspondentes a todos os serviços, com cópia para a gerência de serviços aos passageiros.

Os assessores não poderão abandonar a linha aérea, a não ser em caso de emergência plenamente comprovada, com aviso ao sindicato[1].

Serviço ao Passageiro na Cabina

Os serviços na cabina são múltiplos, eles são especificados a seguir:

A quantidade de bagagem que podem levar a bordo é limitada, porque é incômodo e perigoso levar uma quantidade grande em caso de emergência. Para guardar esta bagagem existem compartimentos sobre as poltronas, além do espaço sob os mesmos.

Os acendedores de cigarros não devem ser de gasolina, pois podem derramar-se com a pressão reduzida do interior do avião quando alcança determinada altitude. Além disso, não devem ser recarregados durante o vôo; assim, os fósforos em caixa são mais seguros e os acendedores a gás melhores que os a gasolina.

Para diminuir os incômodos como o zumbido nos ouvidos durante a decolagem e a ascensão do avião, é suficiente bocejar e engolir saliva, chupar bala ou goma de mascar.

Durante o vôo, as linhas aéreas oferecem jornais e revistas, se o passageiro deseja escrever deve ter cuidado, pois a grandes altitudes as canetas tinteiro podem derramar a tinta.

Podem ser utilizadas calculadoras eletrônicas e gravadores (usando fone de ouvido), mas não podem ser ligados aparelhos de rádio já que poderiam interferir com as comunicações por rádio do próprio avião.

Nos trajetos de muitas horas de vôo, geralmente são projetados filmes. O som é ouvido com fones de ouvido, pagando uma pequena taxa pelo aluguel, ligados nos braços da poltrona e utilizados também para ouvir a música selecionada nos diversos canais.

Algumas linhas aéreas transmitem em telas de televisão de circuito fechado, o que acontece na cabina dos pilotos após a decolagem; outras ensinam lições da língua do país de destino.

As mães acompanhadas pelos seus bebês podem dispor de lugares na parte posterior da cabina do avião, junto às saídas de emergência, onde há mais espaço

[1] Comparar com o *Manual de Comissárias da Aviação Mexicana*.

para as pernas que em outros lugares da cabina. Algumas companhias oferecem mesas dobráveis especiais para trocar fraldas e talco para as crianças. A linha aérea proporciona os alimentos para as crianças, ou então os funcionários esquentam, mediante aviso prévio, o que a própria passageira tenha trazido.

Os menores desacompanhados estarão sob a vigilância das comissárias que devem assegurar que não fiquem sem atenção, nervosos ou entediados. Algumas empresas permitem que os passageiros, inclusive as crianças, visitem a cabina do piloto (Fig. 8.3).

Em relação aos deficientes físicos, proporcionam-se cadeiras de rodas, tanto para subir como para descer do avião, são os primeiros a subir e os últimos a descer. As comissárias não têm a obrigação de ajudá-los no uso dos serviços sanitários, pelo que é conveniente que viajem acompanhados.

Os passageiros deficientes físicos devem solicitar poltronas localizadas próximas às portas de saída, já que não é permitido o uso de muletas, pois em caso de turbulências são perigosas.

Os diabéticos e cardíacos devem informar à linha aérea e levar seus medicamentos em sua bagagem de mão.

O oxigênio deve ser solicitado com 24h de antecedência, e aquele que o passageiro levar deve ser transportado empacotado e etiquetado no compartimento de carga do avião.

Em caso de dúvidas no transporte de um passageiro, o comandante da nave é quem tomará a decisão final. Embora as comissárias sejam capacitadas para atender a passageiros em caso de emergência, é costume perguntar se existe um médico entre os passageiros quando algum deles fica doente.

É permitido fumar em todos os aviões, com exceção da decolagem e da aterrissagem; porém, para que os que não fumam não sejam incomodados, é permitido fumar somente cigarros. Geralmente, as linhas aéreas têm estabelecidas as áreas de não fumantes em seus aviões.

FIGURA 8.3 – A cabina de vôo permite que o piloto tenha acesso a todos os comandos e interruptores essenciais.

Muitas linhas aéreas oferecem artigos que estão à venda durante o vôo. Geralmente são produtos do país a que pertence a empresa, incluindo desde cigarros até perfumes e bebidas. Estes artigos são livres de impostos nos vôos internacionais.

As comidas são servidas sem nenhuma taxa adicional, tanto aos passageiros da primeira classe como aos da classe econômica, mas, em alguns vôos curtos, não há serviço de alimentos. Se for avisado com antecedência, podem ser servidas refeições especiais como vegetarianas, dietéticas, etc.

Não é aconselhável comer muito, devido às mudanças de pressão produzirem indigestão durante o vôo. Nos vôos "charter", às vezes os passageiros devem pagar uma taxa extra pela comida; porém, podem optar por levar seus próprios alimentos. Se este for o caso, devem evitar alimentos pegajosos, e levar sacolas plásticas para guardar as sobras.

Na maior parte das linhas aéreas existe serviço de bar, geralmente as bebidas alcoólicas são gratuitas para os passageiros de primeira classe e são cobradas na classe econômica.

É aconselhável muita moderação ao ingerir álcool devido aos seus efeitos serem mais rápidos e efetivos a grandes altitudes sobre o nível do mar.

Durante os vôos noturnos se oferecem cobertores e travesseiros, as poltronas podem ser reclinadas o suficiente para dormir comodamente. Além disso, são oferecidas máscaras para que a luz não incomode e chinelos especiais para o descanso dos pés.

Avisos aos Passageiros

Em todos os aviões de passageiros é costume levar a bordo um manual que inclui os avisos de rotina, que proporcionam ao passageiro informação prática e interessante, que varia dependendo da fase do vôo em que se realizam. Os avisos mencionados consistem em boas-vindas aos passageiros, notificações aos passageiros sobre o serviço de alimentos e coquetéis, etc. (Fig. 8.4).

FIGURA 8.4 – Os avisos de rotina podem consistir de notificações sobre o serviço de alimentos, coquetéis, etc.

Também se referem a procedimentos e demonstrações do equipamento de emergência, como o uso do colete salva-vidas ou a máscara de oxigênio e outras instruções especiais. Em vôos internacionais, os avisos são em inglês e em outros idiomas de acordo com o vôo e com a linha aérea. Quando são dados avisos sobre velocidade e altitude em espanhol, a informação deverá ser expressa no sistema métrico decimal (metros, km/h), e quando estes avisos são dados em inglês, a informação será proporcionada no sistema inglês, utilizando milhas, pés, etc., de acordo com as disposições da Direção Geral da Aeronáutica Civil.

Todos os avisos que sejam feitos através do microfone devem seguir as seguintes diretrizes:

a) Não utilize o microfone para requerer a presença de uma comissária de uma cabina para outra, ou da cabina para as cozinhas. Para este fim deve-se usar o sistema interno de comunicação (interfone).
b) Uma vez em vôo, entre 22h e 6h, a informação dada pelo microfone deverá ser exclusivamente na ocorrência de uma emergência ou quando for ordenado pelo comandante.
c) Segurar o microfone em um ângulo de 45° e a 3cm de distância da boca.
d) Nunca assopre pelo microfone para testá-lo; comece o anúncio e logo saberá se ele não funciona; neste caso, dê os avisos desde a cabina de comando, com prévia autorização do comandante.
e) Se os avisos de informação, em relação ao vôo, feitos pelo comandante desde a cabina de comando não se ouvem bem, ou não são muito claros, notifique imediatamente.

Os avisos são semelhantes em todas as linhas aéreas, por isso os 12 modelos que aparecem a seguir foram selecionados do *Manual de Comissárias da Aeroméxico*, os quais aparecem em espanhol, com sua correspondente versão em inglês; a informação dada é obviamente fictícia.

Boas-vindas

Bom-dia, senhores passageiros. Em nome da Aeroméxico, o comandante Jorge Mendoza e sua tripulação damos as mais cordiais boas-vindas a bordo.

Em vôos com escala:

Este é nosso vôo 450 com destino a Paris com escalas em Miami e Madri.

Em aeroportos de trânsito:

Esta é a continuação de nosso vôo 450 com destino a Paris e escala em Madri.

Em vôo direto:

Este é nosso vôo 301 direto à cidade de Paris.

Em todos os vôos:

Para a sua informação, o tempo estimado de vôo até o aeroporto da cidade de Paris é de 12h15min. Voaremos a uma altitude de 10.000m sobre o nível do mar e a uma velocidade de cruzeiro de 917km/h. Solicitamos que ajustem o cinto de segurança, coloquem a poltrona na posição vertical e se abstenham de fumar durante a decolagem.
Comunicamos que durante todo o vôo é proibido utilizar rádios, gravadores, calculadoras ou qualquer outro equipamento transistorizado, pois provocam interferências no nosso equipamento eletrônico de radionavegação. Sugerimos que leiam as normas de segurança que se encontram no bolso da poltrona à sua frente. Nosso pessoal de cabina terá a oportunidade de atendê-los para tornar sua viagem confortável e prazerosa. Obrigado.

Versão em inglês

Good morning ladies and gentlemen. On behalf of Aeroméxico, Captain Jorge Mendoza an his crew welcome you aboard.

Em vôos com escalas:

This is our flight 450 bound for Paris and stopping at Miami and Madrid.

Em aeroportos de trânsito:

This is the continuation of our flight 450 bound for Paris and stopping at Madrid.

Em vôo direto:

This is our flight 301 non stop bound for Paris
For your information, the estimated time to Paris' airport will be of 12 hours and 15 minutes.
We'll be flying at an altitude of 34.000 feet above sea level, at an average of 574 Knots.
Please fasten seat belt, place the back of your seat in forward position and do not smoke during take off.
Please be advised that it is stricly forbidden to turn on or activate, radios, tape recorders, calculators or any transitorized device, due to the interference they cause in our eletronic navegation equipment.
May we suggest that you read the security instructions, located in the small pocket in front of you.
Our cabin personnel will be glad to help you make this your best and most comfortable flight.
Thank you.

Avisos depois da decolagem

Sua atenção por favor, o aviso de não fumar foi desligado. É permitido fumar somente cigarros. Recomendamos que permaneçam com o cinto de segurança confortavelmente ajustado. Informamos que os cinzeiros se encontram no apoio para braços da poltrona e os banheiros se localizam:

a) Para a primeira classe na parte dianteira.
b) Para a classe turista, na parte central e posterior da cabina.

Ao se dirigir ao sanitário apague seu cigarro antes de sair da poltrona. Obrigado e boa viagem.

Versão em inglês:

May I have your attention please; the no smoking sign has been turned off. Only cigarretes smoking is permited. We suggest you to keep your seat loosely fastened at all times.
Four your information, the ashtrays are located on the armest of your seat, the lavatories are located: betwen the front and mid cabin area and at the rear of the cabin.
Please put out all cigarretes before leaving for the lavatories. There are two suggestion boxes, one on the left front at the wardrobe, the other on the left of the rear wardrobe, where your suggestions and correspondence four our General Director can be placed.

Avisos de rotina

Sua atenção por favor. Solicitamos a atenção para a demonstração que faremos a seguir.
No caso de mudança de pressão na cabina, os compartimentos localizados sobre as poltronas se abrirão automaticamente, deixando cair as máscaras de oxigênio. Nesse caso:

a) Se estiver fumando apague imediatamente seu cigarro.
b) Puxe a máscara mais próxima e coloque-a sobre o nariz e a boca.
c) Ajuste o elástico ao redor da cabeça e respire normalmente.

Ao puxar a máscara para seu rosto, o fio que está unido a ela destravará um fecho de segurança, permitindo a passagem do fluxo de oxigênio para a máscara. Se não for assim, puxe o fio com força ou destrave-o manualmente.

NOTA: Este aviso deverá omitir-se ao voltarem os níveis inferiores de 21.000 pés (6.400m) de altitude, como é o caso de México-Acapulco-México, em que pela curta duração do vôo, é preferível dispor deste tempo para outras atividades.

Versão em inglês

May I have your attention please, the following demonstration is a very important routine information, you are kindly requested to pay attention.
If the cabin preasure changes the compartments, in such case.

a) Put out all cigarettes immediately.
b) Take the mask nearest you and place it over your nose and mouth.
c) Adjusting the traps around your head, breathe normally.

The mask must be pulled toward your face to pull the attached lanyard allowing the oxygen to flow. I must be noted that the lanyard is note a device for limiting maske travel, but be pulled with sufficient force to detach a starting pin at the oxygen supply.

Uso do colete salva-vidas

Como voaremos sobre o mar, é nossa obrigação demonstrar o uso dos coletes salva-vidas localizados sob cada poltrona.
Por favor, observem a demonstração da comissária.
Passe a cabeça através da abertura.
Puxe os cordões e ajuste-os deixando-os confortáveis. Amarre na frente.
Para encher, puxe os cordões.
Estes tubos servem para encher o colete soprando, em caso de necessidade.
As saídas de emergência estão claramente sinalizadas em ambos lados da cabina sobre as asas, na parte dianteira e posterior do avião.
O bolso que se encontra na sua frente contém instruções complementares. Se desejarem algum esclarecimento, estamos à sua disposição.

Versão em inglês

Due to the fact that we will be flying above sea, it is our duty to demonstrate you the use of the life jacket, located under each seat.
Please observe the steward in front, of you.

1. *Place the jacket over head through the opening.*
2. *Pull the cordons and adjust them comfortably. Tie them up in front you.*
3. *To inflate it, pull these knobs, being carefully not to do it until you are outside of the aircraft.*
4. *These two rubber tubes are to inflate the life jacket with your mouth, only if necessary.*
5. *The emergency exits are clearly indicated on both sides of the cabin, over the wings in the forward and rear section of the aircraft.*

The small pocket that you see in front of your seat is holding complementary instructions, if you have anydoubt, do not hesitate to ask us.

Depois da aterrissagem

Bem-vindos a Paris. Solicitamos que permaneçam sentados até que o avião tenha estacionado na plataforma.

Em vôos nacionais:

Gostaríamos de lembrar aos senhores passageiros que verifiquem se levam todos os seus pertences.

Em vôos internacionais:

Mais uma vez lembramos aos senhores que tenham à mão seus documentos para a alfândega e migração e, também, verifiquem se levam todos os seus pertences.

Em todos os vôos:

São 11h5min, hora local, a temperatura é de 23°C. Esperamos que seu vôo tenha sido agradável e desejamos ter a oportunidade de atendê-los novamente. Ao descer do avião, nosso pessoal de terra os

espera para ajudá-los nos trâmites da chegada. (Nos vôos internacionais, agregar) No caso de conexão com outro vôo, por favor nos avise. Solicitamos aos passageiros que tiverem reserva para a volta, que confirmem 24h antes da saída, do contrário será cancelada. Aos passageiros em trânsito, informamos que permaneceremos neste aeroporto por 30min aproximadamente.
Em nome da Aeroméxico, do comandante Jorge Mendoza e sua tripulação, obrigado e tenham um bom-dia.

Versão em inglês:

Welcome to Paris. We kindly request thay you remain seated until the aircraft and engines come to a complete stop.

Em vôos nacionais:

We want to remind you to be sure to take with you all your personal belongings.

Em vôos internacionais:
Once more remind you to take your passport, customs and migration documents, as well as taking with you all your personal belongings.

Em todos os vôos:
The local time is 11:05 and the temperature is 70° Fahrenheit. We hope that this has been a very pleasant flight for you and please give us the opportunity to have you aboard again. While descending from the aircraft, our ground personell will be waiting to help you with the arrival procedures. (Em voôs internacionais, agregar) *If you plan to conect with another flight, please let them know. We ask passengers holding round trip reservations to reconfirm them 24 hours* (Em voôs nacionais), *72 hours* (Em voôs internaconais), *prior to departures, otherwise they will be canceled.*
Em aeroportos intermediários agregar: *For transit passengers: for your information, we will remain at this airport 30 minutos aproximately.*
On behalf of Aeromexico, Captain Jorge Mendonza and his crew thank you very much, and wish you a good day.

Avisos do Formulário de Declaração de Bagagem em Vôos para os Estados Unidos

(Se entrega na primeira oportunidade após a decolagem.)

Senhores passageiros, o governo dos Estados Unidos requer o uso do formulário de Declaração de Bagagem que entregaremos a seguir. Solicitamos que seja preenchido antes da nossa chegada a Los Angeles. O formulário de Migração I-94 é indispensável para entrar nos Estados Unidos, em caso de não possuí-lo, devem solicitá-lo à comissária para ser preenchido imediatamente. Recomendamos que escrevam com caneta, em letra de forma, apoiando-a de modo que também fique marcada a cópia, não utilizar caneta vermelha. Os cidadãos estadunidenses não necessitam preencher o formulário.

Versão em inglês:

Ladies and Gentlemen, the United States government requires the use of the baggage statement for that will be given to you inmediately. Please fill it out before our arrival to Los Angeles.
We wish to remind you that the Migration form I-94 is necessary when arriving to the U.S., therefore in case you do not have it, ask the stewardess to help you obtain one. It is advisable to marck the copy and to avoid the use of red ink.
The U.S. citizens do not need the use of this form (I-94).

Aviso de aplicação de inseticida

(Deve ser dado 30min antes da aterrissagem.)

Senhores passageiros, é requisito das autoridades sanitárias dos governos do México e dos Estados Unidos que o avião seja desinfetado antes da nossa chegada a Los Angeles. Solicitamos que não fumem enquanto o fazemos. Obrigado.

Versão em inglês:

Ladies and Gentlemen, it is a requirement from the Health Department of the Mexican/U.S. governments that the airplane must be sprayed before our arrival. We ask you not to smoke meanwhile. Thank you.

Avisos ocasionais

Sua atenção por favor: o comandante deseja avisar que devido ao intenso tráfego aéreo na área do aeroporto, permaneceremos em plataforma por aproximadamente 20min.
O capitão lamenta informar que devido a um problema mecânico (no rádio, etc.), permaneceremos em plataforma. Assim que tivermos mais informações, comunicaremos imediatamente.
Como o radar indica a possibilidade de turbulências, solicitamos que ajustem os cintos de segurança.

Versão em inglês:

Your attention please: Captain Mendoza regrets to inform you that in view of heavy air traffic in the airport area, we will remain on ground aproximately 20 minutes.
The capitain regrets to notify you that due to a mechanical failure (radio, etc.), we will have to return to the plataform. As soon as we have further information we will inform you.
Due to the fact that the radar indicates the possibility of some turbulence, please have your seat fastened.[2]

[2] Comparar com o *Manual de Comissárias da Aeroméxico.*

Atendimento aos Passageiros

O atendimento aos passageiros envolve as mais variadas situações que requerem o critério da comissária para encontrar em cada caso a solução apropriada, tanto para o passageiro como para a linha aérea. Porém, pela natureza do caso, existem situações que deverão resolver-se por procedimento especial, cujas diretrizes devem garantir a preservação da segurança do vôo, a comodidade dos outros passageiros e o prestígio da linha aérea (Fig. 8.5).

A seguir estabelecemos uma série de procedimentos a serem seguidos nos casos estimados como normais ou difíceis. As comissárias, usando o bom senso e prudência, solucionarão da forma mais conveniente as situações imprevistas.

Procedimentos com passageiros que não devem ser aceitos a bordo

As pessoas com as seguintes características não devem ser aceitas como passageiros:

a) Com doenças contagiosas.
b) Doentes mentais.
c) Pessoas deficientes que não possam se sentar normalmente e/ou usar o cinto de segurança.

FIGURA 8.5 – A comissária servirá da melhor forma possível à família.

d) Crianças com menos de 7 dias de idade.
e) Crianças menores de cinco anos viajando desacompanhadas.
f) Pessoas que atentem contra a saúde, a segurança ou a comodidade de si próprias ou de outros passageiros, devido aos seguintes motivos: intoxicação ou dependência de drogas; doença contagiosa que ponha em risco outros passageiros; uso constante de oxigênio; indisciplina; desordem; agressividade ou violência; mau cheiro; porte de armas, carregadas ou não; necessidade excessiva de assistência médica durante o vôo (a não ser que o passageiro viaje acompanhado por outra pessoa capaz de proporcionar-lhe assistência requerida).
g) Pessoas cujo aspecto seja desagradável para outros passageiros.

ASPECTOS DIDÁTICOS

Exercícios de Consolidação e/ou Auto-avaliação

Instruções. Marque um X dentro dos parênteses da opção correspondente.

1. Parte da tripulação constituída pelo piloto ou capitão, o co-piloto e/ou primeiro oficial e o engenheiro de vôo:

   ( ) tripulação de vôo
   ( ) tripulação de carga
   ( ) tripulação de serviço ao passageiro

2. Parte da tripulação responsável pelos serviços proporcionados aos passageiros a bordo do avião; os serviços mencionados se realizam na cabina de passageiros:

   ( ) tripulação de vôo normal
   ( ) tripulação de vôo internacional
   ( ) tripulação de serviço ao passageiro

3. É o responsável de supervisionar todas as fases do serviço na cabina dos passageiros:
   ( ) engenheiro de vôo
   ( ) comissária-chefe
   ( ) capitão encarregado

4. É o segundo no comando e divide com o comandante as obrigações do vôo e a total responsabilidade sobre os passageiros do avião:

   ( ) engenheiro de vôo
   ( ) co-piloto
   ( ) comissária

5. É o responsável perante o capitão pelo funcionamento de todos os sistemas do avião, desde os motores até os fornos da cozinhas:

( ) engenheiro de vôo
( ) comissária-chefe
( ) co-piloto ou oficial

6. A idade exigida pelas linhas aéreas para a contratação de comissárias varia entre os:

( ) 15 e 18 anos
( ) 18 e 30 anos
( ) 25 e 40 anos

7. Uma vez que a futura comissária foi aceita, passa por um período de treinamento que dura de:

( ) 4 a 6 anos
( ) 4 a 6 meses
( ) 4 a 6 semanas

8. Instrui e avalia todas as comissárias:

( ) comissária-assessora
( ) comissária-chefe
( ) comissária

9. É obrigação do assessor verificar a pontualidade das aeronaves em:

( ) vôo
( ) terra
( ) mar

10. É obrigação do assessor verificar que os serviços de bordo sejam realizados de acordo com as normas estabelecidas pela empresa em:

( ) terra
( ) vôo
( ) mar

11. As comissárias-assessoras entregarão os relatórios correspondentes a todos os serviços:

( ) ao escritório do aeroporto
( ) à gerência de operações
( ) à chefia de comissárias

12. Nos trajetos de muitas horas de vôo geralmente:

( ) se projetam diapositivos
( ) não se projetam filmes
( ) se projetam filmes

13. O som é ouvido mediante fones de ouvido:

( ) que as comissárias proporcionam sem nenhum custo
( ) pagando uma pequena taxa pelo aluguel
( ) que os passageiros compram antes do vôo

14. O oxigênio deve ser solicitado com:

( ) dois dias de antecedência
( ) duas semanas de antecedência
( ) dois meses de antecedência

15. É permitido fumar no avião, exceto durante a:

( ) decolagem e aterrissagem
( ) decolagem somente
( ) aterrissagem somente

16. Na maior parte das linhas aéreas:

( ) não existe serviço de bar
( ) existe o serviço de bar
( ) é proibido o serviço de bar

17. Quando os avisos relativos à velocidade e altitude são dados em espanhol, a informação deverá ser proporcionada em:

( ) sistema métrico decimal
( ) sistema inglês
( ) ambos sistemas

18. Para requerer a presença de comissárias de uma cabina a outra, ou das cabinas à cozinha, usa-se o:

( ) microfone
( ) interfone
( ) telefone

19. Os avisos a bordo são:

    ( ) diferentes em todas as linhas aéreas
    ( ) idênticos em todas as linhas aéreas
    ( ) parecidos em todas as linhas aéreas

20. Ao dar algum aviso a bordo, a comissária deverá:

    ( ) referir-se ao manual de rotina
    ( ) improvisar todos os avisos de rotina
    ( ) usar o interfone do avião

Atividades de Reforço

Instruções. Realizar todas as atividades solicitadas.

1. O professor solicitará às autoridades de uma linha aérea a visita do grupo ao interior de um avião: cabina de vôo e cabina de passageiros. Os alunos elaborarão um relatório após a visita.
2. Sob a direção do professor, os alunos devem memorizar e dramatizar os avisos aos passageiros como fazem as comissárias em inglês e espanhol, e que foram incluídos no capítulo.
3. O professor agendará, com a autoridade correspondente, uma visita à cozinha do avião para os alunos, para que vejam todo o processo desta atividade.
4. Os alunos pesquisarão que linhas aéreas prestam serviços na sua cidade e quais as linhas nacionais; posteriormente elaborarão um relatório.
5. Situações diversas vinculadas com o vôo.

    a) Os avisos rotineiros feitos durante o vôo estão no manual que se leva a bordo, lido geralmente pela comissária-chefe, existem porém, outros avisos, relacionados ao vôo, que são dados pelo capitão. Em virtude do exposto anteriormente, redija brevemente cinco avisos que seriam dados pelo capitão utilizando o alto-falante, com base nas seguintes informações:

    - O capitão se dirige aos passageiros para cumprimentá-los e dar informações sobre a duração do vôo, a altitude (em metros) e a velocidade (em km/h) da aeronave.
    - Em um vôo cujo destino é Atenas (Grécia), o capitão se dirige aos passageiros para informar que em breves instantes estarão sobrevoando o Partenon.
    - O capitão se dirige aos passageiros para informar que em breves instantes atravessarão uma área de turbulência, por isso, para a sua própria segurança, solicita que voltem aos seus lugares e coloquem o cinto de segurança.

- O capitão informa aos passageiros que, devido ao tráfego intenso no aeroporto John F. Kennedy (Nova Iorque), a torre de controle avisou que deverão sobrevoar o aeroporto durante 30min e que, depois desse tempo, poderão aterrissar.
- Em um vôo cujo destino é Zurique (Suíça), o capitão se dirige aos passageiros para informar que, devido ao aumento da intensidade dos ventos de frente, o avião chegará com atraso de uma hora em seu destino, por isso que os passageiros desembarcarão às 10h30min; além disso, informará que o tempo está bom, com boa visibilidade e temperatura de 25°C.

b) Pesquisa e escreva a classificação correspondente a cada um dos seguintes passageiros:

Exemplo: John Smith, um traficante de drogas, voa sozinho de Nova Iorque a Bogotá; a comissária-chefe, responsável por ele, o entregará às autoridades desse país na sua chegada.

R = Passageiro deportado

- Pedro Martínez (de seis anos de idade) é enviado pelos seus pais de avião da Cidade do México para Guadalajara. Seus tios o esperam no aeroporto.

  R =

- Carlos López, criminoso, transportado de avião de uma cidade para outra, em companhia de um agente de polícia, viaja algemado e não pode andar pelo avião, exceto para ir ao banheiro.

  R =

- A Sra. Brown viaja com autorização médica, pois está grávida.

  R =

- Salwa Halil voa do México a Paris, onde trocará de avião para continuar até Beirute.

  R =

- Devido ao mau tempo no aeroporto X, destino de Silvia Garza, não foi possível aterrissar; pelo exposto anteriormente foi necessário aterrissar no aeroporto Z, onde emitem para Silvia uma outra passagem sem nenhum custo adicional para regressar ao aeroporto X.

  R =

Capítulo **9**

TRANSPORTE AQUÁTICO EM TRANSOCEÂNICOS

Aspectos Teóricos

Definição e Conceito de Barco

O barco é um veículo flutuante construído de madeira, ferro ou outro material, impulsionado e dirigido por diversos meios; serve para transportar, pela água, pessoas e coisas.

Um barco para efeitos turísticos é muito mais que isso, devido a se tratar de um meio de transporte aquático utilizado para chegar a lugares afastados e que serve como hotel flutuante (Fig. 9.1).

Figura 9.1 – Um transoceânico serve como hotel flutuante.

Existem muitos tipos de barcos que obviamente são diferentes entre si. Não obstante, certas partes da sua estrutura possuem o mesmo nome (Fig. 9.2).

O *casco* é, propriamente, o corpo do barco, sem máquinas, mastros e apetrechos; isto é, construído de simplesmente uma vasilha com fundo e paredes laterais que o permitem flutuar na água. A parte do barco que se encontra acima da linha de flutuação é chamada de *franco-bordo* ou *obra-morta* e a parte que está sob a linha de flutuação é conhecida como *fundo* ou *obra-viva*. O espaço dedicado à carga é chamado de porão. A parte longitudinal que está ao longo da parte média inferior do casco e sobre a qual se colocam e seguram entre si as outras partes é chamada de quilha. Nos barcos de ferro, de aço e de madeira, esta peça é do mesmo material, nos dois primeiros é de metal e, no terceiro, é formada por múltiplas partes de madeira solidamente ajustadas. A curva do casco, desde o lado até o fundo, chama-se pantoque. Sobre cada um dos extremos da quilha se levantam outras duas peças, em posição mais ou menos vertical, e igualmente resistentes, que recebem o nome de roda na parte anterior, proa ou parte dianteira do barco, e cadaste da parte posterior à popa. Cada uma das costelas que formam o esqueleto do barco, às que se aplicam forros que constituem o casco, são conhecidas como cavernas. A mais larga de todas é chamada de caverna mestra. Quando as cavernas são firmadas, coloca-se sobre elas outra peça, a sobrequilha, que se localiza ao longo do barco de forma paralela à quilha.

A eslora total é a longitude do barco, é medida da popa à proa; a coberta levantada da proa é o castelo de proa e a coberta levantada da popa é a tolda. Todo este espaço localizado sobre a coberta principal é a superestrutura; a parte mais larga do navio é conhecida como pontal e calado na altura da obra viva. As divisões horizontais feitas no interior do barco são denominadas cobertas e as divisões verticais, anteparas. Quando nos colocamos na popa de uma embarcação e olhamos na direção da proa, o lado da direita se chama estibordo e o lado da esquerda, bombordo.

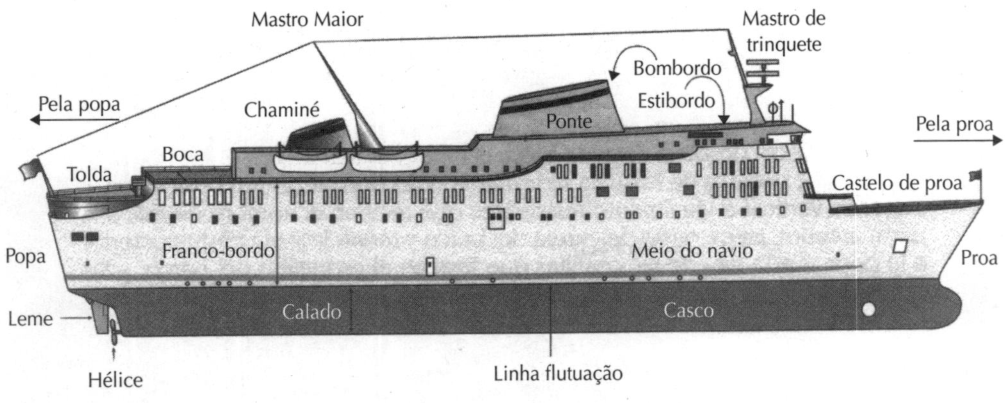

FIGURA 9.2 – Morfologia de um barco.

As amuradas são as partes do lado do barco que sobressaem por cima da coberta principal e a banda de madeira que corre sobre elas é conhecida como borda.

A superestrutura mais elevada do navio e onde se localiza a sala de comando é denominada ponte. Geralmente a ponte se localiza no meio do navio de onde o capitão e o oficial de guarda o dirigem.

Os barcos se conduzem por meio do leme que é a peça de madeira ou metal que, convenientemente articulada, gira ao redor do seu eixo em certo ângulo para dar a direção adequada.

Denominam-se camarotes os quartos destinados aos passageiros e tripulantes e câmaras os quartos de grandes dimensões.

As aberturas que existem nas cobertas para introduzir carga ou descer aos diferentes compartimentos são chamadas de escotilhas.

Geralmente estão cobertas por estruturas especiais com portas que permitem o acesso, as quais são chamadas de coberturas, ou de vidro por onde atravessa a luz e recebem o nome de clarabóia. Os elementos dedicados somente para carga se denominam quartéis, possivelmente devido a seus grandes estrados, encerados e aos toldos que cobrem os quartéis no mar.

Todas as escadas que existem nos barcos se denominam igualmente escadas de câmara ou escadas exceto as que se localizam em ambos os lados dos postes, chamadas járcias. Estas escadas estão formadas por uns cabos grossos e outros horizontais e finos.

Os barcos nos portos e nas enseadas fundeiam por meio de âncoras ou são amarrados no cais mediante cabos grossos, correntes ou cabos de aço e, simultaneamente, fixam-se pelo lado oposto com as âncoras, fundeadas a uma certa distância.

O nome âncora vem do grego *ankyra*, cujo significado é "gancho". As âncoras pequenas são conhecidas como *ancoretes*; e outras mais pequenas, "rezones" (âncoras de quatro braços).

É costume ancorar os barcos com duas âncoras, jogadas na direção dos ventos ou correntes dominantes, de forma que mesmo se o barco girar ou bornear empurrado pelos ventos, tenha sempre na proa uma âncora que o segure. O lado de onde sopra o vento é denominado *barlavento* e o oposto *sotavento*. Dependendo do lugar onde estão as âncoras, é costume usar essa mesma denominação. O conjunto de âncoras, cabos e correntes usados para amarrar um barco é conhecido como *amarras*.

Levantar âncoras equivale a efetuar as manobras necessárias para arrancar as amarras do fundo do mar e subi-las a bordo com a finalidade de sair para o mar. Esta operação se realiza por meio do *cabrestante* ou dos *molinetes* ou *bolinetes*.

As aberturas laterais dos barcos para que entre o ar e a luz recebem nomes dependendo da sua forma, assim, se são redondas denominam-se *escotilhas* de luz, mas se são quadradas são conhecidas como portas. As saídas das bocas de fogo chamam-se *portas de combate*.

Por outro lado, toda embarcação deve reunir determinadas condições fundamentais, em termos de flutuabilidade, estabilidade e resistência estrutural. Em relação a estas condições, existem duas forças contrárias que afetam a estabilidade das naves: uma delas é o peso total do barco; esta força age para baixo, ou seja, para o centro de gravidade; a outra, é a força de sustentação da água, esta força age para cima, no centro da flutuabilidade. Não é suficiente saber que o barco flutua, mas que assim estará em todas as condições de navegação; por esta razão o casco de aço dos barcos modernos se divide em compartimentos transversais separados por paredes. Caso uma seção do barco se inunde por incêndio, choque ou algum outro motivo, os outros compartimentos estão fabricados de forma que manterão a flutuabilidade e impedirão que afunde.

Além da flutuabilidade e estabilidade o barco deve ter flexibilidade e forças necessárias para absorver e resistir a uma combinação de forças poderosas; a que impulsiona o barco para cima é a flutuabilidade e a que impulsiona o barco para baixo é a gravidade, além disso, se deve considerar o impacto das ondas.

Os barcos se mantêm alinhados por meio da propulsão, mecanismo que impulsiona uma nave para frente ou para trás, se apoiando na resistência da água.

Os propulsores mais comuns são vara, remos, velas, motor, que impulsiona uma hélice, rodas de pás e energia nuclear.

História da Navegação

Desde a antigüidade, o homem ocupou os vales circundantes dos grandes rios, como o Tigre, o Eufrates e o Nilo. É possível que, ao ver flutuando algum tronco de árvore, tenha surgido nele a primeira idéia de embarcação.

Descobriu que amarrando vários troncos podia transportar pessoas e carga pesada. Por outro lado, no Oriente Médio, se descobriu que enchendo com ar o couro das ovelhas e cabras, estes podiam flutuar na água. Nas regiões com bosques, o homem escavou os troncos com fogo ou ferramentas rudimentares e, posteriormente, os transformou em embarcações compridas e estreitas, impulsionadas por varas em águas baixas e por remos em lugares de maior profundidade (Fig. 9.3).

Mais tarde, o homem descobriu que o vento contribuía para mover as embarcações e surgiram as primeiras velas, fabricadas com tecido, esteiras e peles de animais. Os progressos limitaram-se pelos conhecimentos da época e pelo pequeno âmbito geográfico abarcado. Pouco a pouco os navegadores se familiarizaram com este novo elemento e assim percorreram a costa descobrindo sua configuração.

Porém, para que o homem obtivesse o verdadeiro benefício que o vento lhe proporcionava, foi necessário descobrir que os ventos sopravam em diferentes direções e, como conseqüência, era indispensável ajustar as velas em função da direção que devia tomar o barco e na qual soprava o vento. Assim, o homem desco-

FIGURA 9.3 – Possivelmente um tronco de árvore sugeriu a primeira déia de embarcação.

briu que era necessário virar com o vento e conseguiu que qualquer vento o levasse na direção desejada, viajando a favor, contra ou do lado do vento.

O homem antes estava limitado pelo poder dos músculos, agora o poder do vento permite-lhe cruzar os mares com maior rapidez e menor esforço, acelerando dessa forma a exploração, o comércio e as viagens marítimas.

A Navegação no Mediterrâneo

Os primeiros navegadores a sulcar o Mediterrâneo foram os egípcios (Fig. 9.4), mais tarde, os gregos e os fenícios; Heródoto de Halicarnaso, conhecido como "O pai da história", incansável viajante e historiador grego, nos proporciona o registro de navegação mais antigo que existe.

Heródoto visitou o Egito e se familiarizou com sua civilização. É dele a célebre frase "Egito é um dom do Nilo", certamente, do rio Nilo procedia sua riqueza e sua grandeza, mas elas não foram um presente da Natureza necessitaram organização, planejamento e trabalho coletivo.

Obviamente, para um país cuja principal via de comunicação era seu rio, a construção de barcos foi uma das suas indústrias fundamentais, pois os egípcios não somente utilizavam o Nilo, como também navegavam pelo Mediterrâneo exercendo o comércio.

As primeiras embarcações egípcias foram construídas com bambu, material fácil de se obter nos pântanos do Nilo. Os egípcios não tiveram barcos de guer-

FIGURA 9.4 – Antiga embarcação egípcia.

ra, pois utilizavam seus barcos somente com propósitos comerciais. De todos os marinheiros mediterrâneos, os fenícios foram os que se destacaram mais naquela época. Viviam em uma estreita faixa de terra, de uns 200km de longitude por 20 ou 30 de largura, localizada entre as montanhas cobertas de bosques e o mar. Nas suas montanhas, abundavam os cedros, com os quais aproveitaram para construir as embarcações.

Assim, os fenícios se destacaram como navegadores e construtores navais entre todos os povos da sua época. O mar foi sua principal via de comunicação e, durante séculos, percorreram-no e exploraram-no. Navegaram pelo mar Egeu e posteriormente pelo mar Negro.

Biblos, hoje Djebeil, foi a mais importante cidade e porto fenício. Um dos produtos egípcios que muitos povos iam buscar em Biblos era o papiro. O nome da cidade, Biblos, ficou para os livros de forma geral e, especialmente, para o livro por excelência: a *Bíblia*. Os fenícios chegaram às ilhas britânicas e talvez navegaram ao redor da África. Durante muito tempo foram os únicos marinheiros do Mediterrâneo; suas naves eram grandes, com ponte, de lados volumosos e com quilha. Os mastros eram feitos de cedro. Por ter nos seus lados duas filas de remadores se chamavam *birreme* (Fig. 9.5).

Como não conheciam a bússola, em suas viagens noturnas se orientavam pela posição da estrela polar, embora geralmente viajassem durante o dia. Suas expedições contribuíram com o auge do comércio e da expansão cultural.

FIGURA 9.5 – Os fenícios construíam suas naves mercantes com os cedros.

A potência marítima de Roma

Quando o poderio naval da Grécia entrou em decadência, depois do século IV a.C., Cartago e Roma disputaram o domínio do mar. Antes da era cristã, os romanos tinham triunfado e, durante muito tempo, tiveram o poder das rotas marítimas e mediterrâneas. Suas galeras eram semelhantes às gregas, mas de tamanho maior. Existiam naves de seis ou mais fileiras de remos, então sua propulsão dependia basicamente da força do braço humano.

Os romanos também contavam em sua frota, com barcos a vela, que usavam principalmente para viajar e para o comércio. Estes grandes barcos transportavam os governadores e os altos funcionários romanos, assim como os exércitos de todas as províncias do seu vasto império. Levavam provisões de todo o império para Roma, como objetos de luxo procedentes de todo o mundo da época.

Na época dos Césares, um barco romano podia transportar 300 pessoas ou mais, de Roma a Egito.

A navegação durante a Idade Média

A partir do século VIII, os viquingues eram um povo escandinavo de raça germânica, realizaram intensas campanhas de saqueio nas costas da Europa Setentrional. Entre os viquingues existiam três grupos bem diferenciados: os dinamarqueses, que em várias incursões saquearam, entre outras cidades, Paris, Amberes e Sevilha; os noruegueses, que conquistaram a Irlanda e a Islândia; e os suecos, que avançaram sobre o território russo. Suas naves com enfeites e relevos zoomorfos entraram no Mediterrâneo e chegaram até a Constantinopla, onde o príncipe que reinava teve de fazer as pazes com eles pagando um preço muito alto; é possível que Leif tenha navegado até chegar às costas estadunidenses.

Os viquingues foram magníficos construtores de barcos, estudaram todos os caminhos do mar e os dominaram com suas naves (Fig. 9.6).

Batizaram suas naves com nomes poéticos: *O corvo do vento*, *O dragão*, *O leão das ondas*, *A longa serpente*, *O cervo da marejada*, etc.

Durante a Idade Média, existiram outras potências navais, particularmente no tempo das Cruzadas e, posteriormente, quando o comércio com o Oriente alcançou grandes proporções. As cidades de Veneza e Gênova foram as mais importantes no intercâmbio comercial, embora outras também intervieram ativamente.

Durante as Cruzadas era necessário transportar para Jerusalém numerosos grupos de soldados e grandes quantidades de provisões; isso propiciou aos países do norte da Europa a união para construir barcos. Como estes eram semelhantes a uma artesa, receberam o nome de naves redondas.

FIGURA 9.6 – Os viquingues foram magníficos construtores de barcos.

No final das Cruzadas, século XII, desenvolveram-se rapidamente os veleiros para diversos fins. O leme, inventado anteriormente, substituiu os remos com que se dirigiam as naves. Embora as embarcações fossem construídas com dois ou mais mastros, necessariamente utilizaram mais velas. Quando começaram a usar a vela triangular ou latina paralelamente à vela quadrada, os navegadores quase dominaram totalmente o vento: na sua direção, em ângulo com ele e, em algumas ocasiões, contra ele.

A navegação durante o Renascimento

Durante o século XV, difundiram-se na Europa várias invenções, como a prensa, o papel, a pólvora, a bússola, que transformaram a vida do europeu do ponto de vista social e econômico, pois o papel, unido à prensa, permitiu que os livros, que originalmente se copiavam de forma individual, se reproduzissem em grandes quantidades.

Em relação à navegação, os marinheiros navegavam unicamente ao longo da costa; não obstante ao contar com a bússola se aventuraram a empresas maiores com a conseqüente melhoria das técnicas de construção naval.

O mencionado anteriormente, juntamente com os fatores econômicos voltados ao desenvolvimento do comércio, impulsionou portugueses e espanhóis a saírem em busca de conquistas.

Assim, em 1431, os portugueses descobriram as ilhas Açores, em 1472, chegaram à linha do Equador e, em 1486, uma expedição sob o mando de Bartolomeu Dias (1466-1500) chegou ao Cabo da Boa Esperança. Finalmente, foi, em 1498, quando Vasco da Gama (1469-1524) encontrou o desejado caminho para as Índias, através do Cabo da Boa Esperança, depois de um ano de travessia com caravelas que lhe permitiram chegar à Calcutá.

Dos espanhóis, mencionaremos Cristóvão Colombo, nascido provavelmente em Gênova (Itália) (1451?-1506); foi marinheiro e navegou por diferentes mares desde muito cedo. Estabeleceu-se em Portugal, de 1476 a 1484, onde se interessou por explorações que os marinheiros desse país realizavam nos mares asiáticos. Enfrentando as crenças mais generalizadas da sua época, sustentou a teoria da esfericidade da Terra e se propôs a realizar uma viagem para o oeste buscando os caminhos da Ásia.

Em 1484, ultrapassou a Espanha e após superar múltiplos contratempos, conseguiu o apoio dos Reis Católicos. Recebeu três caravelas: *Niña*, *Pinta* e *Santa María* (Fig. 9.7). No dia 3 de agosto de 1492, saiu com sua tripulação do porto de Palos e, no dia 12 de outubro do mesmo ano, chegou em terra americana, desembarcando em Guanahaní (São Salvador), uma ilha do arquipélago das Lucayas ou Bahamas. Descobriu várias ilhas, entre elas Cuba, em 26 de outubro, e Haiti, que chamou de *A Espanhola*, no dia 6 de dezembro.

FIGURA 9.7 – Cristóvão Colombo se aventurou pelo oceano com três caravelas: *Niña, Pinta* e *Santa María.*

Em seu regresso à Espanha e de acordo com as capitulações da Santa Fé entre ele e os Reis Católicos, obteve o título de almirante, vice-rei e governador das terras conquistadas. Posteriormente, realizou mais três novas viagens em 1493, 1498 e 1502. Percorreu a América Meridional desde o Orinoco até Caracas, Veraguas, Mosquitos e Costa Rica.

Quando Cristóvão Colombo regressou da sua última viagem, morreu sua protetora, a rainha Isabel, e, pouco depois, morreu o ilustre navegador, em 1506, em Valladolid, Espanha.

Por causa do descobrimento da América os espanhóis colonizaram extensos territórios; Vasco Nunes de Balboa (1475-1517) descobriu o Mar do Sul, oceano Pacífico, em 25 de setembro de 1513; enquanto Fernão de Magalhães (1480?-1521) e Juan Sebastián Elcano (1476?-1526) fizeram juntos a viagem, na qual pela primeira vez Elcano deu a volta ao mundo.

A navegação moderna

Para nos referirmos à navegação moderna, é necessário voltar três séculos, quando os cientistas começaram a se interessar por objetos, como válvulas, êmbolos e bombas. Descobriram que o ar tinha peso e, como conseqüência, exercia a pressão de um quilograma por centímetro quadrado ($1 kg/cm^2$) sobre todas as coisas.

O Lorde Worcester aplicou, pela primeira vez, a pressão atmosférica, inventando uma bomba a vapor que utilizava para extrair água do interior das minas de carvão.

Alguns anos mais tarde, Thomas Newcomen (1663-1729) aperfeiçoou a bomba para extrair água das minas, utilizando um cilindro oco dentro do qual deslizava o êmbolo.

Em 1763, James Watt, nascido em Greenock (1736-1819), trabalhador da cidade de Glasgow como fabricante de instrumentos científicos. Um professor da universidade lhe solicitou que construísse um modelo da máquina de Newcomen com a finalidade de mostrá-lo aos seus alunos, então ele criou a máquina a vapor de duplo efeito, que foi aperfeiçoando pouco a pouco como paralelogramo articulado, regulador de força centrífuga, fórmula para a transformação do movimento de vaivém em rotatório; junto com o industriário inglês Boulton inventou a primeira máquina a vapor completa, criando, ambos, o termo *cavalo-vapor*. O Watt, unidade de potência eletrônica, foi denominado assim em sua homenagem.

Em pouco tempo, instalaram-se máquinas a vapor nos barcos. Em 1783, Jouffroy Dabbans (1751-1832) construiu um barco a vapor, que infelizmente ao ser posto em marcha no rio Saona funcionou apenas 15min e de repente começou a se desmontar, motivo que levou Jouffroy rapidamente à margem para evitar que a embarcação afundasse. Posteriormente, John Fitch (1743-1798) construiu na Filadélfia diferentes barcos a vapor. Alguns eram impulsionados por remos, que, por sua vez, eram impulsionados pelo vapor, em outros se usavam uma espécie de pá cujo movimento era semelhante ao de um pato nadando.

Outra figura destacada nesse ramo foi Robert Fulton (1765-1815). Seu interesse passou da pintura para a navegação. Conseguiu a primeira tentativa efetiva de navegação a vapor em 1807 com o barco chamado *Clermont*, que percorreu 420km desde Nova Iorque até Albany; este barco avançava mais suavemente que os de Jouffroy e de Fitch. Apesar de Fulton não ter sido o primeiro a construir um barco a vapor capaz de navegar, foi o primeiro a construir um que funcionava perfeitamente.

Robert Fulton estabeleceu uma linha de barcos a vapor no rio Hudson e, mais tarde, inventou outros barcos que ainda se utilizam, como os "ferry" com dupla plataforma e o barco de guerra a vapor.

Em 1870, foram construídos luxuosos navios de linha para passageiros. Quando começaram a construir cascos de aço, foi implantado o sistema denominado de turbinas, que facilitou ainda mais a navegação de barcos de grande tonelagem. A turbina a vapor foi inventada na Suécia por Karl Gustav Laval e por Charles Algernon Parsons na Inglaterra.

As turbinas oferecem muitas vantagens, pois oferecem uma maior potência pela mesma quantidade de combustível e ocupam menos espaço, razão pela qual são utilizadas nos barcos. Atualmente são construídas naves de centenas de metros de longitude, com capacidade para milhares de passageiros e para navegar a uma velocidade de 30 nós ou mais.

Por outro lado, Rodolph Diesel (1858-1913) inventou, em 1890, o motor que leva seu nome. O motor diesel é de combustão interna, de quatro tempos, que se caracteriza pela elevada relação de compressão e pelo uso de óleos pesados (gasóleos e fuel) como combustível. A ignição não é feita com faísca, mas por ignição espontânea do combustível vaporizado submetido a elevada pressão e temperatura.

Finalmente, os engenheiros experimentam um novo tipo de máquina a vapor, com energia que procede de um aparelho denominado reator nuclear, cujos geradores são turbinas de água que obtêm o vapor de um forno atômico em lugar de uma caldeira aquecida por petróleo.

A Navegação no México

Nosso país tem sofrido diversas transformações desde a época pré-hispânica até a atualidade, pois a rede lacustre que caracterizou a vida física e social de México-Tenochtitlán já não mais existe.

Atualmente, fica somente a lembrança nas páginas dos cronistas ou na avaliação dos grandes problemas das cidades, como as inundações e o escoamento. Mas existe um último vestígio do que foi a navegação lacustre no México pré-hispânico que ainda pode ser apreciado em Xochimilco (Fig. 9.8).

No Vale do México ou Anáhuac, como foi conhecida com o tempo a região habitada pelos astecas, expressou a idéia de vida junto à água ou perto dela. Pelo citado anteriormente, a civilização da América Central, carente de animais de tiro

FIGURA 9.8 – Trajineras ou chalupas de Xochimilco.

e carga, sem usar a roda, dependia unicamente do transporte humano, exceto onde os lagos, os rios e o mar facilitaram caminhos aquáticos. Os "tamemes" eram os carregadores das mercadorias, que carregavam nas costas e que seguravam com uma faixa de *ixtle* tecida chamada mecapal que se apoiava na testa.

A crescente população de Anáhuac necessitava cada vez mais de terras; os mexicanos inventaram um sistema de *chinampas* que se estenderam pelas lagoas de água doce do Chalco, Xochimilco, Zumpango e Xaltocan. Desenvolvendo técnicas mais eficientes, aproveitaram a lagoa salgada de Texcoco-México. As chinampas eram feitas de vime ou bejuco e eram recobertas com capas de lama fértil retirada do fundo da lagoa nas que se plantavam arbustos cujas raízes entrelaçadas permitiam que flutuassem sem ter contato com o fundo, de forma que eram rebocados para o lugar mais adequado e se fixavam com estacas de árvores que se enraizavam rapidamente. Então, criaram-se agrupamentos de chinampas, deixando entre eles canais que serviam tanto para delimitar e regar as parcelas como para transitar em *acallis* ou canoas.

Possuíam aproximadamente 250 mil canoas, algumas eram piráguas escavadas com fogo, outras eram gamelas de fundo plano construídas com tábuas.

Existiram em Tenochtitlan quatro calçadas que uniam a ilha à terra firme. Estas eram a calçada de Iztapalapa, por onde entraram, anos depois, os conquistadores; a calçada de Tacuba ou Tlacopan, por onde saíram fugindo os conquistadores na noite em que foram derrotados. A calçada de Tepeyac e a calçada de Embarcadero, que se localizava ao norte da cidade e se aproveitava da existência de uma ilhota, que dava lugar à formação de um remanso conhecido mais tarde pelo nome de La Lagunilla. Este embarcadouro tinha capacidade para 25 mil *acallis*.

Diz Torquemada:

> Quando Moctezuma Xocoyotzin saía para passear, o fazia em uma canoa grande na qual se acomodavam até 60 homens. A descrição das canoas era a seguinte: eram de fundo plano, sem velas nem leme, conduzidas por meio de grandes remos, cujo extremo se fixava no fundo dos lugares superficiais ou por pás nas águas profundas.[1]

Sem dúvida nenhuma, o conhecimento e a experiência na arte de navegar dos astecas foi de grande utilidade em todos os aspectos da sua vida cotidiana: bélico, doméstico, comercial, etc.

Tenochtitlan, e outras cidades como Texcoco, Chalco e Xochimilco, negociavam da mesma forma entre eles. Seguramente se tratava de uma ilha salpicada com distintos tons de verde, com casas brancas e ruas entrelaçadas por canais que serviam ao mesmo tempo de artérias de trânsito, sulcadas por múltiplas canoas

---

[1] Manuel Orozco y Berra. *Historia Antigua y de la conquista en México*. Volume I, tipografia de Gonzalo A. Esteva, México, 1880.

nas que se transportavam todo tipo de mercadorias até o barulhento "tianguis" de Tlaltelolco; mercadorias que iam desde peixe fresco, frutas e legumes da região até exóticas madeiras, belos panos entretecidos com plumas procedentes das províncias do sul; enquanto isso, nas calçadas circulavam milhares de pessoas, como os comerciantes ou "pochtecas", os já mencionados carregadores de mercadorias ou "tamemes" e os nobres ou "pipiltin" que eram transportados em luxuosos "palanquins" pelos seus escravos.

Agora nos referiremos à navegação durante o México colonial, começaremos por dizer que as primeiras três naves que foram vistas nas costas do Golfo do México, aproximadamente em 1517, foram aquelas em que viajavam 110 homens sob o comando de Francisco Hernández de Córdoba, cujas intenções eram as de conquistar novas terras; mais tarde, Juan de Grijalva, em 1518, entra pelo rio Tabasco (hoje Grijalva), protagonizando uma batalha naval.

Hernán Cortés desembarcou em Veracruz na Sexta-feira Santa de 1519. Moctezuma II, que já os esperava, pois os espiões que tinha na costa avisaram-no do desembarque, junto com os desenhos das naves, canhões e cavalos, aos que consideraram como monstros de quatro patas. Cortés, astutamente percebeu o que um cavalo representava para um indígena e pediu a Pedro de Alvarado que cavalgasse na sua égua alazã ante os olhos admirados dos emissários de Moctezuma, que acreditaram que o cavalo e o cavaleiro eram um só ser. Além disto, as descargas de pólvora feitas por um canhão, acabaram por aterrorizar os nativos, e por este motivo Moctezuma II enviou numerosos e esplêndidos presentes para Cortés, por meio de Tentlitl, seu enviado especial, rogando-lhe que se retirasse.

Quando Cortés contemplou a riqueza do império asteca, longe de tentar a retirada, atiçou sua cobiça de forma que mandou destruir as naves para que seus soldados não se amotinassem e quisessem voltar atrás, valendo-se destes meios para se dirigir a outros lugares que oferecessem maior segurança.

Foi assim que Cortés continuou sua viagem para o Altiplano, passando por Tlaxcala, onde se uniram a eles os tlaxcaltecas, que por viverem subjugados pelos astecas, sentiam um profundo ódio por eles.

Bernal Díaz del Castillo descreve a cena da seguinte forma:

> Pareciam cidades encantadas como as que se descrevem no livro de Amadís... víamos tudo coberto pelas canoas e nas calçadas muitas pontes a cada trecho... já que chegamos perto do México... desceu o grande Moctezuma do andor e aqueles grandes caciques o traziam pelo braço, debaixo do seu pálio, e a cor verde das plumas com grandes trabalhos em ouro, com muita prata, pérolas e pedras de chalchihuites, que estavam penduradas como bordados, havia muita coisa para admirar nele.[2]

---

[2] Bernal Díaz del Castillo, *Historia verdadera de la conquista de la Nueva España*, tipografia de R. Rafael, México, 1854.

O encontro de Moctezuma e Cortés foi a confrontação do Novo com o Velho Mundo.

Em relação à navegação marítima, durante o século XVI, foi estabelecida uma rota permanente entre o porto de Acapulco e o porto de Manila, pois, nessa época, as ilhas Filipinas se encontravam sob domínio espanhol; durante mais de 200 anos não houve nenhum outro comércio entre Manila e o continente americano. Os produtos mexicanos que os galeões levavam eram: café, baunilha, açúcar, cacau, sementes, tabaco, índigo, henequem e ixtle; baetas, baetões, ponchos, chapéus de palha e saial; e, principalmente, barras de ouro e prata ou produtos espanhóis que tinham chegado de Veracruz: tecidos, ferramentas, armas e munições. Os passageiros, por sua vez, eram funcionários, frades, soldados e também delinqüentes destinados a presídios orientais. Em Manila se concentravam três correntes comerciais: uma da Indochina, que reunia os produtos da Arábia, Pérsia e Índia; outra da China e a terceira do Japão.

Na ocasião da chegada da Nau organizava-se a Feira de Acapulco que durava de 20 a 30 dias, geralmente entre 20 de janeiro e 25 de fevereiro. Eram tantos os comerciantes que acudiam ao porto, tão nutridos os animais e vistosas as escoltas oficiais e particulares que cuidavam da segurança dos produtos, que Alexandre de Humboldt não titubeou em chamá-la "a feira mais importante do mundo".

Precisamente, a bordo da Nau da China, chegou a famosa China Poblana ao porto de Acapulco; embora seja conveniente esclarecer que esta dama não era chinesa nem campesina, mas com base na informação de Miko Viya, reconhecido escritor e artista campesino, sabemos que:

> A China Poblana nasceu em Delhi, cidade da Índia, no ano de 1609, filha de pais importantes que a chamaram Mirrha, que significa "amargura".
>
> Amarga na realidade foi sua vida, pelo menos ao início, e estranhos os acontecimentos que a levaram até Puebla nesse dias sossegados da Colônia.
>
> Mirrha foi raptada por piratas aos nove anos e levada para Manila, cidade das ilhas Filipinas que estava também sob o domínio da coroa espanhola.
>
> Um capitão português, lembrando do pedido de Miguel de Sosa que desejava possuir uma escrava chinesa, trouxe-a até Acapulco na Nau, onde foi recebida por de Sosa em 1620.
>
> Miguel de Sosa a conduziu na longa e penosa viagem desde a costa do Pacífico até Angelópolis, onde entrou para o serviço da sua casa e foi batizada com o nome cristão de Catarina de San Juan.[3]

Para nos referirmos à navegação durante o México Independente, é conveniente referirmo-nos à descrição que Manuel Payno faz das embarcações do século XIX (Fig. 9.9).

[3] Miko Viya, *Puebla* 450, Cajica, México, 1981.

FIGURA 9.9 – Durante o século XIX, o Canal da Viga tinha trânsito intenso.

As lagoas do Vale do México e os canais do Chalco, de la Viga e outros são sulcados por embarcações como as da época em que Hernán Cortés batalhou com seus bergantins nesses lugares pitorescos e memoráveis. As barcas, estreitas e compridas podem conter apenas uma pessoa sentada ou em pé, remando, mas com a condição de guardar perfeito equilíbrio, pois o menor movimento pode virar a leve embarcação, que parece mais bem feita para regatas. A canoa comum é de duas popas planas que corta a água e é governada com dificuldade. Suas dimensões são comuns e servem para transportar carga. As trajineras* já são diferentes, como os navios com três pontes desta primitiva marinha, são muito grandes e largas. No centro e cobertos com toldos de esteiras, estão os camarotes para os passageiros que, para dormir com mais conforto, levam um colchão e sua roupa de cama, com exceção dos pernilongos e, em algumas temporadas, o calor e outras temporadas, o frio, se pode passar uma noite tão confortável como no seu próprio quarto, atravessar durante a noite o canal e acordar no cais; ou seja, perto da praça principal da cidade de Chalco. A popa e a proa das trajineras vêm carregadas de pilões de açúcar, espigas e palha de milho e açúcar mascavo, milhares de laranjas, limas e cachos de bananas[4].

Por outro lado, no século XIX, a água dos lagos, canais e açudes no Vale do México, foi tema exacerbado de controvérsia pelas inundações e, mais que nada, porque foi a época de numerosos e diferentes projetos para aproveitá-la.

* Trajinera: barco típico do México.

[4] Manuel Payno, *Los bandidos do Río Frío*, Coleção Saibam Quantos.... Porrúa, México, 1966.

Em relação ao transporte marítimo, em 1830, a companhia prussiana de Eberfeld, com o nome de Índias Ocidentais, estabeleceu a primeira linha de navegação da Inglaterra para Veracruz, utilizando barcos a vela. Nos anos seguintes, operaram também as empresas da Índia Ocidental e o Pacífico, López e Companhia e Geral Transatlântica Francesa.

Depois de algumas melhorias nos portos, a Transatlântica Espanhola começou a transportar correspondência, em 1882, e três anos depois já transportava passageiros e carga entre Nova Iorque, La Havana e os portos mexicanos do Golfo. De 1887 a 1892 foram se incorporando ao serviço postal as companhias Mala Imperial Inglesa, Mala Imperial Alemã, Alexander, West Índia and Pacific Steam Ship, Empresa de Vapores de Nova Iorque e Mobila y México. Outorgaram-se concessões e subsídios entre as companhias nacionais. Para o trânsito de cabotagem, em 1882, foram concedidas autorizações e estímulos à Companhia de Vapores Mexicanos do Pacífico para viajar de Guaymas a San Benito, Chiapas, com escalas em Agiabampo, Topolobampo, Altata, Mazatlán, San Blas, Manzanillo, Acapulco, rota de San Juan Bautista ao Paso de Cosahuayapa ($200); a Francisco Cañedo, para a linha de Progreso a Frontera ($300); e a Veracruz, Coatzacoalcos, Minatitlán, Frontera e Progreso ($200). Existiam também empresas de navegação nos lagos de Pátzcuaro e Chapala e nos rios da costa de Sotavento.

No início do século XX, ainda existiam alguns canais como o da Viga e Ixtacalco; porém, o avanço urbano, a seca dos lagos e o crescimento da cidade acabaram com todas essa imagens.

Os espelhos d'água não têm mais reflexos; atualmente apreciamos a mudança, mas são os guardas da cidade que continuam sendo sentinelas do Vale do México o Popocatépetl, o Ajusto e o Iztaccíhuatl.

Em relação ao transporte marítimo, em 1925, operavam 5 empresas com 10 rotas no Golfo do México e 8 com 9 itinerários no Pacífico. Em 1922, a Companhia de Navegação Mexicana, propriedade do governo, possuía uma frota no Pacífico (7 barcos com 15.688ton de arqueação bruta) e outra no Atlântico (4 barcos com 10.310ton). A marinha mercante mexicana possuía 42.000ton e outras 93.000ton no trânsito fluvial e no serviço interno dos portos. No qüinqüênio de 1906-1910 entraram nos portos da República Mexicana 52.273 barcos a vapor e vela, carregados em lastro, com um registro bruto de 57,9 milhões de toneladas; e no período de 1921-1925, 70.930 barcos (143 milhões de toneladas).

De acordo com o sétimo censo de transportes de 1971, nos transportes marítimos (altura, cabotagem e interior de portos), operavam 170 empresas com 336 naves (234 de passageiros, 89 de carga e 13 mistas), que transportavam a 491.000 passageiros e 6.546.000ton de carga. Esta atividade ocupou 2.876 pessoas. Em 1975, a situação dos transportes marítimos era a seguinte: a carga embarcada em portos mexicanos alcançou 33,9 milhões de toneladas, 14m de altura (9,8 nos portos do Golfo e 4,2 nos portos do Pacífico) e 19,9 de cabotagem (15,8 nos portos do Golfo e 4,1 nos portos do Pacífico) e a carga desembarcada 29,3 milhões de toneladas, 9,3 procedentes do exterior (5,9 recebidas nos primeiros e 3,4 nos segundos) e 20 de outros pontos da República (15,7 e 4,3 respectivamente). Os 20 milhões de toneladas de carga de cabotagem embarcadas corresponderam a: 18 de petróleo e seus derivados; 1,1 a produtos da indústria de transformação, e o resto a produtos agrícolas, animais, reflorestamento, pesqueiros e minerais.

O movimento de saída dos passageiros aumentou para 362.146 pessoas; 3.507 em trânsito internacional direto, 4.610 em viagens com escalas e 354.029 em trânsito de cabotagem, e o de entradas, para 363.857 pessoas: 4.527, 5.301 e 354.029, respectivamente. Do total de passageiros, 69.761 abordaram os navios nos portos do Golfo e 292.385 nos portos do Pacífico e, entre as pessoas que chegaram, 67.787 o fizeram pelo este e 294.070 pelo oeste. A frota de Petróleos Mexicanos estava formada em 1975 por 210 barcos: 27 tanques de trânsito de altura, 27 rebocadores em trânsito de cabotagem, 37 lanchas a motor e 114 chalanas[5] para serviço fluvial, uma draga, duas barcaças e duas plataformas com capacidade global de 4.187.652 barris.

Definição e Conceito de Transoceânico

No âmbito da linguagem turística se denomina "liners" os barcos que realizam travessias transoceânicas; não obstante há quem os chame de *transatlânticos*.

Estes barcos, além de travessias transatlânticas, também fazem as transpacíficas, assim que o nome indicado para este tipo de barco é transoceânico e assim nos referiremos a ele daqui em diante.

Define-se como transoceânico o barco que realiza uma travessia desde um porto a outro, através do oceano Pacífico ou do Atlântico sem escalas, ou com uma ou duas no máximo.

Características

Os barcos transoceânicos possuem ao menos duas classes: a primeira e a turística. Os passageiros da primeira aproveitam todos os serviços do barco, enquanto os passageiros da classe turística têm restrições aos serviços da primeira.

Os grandes transoceânicos podem transportar 2.000 passageiros ou mais e uma tripulação de mil homens. Possuem restaurantes, boates, diversas lojas, cine-

---

[5] Chalana: embarcação menor, de fundo plano, proa aguda e popa quadrada, que serve para transporte em águas pouco profundas.

ma, correio, hospital, biblioteca, canil, bar e cabeleireiro. Os passageiros podem se exercitar em uma academia, assistir a um filme ou telefonar para um amigo que se encontre em outro lugar do barco ou do mundo. A superestrutura do barco pode ser tão grande que é possível caminhar vários quilômetros sem ter de passar pelo mesmo lugar, e tão alta que são necessários elevadores para ir de um convés a outro.

Os transoceânicos maiores navegam unicamente entre os portos de maior importância do mundo, devido ao seu enorme tamanho necessitam de um cais de grande calado e equipamento especial que somente esses portos têm.

Os transoceânicos transportam grande número de passageiros, razão pela qual contam com os dispositivos mais modernos de navegação e segurança. A ponte se localiza na parte dianteira da superestrutura e vai de um lado a outro do convés com a finalidade de fazer com que os oficiais vejam a proa e a popa.

Os franceses usam a palavra "paquebote" para designar os transoceânicos, que data da época em que foi instituído um serviço regular de correio de porto a porto, particularmente entre Dover e Calais atravessando o Canal da Mancha. Entre outros dois portos, por um decreto promulgado em 1783, pelo rei da França, o serviço postal era realizado por veleiros tripulados, por um privilégio especial, exclusivamente por capitães normandos.

Assim, os veleiros ingleses, receberam o nome de "packet-boat", isto é, nave que transporta pacotes ("boat" que significa *barco* e "packet" que significa *pacote*); então os franceses o adaptaram a sua língua denominando-o: "paqueboat", nome pelo qual são conhecidas atualmente na França as grandes embarcações que percorrem as linhas regulares.

Finalmente, um transoceânico, de forma geral, começa a sua travessia em um porto e, quase sem visitar outro, termina a viagem em outro porto diferente do qual saiu.

Os Colossos do Oceano

Entre os colossos do oceano é conveniente lembrar do *Great Eastern* cuja viagem inaugural foi em 1858; este barco foi destinado a realizar os trajetos entre Inglaterra e Índia, dobrando o Cabo da Boa Esperança, durante a época em que o Canal de Suez ainda estava em construção.

O *Great Eastern* possuía longitude de 211m, 19.000ton de arqueação bruta e uma máquina de vapor de 3.441 cavalos. Não era impulsionado somente por uma roda de pás, mas por uma hélice, possuía seis mastros para navegar com vela. Depois de alguns incidentes e dificuldades diversas, terminou por navegar unicamente a rota atlântica, mas, como era de alto custo, foi transformado em nave porta-cabos, oferecendo assim eficientes serviços na colocação de cabos telegráficos submarinos no oceano Atlântico.

Os transoceânicos são de alguma forma "divas" dos mares, se considerarmos que existiram muitos famosos, como é o caso do Titanic, a nave de maior poderio do mundo, de 271m de longitude, considerado "absolutamente insubmergível"; porém, afundou na sua primeira viagem, no dia 16 de abril de 1912, ao chocar-se contra um "iceberg".

Menção especial merece o *Queen Mary*, que era um barco inglês cuja viagem inaugural foi em 1934 e que, depois de 30 anos de serviço no Atlântico, finalmente se retirou ao ser comprado por um californiano. Atualmente está ancorado em Long Beach, uma parte foi transformada em museu e outra parte em hotel.

O *Queen Mary* conquistou, em 1936, a *Banda Azul*, isto é, o troféu concedido à nave que realiza em menos tempo a travessia do Atlântico, com uma velocidade média de 31,69 nós, o que equivale a mais de 70km/h.

Por outro lado, o glorioso *Rex*, que era um barco italiano que foi ao mar em 1932, também conquistou o mencionado troféu. Este barco foi afundado pelos alemães em um bombardeio ao porto de Trieste, em 1943.

O *Lusitânia* era propriedade da companhia inglesa *Cunard* e possuía as seguintes características: 2.235m de comprimento total, 256m de boca e 31.000ton brutas de arqueação. A propulsão era feita através de potentes turbinas a vapor, que ativavam quatro árvores de hélices de três pás cada uma. As exteriores eram acionadas por turbinas de alta pressão, outras de baixa pressão que faziam girar as interiores. Inicialmente o barco foi projetado para queimar carvão, mas depois foi adaptado para utilizar combustível líquido.

Este barco zarpou do porto de Liverpool para realizar sua primeira travessia no dia 7 de setembro de 1907. Aproximadamente 200.000 pessoas instaladas no cais compareceram à sua saída; o barco teve grande êxito na sua primeira viagem, navegando a uma velocidade média de 23 nós.

Na sua segunda viagem, desenvolveu uma velocidade média de 24 nós e até a décima segunda travessia conseguiu a média de 25 nós, mantendo-a por algum tempo e conseguindo, inclusive, superá-la em agosto de 1909, pois realizou o percurso com uma velocidade média de 25,85 nós.

Assim, o *Lusitânia* atravessou o Atlântico 33 vezes, navegou 160.000km transportando 4.100 passageiros; infelizmente, durante a Primeira Guerra Mundial, um submarino alemão o afundou em 1915.

O *Mauritânia*, gêmeo do *Lusitânia*, também era de propriedade da companhia inglesa *Cunard* e possuía as mesmas características do seu gêmeo, sendo ainda mais veloz. Durante 22 anos manteve a famosa *Banda Azul*. Em dezembro de 1910, cruzou duas vezes o oceano Atlântico em pouco mais de 12 dias.

O *Bremen* era um transoceânico alemão que realizou sua viagem inaugural em agosto de 1928. Sua primeira travessia foi em julho de 1929. Possuía uma arqueação de 46.000ton brutas. Seu comprimento total era de 2.745m e mais 295m de boca. Possuía capacidade para 800 passageiros na primeira classe, 500 na segunda e, na terceira classe, 300 na turística e 600 passageiros na econômica, os oficiais e a tripulação somavam 950 pessoas.

O barco tinha capacidade para 3.150 passageiros. Locomovia-se por meio de um sistema de turbinas que acionavam quatro hélices, com um rendimento útil de 100 mil a 105 mil cavalos de força, velocidade média de 27,24 nós e a máxima aumentava de 28 a 28,5 nós.

Existiam, na Europa, apenas três cais que poderiam receber o *Bremen*: Southampton, Rotterdam e Hamburgo.

Este barco cruzou o Atlântico entre Cherburgo e Nova Iorque, em apenas quatro dias, 17h42min, transportando 1.800 passageiros, quebrando assim o recorde de velocidade que anteriormente pertencia ao *Mauritânia*, ao fazer a travessia em 8h7min a menos que esse barco.

Quando regressou dos Estados Unidos à Europa, alcançou ainda uma maior velocidade, estabelecendo novo recorde de quatro dias, 14h30min, ao manter uma velocidade média de 27,9 nós, percorrendo uma distância de 4.934km.

O *Europa*, irmão gêmeo do *Bremem*, era um barco alemão com viagem inaugural em agosto de 1928. Possuía 50.000ton de arqueação bruta, seu comprimento total era de 2.753m e a boca de 300m. Podia hospedar 3.175 pessoas incluindo passageiros e tripulação.

Era impulsionado por meio de um sistema de turbinas de redução múltipla que movia hélices quádruplas. Possuía caldeiras tubulares e levava dínamos principais e auxiliares, para usar em casos de acidentes, movidos por motores diesel.

O barco alemão *Europa* realizou o percurso de Cheburgo a Nova Iorque em março de 1930, em apenas quatro dias, 17h6min, o que significava 18min a menos que o *Bremen*, em 1929; não obstante, o Bremen melhorou sua velocidade, de forma que somente perdeu a Banda Azul para o Normandie anos depois.

O êxito que alcançaram os barcos alemães *Bremen* e *Europa* propiciou a concorrência com as companhias inglesas, particularmente com a Cunard.

A companhia inglesa construiu o transoceânico *Aquitânia* muito maior que o *Mauritânia*, em 1913, pois suas medidas eram de 254m de comprimento total, a boca de 29m, com um registro de 46.000ton brutas.

A decoração e o serviço de bordo eram de excelente qualidade, pois possuía grandes salões e um belíssimo restaurante, ampla biblioteca, galeria de arte, piscina e academia de ginástica.

O *Berengaria* foi o maior barco da *Cunard Line*, nessa época. Este era um navio antigo que anteriormente se chamava *Imperator* e que a Inglaterra recebeu como pagamento pelas indenizações da Primeira Guerra Mundial (1914-1918); possuía um comprimento total de 260m, boca de 30m, e 52.000ton brutas de registro.

O *Magestic* foi o maior navio mercante da sua época; era propriedade da companhia White Star. Possuía 56.551ton de registro bruto. Originalmente era um barco alemão chamado Bismark que a Inglaterra recebeu depois da guerra como reparação pelos danos causados por ela. Na realidade, sua construção foi concluída depois da guerra 1914-1918.

Este barco possuía capacidade para 900 passageiros na primeira classe, 680 na segunda e 600 na terceira, além de 1.100 tripulantes, que somavam 3.680 pessoas.

É fácil supor que a alimentação de uma multidão dessa magnitude era um problema enorme em terra, onde se costumava obter as provisões diárias e repor imediatamente o que estava em falta; mais difícil ainda era em alto mar, por isso era indispensável levar todos os alimentos e guardá-los durante dias sem ter a possibilidade de nenhuma reposição. Mas não havia o menor problema, devido a sua perfeita organização fundamentada em larga experiência, pois o *Magestic* possuía uma lista de mercadorias de aproximadamente 900 artigos diferentes, os quais eram controlados com minucioso cuidado. O consumo diário de carne de vaca, de porco, latas, toucinho, chá, açúcar, etc. poderia ser controlado à primeira vista e ao final da travessia.

Aproximadamente 130 cozinheiros, açougueiros e padeiros trabalhavam no barco. Possuíam um equipamento mecânico completo, e podiam realizar inúmeras operações, desde o tempero até a lavagem dos pratos que era feita através de um aparelho elétrico. Como podemos supor, as cozinhas ofereciam perfeita limpeza e possuíam as máquinas para o trabalho.

Considerando que a água é um produto vital dentro do barco, este transoceânico possuía enormes tanques com água potável, com capacidade para 4.570ton.

Assim foi o grande *Magestic*, antecessor dos grandes e modernos transoceânicos que surgiram depois da Segunda Guerra Mundial.

Aspectos Didáticos

Exercícios de Consolidação e/ou Auto-avaliação

Instruções. Marque um X dentro dos parênteses da opção correspondente.

1. Veículo flutuante impulsionado e dirigido por diversos meios que serve para transportar, pela água, pessoas e coisas:

   ( ) avião
   ( ) caminhão
   ( ) barco

2. É propriamente o corpo do barco:

( ) casco
( ) fundo
( ) quilha

3. A parte anterior de um barco é conhecida como:

( ) cadaste
( ) proa
( ) popa

4. É a parte posterior de um barco:

( ) popa
( ) roda
( ) proa

5. A parte do lado direito do barco se denomina:

( ) barlavento
( ) bombordo
( ) estibordo

6. O lado esquerdo do barco se denomina:

( ) sotavento
( ) bombordo
( ) estibordo

7. O lado de onde sopra o vento se denomina:

( ) barlavento
( ) sotavento
( ) estibordo

8. Força de sustentação no centro do barco, que o mantém para cima:

( ) estabilidade
( ) resistência
( ) flutuabilidade

9. Qualidade que mantém o barco em estado de equilíbrio:

( ) flutuabilidade
( ) estabilidade
( ) resistência

10. Os primeiros navegadores a cruzar o Mediterrâneo foram os:

( ) fenícios
( ) egípcios
( ) gregos

11. Barco que realiza uma travessia de um porto a outro, através do oceano Pacífico ou Atlântico, sem escalas ou no máximo uma ou duas:

( ) "liner"
( ) cruzeiro
( ) "ferry"

12. Transoceânico que era considerado "absolutamente insubmergível", mas que afundou na sua primeira viagem, em 16 de abril de 1912, ao bater contra um "iceberg":

( ) *Queen Mary*
( ) *Lusitânia*
( ) *Titanic*

13. A célebre frase "o Egito é um dom do Nilo", foi pronunciada por:

( ) Ptolomeu
( ) Heródoto
( ) Amenofis

14. Durante o México pré-hispânico os nobres, ou pipiltin, eram transportados em luxuosos:

( ) palanquins
( ) "liners"
( ) carruagens

15. Hernán Cortés desembarcou em Veracruz na Sexta-feira Santa de:

( ) 1517
( ) 1518
( ) 1519

16. Durante a época pré-hispânica uniam a Ilha de Tenochtitlan com terra firme:

( ) três calçadas
( ) quatro calçadas
( ) cinco calçadas

17. Os conquistadores espanhóis entraram em Tenochtitlan pela calçada de:

( ) Iztapalapa
( ) Tlacopan
( ) Tepeyac

18. O Anáhuac, habitado pelos astecas, expressou a idéia de vida junto ao:

( ) campo
( ) água
( ) palácio

19. No México pré-hispânico, os carregadores de mercadorias eram conhecidos como:

( ) "tlacuilos"
( ) "amantecas"
( ) "tamemes"

20. Os conquistadores espanhóis fugiram da sua derrota pela calçada de:

( ) Tacuba
( ) Iztapalapa
( ) Tepeyac

Atividades de Reforço

1. Através da técnica tormenta de idéias, o professor escreverá na lousa o conceito de barco; posteriormente escreverá o conceito que aparece na obra.
2. O professor utilizará uma ilustração ou desenhará na lousa um barco, para exemplificar as diferentes partes, como: proa, popa, comprimento total, boca, etc.
3. Pesquise e apresente por escrito a biografia de Heródoto.
4. Elabore, em grupo, a maqueta da cabina de um transoceânico de luxo.
5. Elabore, em grupo, um jornal-mural sobre este capítulo.

Capítulo 10

TRANSPORTE AQUÁTICO EM CRUZEIROS

Aspectos Teóricos

Definição e Conceito de Cruzeiro

Cruzeiro é um tipo de embarcação que realiza uma viagem, fundamentalmente, de prazer, com diversão a bordo e excursões nas costas, praias e portos do percurso; é um barco fretado que segue estritamente o itinerário. As reservas são feitas geralmente para a viagem completa e em poucos casos é permitido que o passageiro reserve nos portos intermediários (Fig. 10.1).

Figura 10.1 – Os cruzeiros realizam viagens de prazer.

Classificação

Cruzeiros marítimos. São aqueles que realizam as travessias pelos mares; por exemplo, os cruzeiros pelo mar Mediterrâneo ou pelo Caribe.

Cruzeiros fluviais. São aqueles que realizam as travessias ao longo dos rios; por exemplo, os cruzeiros ao longo do rio Rin na Alemanha ou pelo rio Nilo no Egito (Fig. 10.2).

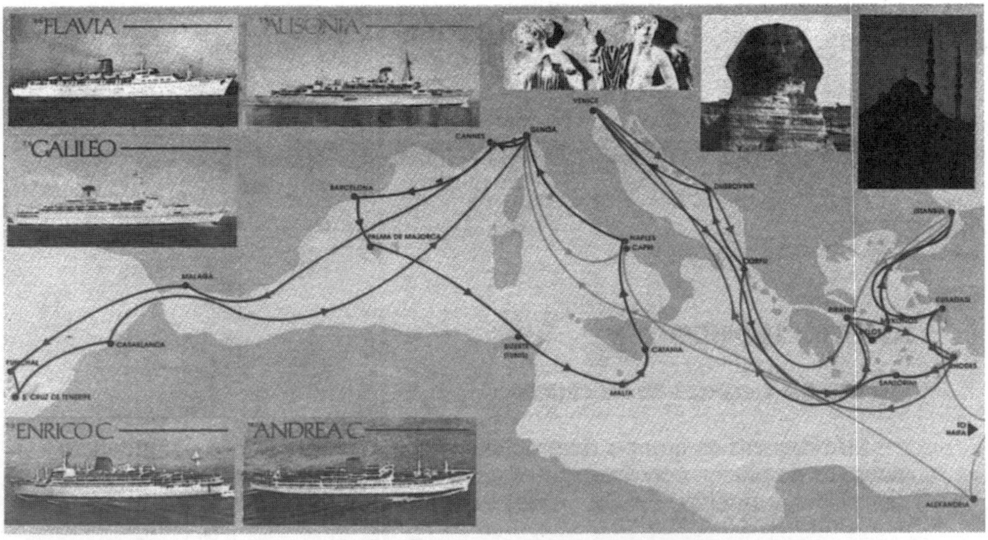

A

B

FIGURA 10.2 – Os cruzeiros são muito populares: *a*) pelo Mediterrâneo, *b*) pelo Nilo, no Egito.

Também podem classificar-se de acordo com a sua duração:

a) *Curtos*. De 1 a 15 dias de duração.
b) *Longos*. Com duração maior de 15 dias.

Surgimento e Evolução dos Cruzeiros

O transporte marítimo era, até a década de 1950, o único meio de transporte intercontinental realizado em barcos transoceânicos luxuosos. Com o passar do tempo, alguns destes navios acabaram como sucata e outros foram transformados em hotéis cassinos flutuantes.

O vapor foi perdendo a importância pouco a pouco devido ao avanço do transporte aéreo em relação ao custo e rapidez, razão pela qual a tripulação destes barcos teve de se adaptar para poder sobreviver. Esta adaptação se realizou a favor dos transportadores de passageiros e automóveis, que atravessavam distâncias relativamente curtas, em menos de 24h e, é claro, também a favor dos cruzeiros.

A crise de energia ficou evidente no quintuplicado do preço do combustível, assim como nos aumentos salariais que propiciaram a inflação. Este foi o fim do *France*, ao que atribuíam ainda certo sucesso no Atlântico, pelo fato de transportar um grupo elitista de passageiros que sentiam saudades de épocas passadas.

Durante os primeiros anos da década de 1970, o turismo internacional de barco era muito escasso, exceto para destinos excepcionais em que 66% dos visitantes se dirigiram para o Haiti, 46,5% para o Panamá, 30% para as Bahamas, 25,5% para Gibraltar e 21% para Porto Rico. Os visitantes mencionados anteriormente chegaram, em 1977, a seus destinos de barco. Estes navios se transformaram nos primeiros cruzeiros.

Os gregos tiveram uma excelente visão para a nascente indústria dos cruzeiros, pois compraram velhos vapores que transformaram, a um custo muito baixo, em cruzeiros. Não obstante, posteriormente, renovaram a frota por razões mercadológicas, e assim, adquiriram novos barcos.

Por outro lado, surgiu Knut Kloster, cuja visão no negócio dos cruzeiros passou do conceito de "paquebot" (hotel-vapor flutuante) para "vapor cidade de férias flutuante", motivo pelo qual realiza o estabelecimento de um contato direto e pessoal com os passageiros e os habitantes das costas visitadas.

A idéia era propiciar que os passageiros conhecessem mais o fundo do mar, para que a animação se transformasse no propósito essencial de uma estratégia mercadológica na venda de travessias em cruzeiros. Esta inovação propiciou uma mudança radical, pois até há poucos anos se considerava a indústria de cruzeiros somente em função do seu destino e comodidade.

Knut Kloster adquiriu o barco *France*, transformou-o no *Norway* e o fez definitivamente rentável. Entre seus planos, na década de 1980, estava o de construir o maior vapor do mundo, com as seguintes características: 210.000ton de peso bruto, que teria a capacidade suficiente para hospedar 5.000 passageiros e uma tripulação de 1.800 homens.

Sem dúvida, os preços baixos é um outro fator que seduz os turistas europeus para viajar em cruzeiros; por esta razão os cruzeiros russos têm muita procura, seguidos em importância pelos genoveses e belgas.

Os cruzeiros experimentaram uma grande expansão, pois os barcos foram reforçados com equipamentos nacionais e isso permitiu que as tarifas fossem reduzidas a ponto de desafiarem qualquer concorrência, seja de associações de turismo ou organizações como Touropa, do grupo alemão TUI.

Os cruzeiros dos países da Europa Oriental contaram com o apoio do Estado, razão pela qual superam largamente os da iniciativa privada em outros países europeus, tarifas que não são afetadas pela rentabilidade econômica e financeira. Por este motivo, têm a possibilidade de manter as mesmas tarifas durante longos períodos, complementando assim as condições do mercado de transporte marítimo internacional de passageiros.

Mesmo que a iniciativa privada empregue cada vez mais pessoal sindicalizado e proveniente de países em desenvolvimento, como Filipinas, Coréia do Sul, etc., os vapores dos países da Europa Oriental multiplicam suas ofertas nos mercados do Extremo Oriente, até a Austrália e Nova Zelândia na Oceania.

Em 1979, o mercado de cruzeiros representava aproximadamente 2 milhões de passageiros nos Estados Unidos, 500.000 na Europa e menos de 250.000 nos demais países. Na Europa, estima-se que o turismo marítimo esteja dividido da seguinte forma: 140.000 para o Reino Unido, 130.000 para a Itália, 120.000 para a República Federal da Alemanha e 90.000 para a França. Para embarcar a menos de 3 milhões de usuários nos cruzeiros, os armadores usam uma centena de vapores, dos quais metade da frota é grega.

Desafortunadamente, apesar de algumas unidades serem novas, a frota envelhece rapidamente, se calcula que para 1981 tivessem uma vida útil média de 20 anos. Portanto, haveria poucas possibilidades de adaptar-se às exigências da clientela atual que paga preços elevados em conceito de outras formas de turismo que exige maiores serviços e mais comodidade.

Alguns países consideram as viagens em cruzeiros como uma fonte muito importante de rendimentos devido às excursões e escalas que realizam. Os passageiros dos cruzeiros aproveitam as excursões por terra e, é claro, os restaurantes dos portos onde desembarcam. A estes países é permitido obter um importante filão, do ponto de vista financeiro, pois é mais econômico para a coletividade que a construção de hotéis de luxo para turistas ou a de um aeroporto internacional para recebê-los.

Baseado em estatísticas da Organização Mundial do Turismo, a Espanha recebia, em 1974, o maior número de viajantes em cruzeiro, um milhão entre as ilhas Baleares e as Canárias, seguidas das Bahamas com 386.000, Grécia com 232.000, Venezuela 189.000, Haiti com 180.000, Marrocos com 133.000, Açores com 105.000, Jamaica com 93.000, Gibraltar com 61.000, Malta com 54.000, Cingapura com 55.000, Hong-Kong com 36.000 e Líbano, antes da crise de 1974, recebia mais de 47.000 excursionistas em cruzeiros.

Futuro do Mercado de Cruzeiros

Não se vaticinam melhores condições para este mercado. O tamanho dos navios, a duração das travessias e os métodos de gestão deverão ser modificados com a finalidade de suportar o aumento inevitável das tarifas dos cruzeiros.

O tamanho de um barco destinado ao cruzeiro deverá ser de no máximo 12.000ton de capacidade e ter um peso bruto suficiente para transportar 750 passageiros, em razão dos preços de construção que se consideram excelentes para estes tamanhos. A duração das travessias diminuiria, com exceção daquelas que são ao redor do mundo ou dos cruzeiros de luxo. Os cruzeiros para as travessias culturais, históricas ou estéticas não se realizarão a menos que estivessem programadas desde a década de 1970. Do contrário, os cruzeiros mistos com escalas, que combinam alguns dias no barco e outros em terra, em alguma cidade de férias, se sistematizarão e atrairão novos clientes.

Partindo de circuitos de uma ou duas semanas, a embarcação destinada ao cruzeiro fará escala em dois ou três portos que serão utilizados como pontos de embarque para outros passageiros. Os navios poderão servir como centros de convenções profissionais no mar, o que permite que os equipamentos, como o *France-Rodríguez-Ely*, realizem 25% do total dos seus negócios.

No futuro, as companhias de navegação estarão obrigadas a se integrar com organizadoras de viagens e organizações de turismo locais e nacionais para coordenar cruzeiros. Deverão tratar de democratizar sua clientela oferecendo tarifas mais competitivas, o que conseguiu o Club Mediterranée em 1966 e 1967 e como tentou fazê-lo na França a Paquet-Croisières, filial do grupo dos cargueiros reunidos para o lançamento do *Azur*, com tarifas inferiores a 40% em relação a outros navios.

Depois que a companhia Paquet-Croisères vendeu o *Renaissance* em 1977, incluiu em 1980 três navios, *Mermoz*, *Azur* e *Massalia*. Em 1979, a bandeira francesa transportou somente 55.000 passageiros em lugar de uma taxa complementar de 91%.

Não obstante, é possível que no futuro existam dois riscos que causem problemas aos cruzeiros: o primeiro é a técnica, o pobre enriquecimento de novas escalas, já que não são construídos portos para passageiros, o que limitará a seleção de excursões. O segundo é o risco social, pois os trabalhadores de países em desenvolvimento se sindicalizarão no futuro e terão os mesmos direitos dos trabalhadores dos países desenvolvidos.

Formalidades das Fronteiras

São todas as condições de fundo e forma às que se sujeita a autorização para cruzar uma fronteira. Compreendem limitações de viagem em relação ao tempo e espaço, restrições de importação e exportação de divisas, importação de objetos destinados a uso pessoal ou adquiridos no exterior como lembrança e, finalmente, a regulamentação no que se refere à proteção contra a propagação de doenças contagiosas.

As formalidades são três: migração, alfândega e salubridade.

Migração

É a ação e efeito de passar de um país para outro. Referindo-nos particularmente às viagens internacionais, é necessário assinalar que cada país, por sua autodeterminação e soberania, decide as condições que devem reunir seus próprios cidadãos para viajar ao exterior, assim como aquelas a que devem se sujeitar os estrangeiros para entrar em seu território e as obrigações que adquirem durante a estada no país.

Estas condições representam uma manifestação de liberdade de ação de cada país, as quais somente podem ser modificadas mediante a assinatura de tratados internacionais bilaterais ou multilaterais.

Um país está em posição de favorecer a entrada de estrangeiros na qualidade de turistas, ou bem, de obstaculizar a sua visita.

A tendência no México é outorgar as maiores facilidades ao turismo devido às divisas que se captam por esse conduto, razão pela qual, na maioria dos casos, os requisitos se reduzem à apresentação do passaporte que identifica seu titular e o visado em que em alguns casos é requerido. Em determinados casos é requerida unicamente a obtenção de um cartão de turista que as autoridades correspondentes ou empresas turísticas autorizadas expedem de forma gratuita, ou simplesmente a apresentação de algum documento de identificação pessoal expedido a seu titular pelas autoridades governamentais do seu país.

As facilidades migratórias costumam outorgar cartões de turistas aos visitantes de países vizinhos, como, por exemplo, México e EUA, México e Guatemala, EUA e Canadá.

Passaporte

É um documento legal expedido pelas autoridades competentes de um país, que estabelece a identificação do seu titular certificando a sua nacionalidade e o autoriza a sair das suas fronteiras e dirigir-se aos outros países sem mais limitações que aquelas estabelecidas.

O termo *passaporte* vem do latim *pasaportus*, cujo significado é "passar pela porta" ou "porta de entrada".

Durante a Idade Média o passaporte era uma autorização ou salvo-conduto que se outorgava para sair de alguma cidade das repúblicas italianas. O uso deste documento se estendeu muito, para o século XVIII já se tinha adotado como uma prática comum com o propósito de assegurar ao Estado o controle de chegadas e movimentos de estrangeiros, assim como a saída dos próprios cidadãos. Atualmente a expedição do passaporte se tem generalizado no mundo.

Vistos

O visto é uma autorização que um país outorga ao estrangeiro ou a um apátrida, admitindo-o em seu território e permitindo-lhe permanecer nele durante um tempo determinado, ou para cruzar seu território com a finalidade de dirigir-se a outro país, depois de aceitar suas razões para entrar. Existem casos excepcionais em relação à exigência de visto de um país para seus cidadãos.

Existem dois tipos de vistos, de entrada ou residência e de trânsito.

- *Visto de entrada ou residência*. É a autorização especial e suplementária inscrita no passaporte ou em folha separada, para entrar em um país.
- *Visto de trânsito*. É o que autoriza seu titular a cruzar o território do país que a expede sem permanecer nele. Sua validade geralmente não ultrapassa os três dias, embora alguns países expedem-na por mais tempo, concedendo o direito de residência durante esse lapso.

Atualmente, muitos países suprimiram a prática do visto, desde que se realizou em Roma, a conferência das Nações Unidas sobre turismo e viagens internacionais em 1963. Durante essa reunião se aceitou que os governos devem estender ao maior número possível de países a prática de suprimir, por acordos bilaterais ou decisões unilaterais, a exigência do visto de entrada para os visitantes temporais. Também se recomendou suspender os vistos de saída para os turistas naqueles países onde ainda existissem.

Alguns países ainda conservam a obrigatoriedade do visto com o propósito de controlar de forma eficaz o fluxo de visitantes estrangeiros e regulamentar – para efeitos de segurança nacional – suas chegadas.

Alfândega

É um termo que provém dos vocábulos árabes *ad-diwana*, registro, ou *adayuan*, que é traduzido como "livro de contas". Na sua acepção mais ampla, é a instituição que têm a seu cargo a percepção dos direitos de importação e exportação de mercadorias e, geralmente, executa e vigia que se cumpram as leis e regulamentos da política fiscal no que se refere ao trânsito de fronteiras.

As alfândegas se instalam nos portos e fronteiras por onde se canaliza o trânsito de mercadorias e viajantes.

As alfândegas têm existido desde os tempos mais antigos, se têm noticias delas na Índia onde se cobravam impostos de importação e exportação. Os gregos cobravam uma taxa de 2% sobre as mercadorias importadas, além das de exportação e trânsito. Se acredita que as alfândegas de Roma tenham sido implantadas por Anco Mancio (640-616a.C.); os cônsules suprimiram as alfândegas e César as restabeleceu. Em Roma, o direito de alfândega incluía pedágio, portagem (pagamento de tributos), etc., e se aplicava também ao comércio de escravos. O contrabando de escravos se praticava vestindo-os como romanos livres.

Posteriormente, a cobrança de direito de alfândega foi outorgada aos republicanos, mas foi retirada pelos abusos que existiram.

Durante a Idade Média, os senhores feudais fixavam alfândegas interiores com a finalidade de receber todo tipo de impostos. Veneza adotou a política restritiva em relação à introdução de produtos estrangeiros com o propósito de proteger suas indústrias internas. A primeira taxa alfandegária da Espanha foi fixada durante o século XIII. Os direitos alfandegários na Inglaterra tinham objetivos fiscais, aproveitaram a grande aceitação das suas lãs, especialmente na direção da Liga Hanseática.

A França restringia a exportação dos seus produtos. O crescimento do comércio internacional depois do descobrimento da América levou as nações a fecharem-se em si mesmas por meio de elevadas contribuições alfandegárias com a finalidade de impedir a entrada de mercadorias, o que significava saída de ouro. Com os mesmos propósitos a Espanha editou a Ata de navegação, aumentou os custos dos direitos de alfândega e restringiu o comércio a suas colônias, apoiando-se no domínio dos mares. As arrecadações alfandegárias estavam nas mãos de contratados, que abusaram de suas prerrogativas.

A América, impedida de negociar, buscou o caminho do contrabando e burlou todas as disposições alfandegárias que se opunham ao seu livre comércio. Para favorecer a situação, depois da derrota da Armada Invencível, Inglaterra e Holanda estabeleceram fábricas em terras americanas para se livrar, com comodidade, da complicada legislação alfandegária espanhola.

A reação contra os impedimentos alfandegários começou a ganhar força no final do século XVIII, mas as guerras napoleônicas e o bloqueio continental fecharam a Europa e a Inglaterra dentro de novas proibições.

A força crescente dos EUA tentou evitar a concorrência estrangeira, para o que manipulou os direitos alfandegários como defesa da produção interna. Com a queda de Napoleão, a Inglaterra modificou seu protecionismo com a finalidade de comercializar com todas as nações. Alemanha, ainda dividida em vários estados, iniciou um agrupamento sob a direção da Prússia e, por meio de Zollverein, formou a unidade alfandegária que, mais tarde, levaria à união política alemã. Esta política interna não implicava na mesma atitude em relação aos demais países do mundo. A Alemanha impôs uma série de obstáculos alfandegários com a finalidade de não entrar em concorrência com os artigos estrangeiros.

Na realidade, desde meados do século XIX até a Primeira Guerra Mundial, em 1914, Inglaterra e América Latina mantiveram os direitos alfandegários como objetivos fiscais e não como fatores de produção à indústria interna, Japão iniciou a sua carreira como potência mundial, consolidou sua produção interna e colocou obstáculos a qualquer tipo de concorrência por intermédio das alfândegas.

A China abriu suas portas a nações dominantes, respondendo à atitude de quem goza de direitos extraterritoriais, o que propiciou ao país um aumento no turismo ano após ano.

O duplo caráter dos direitos alfandegários, fiscal ou protecionista tem se alterado ante o uso do controle dos câmbios, como meio para vigiar e controlar a entrada de produtos em uma nação. Nestes países tem ocorrido uma clara divisão: o controle do câmbio age como fator de discriminação, considerando os interesses da atividade interna. Os direitos de alfândega cumprem a função de aportar recursos para o orçamento do Estado.

Em 1954 realizou-se a Conferência Geral Alfandegária em Nova Iorque, sob o patrocínio da ONU; nela, se assinaram os convênios relativos às facilidades alfandegárias para o turismo. O primeiro se refere a:

a) Bens/artigos pessoais para uso exclusivo do turista.
b) Lembranças da viagem cujo valor não exceda 50 dólares, quando se transportem em trânsito e 100 dólares para aquelas que não se destinem a fins comerciais.

O segundo convênio se refere à importação temporal de veículos; por exemplo, os países da Comunidade Européia têm suprimido a obrigatoriedade de apresentar na alfândega o documento de importação temporária de veículos.

O primeiro convênio tem um protocolo que se refere à importação de documentos e material de propaganda turística (livros, revistas, folhetos, anuários, catálogos de feiras, filmes e diapositivos).

Salubridade

É definido como o conjunto de serviços públicos que preservam a saúde de uma comunidade.

Antigamente a humanidade era ameaçada de forma constante pelas epidemias que proliferavam pela ausência de condições sanitárias favoráveis.

Por outro lado, o desenvolvimento dos meios de comunicação, particularmente o das linhas marítimas, agravou os perigos de contágio, razão pela qual no final do século XVI se implantou um sistema de quarentena, com o propósito de diminuir o progresso de algumas epidemias. Esta disposição afetou o trânsito dos viajantes.

Durante o Congresso Internacional de Paris, realizado em 1851 e, posteriormente, em função da abertura do Canal de Suez, em 1869, surgiu a idéia de estabelecer uma organização internacional que regulamentasse as formalidades sanitárias.

Isto trouxe, como conseqüência, a criação do Departamento Internacional de Higiene Pública e, mais tarde, o Departamento de Genebra, como organismos da Sociedade das Nações que estabeleceu em 1944 seus objetivos.

Os objetivos estabelecidos foram a erradicação das cinco grandes pragas epidêmicas da humanidade: cólera, peste, varíola, febre amarela e tifo. Anos depois, em 1948, surgiu a Organização Mundial da Saúde (OMS), criada pela Organização das Nações Unidas, cuja função é a de elaborar os regulamentos sanitários de vários países, particularmente os do sudeste da Ásia. Uma das primeiras disposições se refere à vacinação obrigatória contra certas doenças. No caso de viajantes procedentes de algum país onde existam focos latentes de alguma doença epidêmica e que se dirijam a outros países, devem levar um Atestado Internacional de Vacinação, o que expedem as autoridades sanitárias sob o auspício da OMS, e apresentá-lo à autoridade correspondente ao entrar em algum país.

O termo vacinação se refere à medida protetora contra doenças infecciosas. Consiste em injetar agentes infecciosos ou tóxicos bacterianos (toxinas) especialmente preparados. À medida que se domina também a imunização ativa, aludindo o fato de que a vacina estimula o organismo a produzir os anticorpos necessários para combater o agente infeccioso. Portanto, a proteção é do mesmo tipo que a que o organismo adquire depois de recuperar-se de uma doença infecciosa.

O termo vacinação foi aplicado primeiro à imunização contra a varíola (vacina). O método foi descrito por Edward Jenner (1749-1823), quem observou que as pessoas vacinadas não contraíam a varíola ou ela se apresentava de forma benigna.

A vacina de Jenner era composta da secreção das pústulas do líquido da varíola das úberes das vacas infectadas com ele.

Atualmente, o termo vacinação abarca todas as formas de imunização ativa contra as enfermidades infecciosas. A vacina se prepara com o agente infeccioso, preparado por atenuação, destruição ou qualquer outro procedimento.

Depois da preparação, o agente infeccioso não produz a enfermidade, mas conserva sua capacidade de estímulo para a formação de anticorpos.

Doenças que requerem vacinação anterior à viagem:

Cólera. A vacina tem validade de 6 meses que começam a ser contados 6 dias após à primeira injeção.

As manifestações da enfermidade são diarréia, vômito e desidratação acelerada que, em alguns casos, provoca a morte em 24h. É contraída pelo contato com fezes e vômitos dos doentes e portadores, por ingestão de água e alimentos contaminados e, com menor freqüência, por contato direto com os doentes. O tratamento para curar a doença é à base de soluções para hidratação e antibióticos.

Febre amarela. Esta vacina tem validade de 10 anos a partir dos dias posteriores à vacinação.

A doença se manifesta com calafrios, febre alta, náuseas e dores lombares. É contraída através de um mosquito que ingere sangue infectado; o tratamento é baseado em atenuar os sintomas principais e na aplicação de soro glicosado com vitamina K.

Existem dois tipos de febre amarela: a urbana e a selvagem, os últimos casos registrados no México foram a urbana em 1923 e a selvagem no sudeste, em 1959. Porém, em 1974, manifestaram-se alguns casos em Cozumel.

Varíola. A vacina antivaríola, conhecida também como vacina internacional, tem uma vida de três anos, a partir de 8 dias após a data da vacinação.

A doença se manifesta com febres altas em diferentes partes do corpo. O tratamento é baseado em antibióticos de amplo espectro. No México, há mais de 20 anos que não se apresentam casos; a Índia e Etiópia são os países que mais casos apresentam. Em 1975, houve um princípio epidêmico em Bangladesh.

Tifo. Existem dois tipos de tifo. Transmitido por meio de piolhos e pulgas. Se manifesta como um resfriado comum que se contrai pelos piolhos da roupa ou pelas fezes das pulgas. O tratamento é baseado em tetraciclinas e cloranfenicol.

Peste. Existem três formas clínicas, a mais comum é a bubônica que se manifesta com calafrios, temperaturas maiores que 40°C e manchas negras no corpo; é contraída por meio das pulgas que vivem nas ratazanas; ao morrerem estas, as pulgas buscam hospedeiros e podem repicar o homem. O tratamento é a base de tetraciclinas.

A peste urbana se eliminou na maior parte do mundo, existe apenas em algumas áreas da China e África Central. No México, há 50 anos, não se tem casos.

É importante mencionar que a preocupação geral pela higiene e pelas condições sanitárias são cada dia mais favoráveis, o que tem permitido, na maioria dos países, a erradicação das doenças contagiosas epidêmicas e a diminuição nas restrições sanitárias requeridas.

Serviços de Bordo em um Cruzeiro

A informação deste item é de caráter geral, pois os serviços de bordo variam de um cruzeiro a outro, com o que se terá um panorama geral em relação a ele. Por outro lado, foi adotada como modelo a informação dos manuais de duas empresas importantes, a Norwegian Caribbean Lines e a Central de Cruzeiros, Viagens Meliá, S.A.

No preço da passagem do cruzeiro se incluem todas as refeições e lanches entre as refeições, além de todas as atividades e diversões diurnas, entretenimento e festas noturnas. Tudo isso é complemento de um cruzeiro agradável e confortável para um dos mais excitantes e coloridos lugares do mundo.

O passageiro comprovará que o cruzeiro é um centro de turismo flutuante. Conta com todos os serviços que oferece um hotel de luxo e, ainda mais, um passageiro fará novas amizades que compartilhem seus gostos e interesses: pode passar seus dias e noites cheio de atividades ou em absoluta tranqüilidade.

O preço da passagem não inclui coquetéis, gorjetas, excursões em terra, fotógrafo a bordo, alguns torneios, sauna, massagens, cabeleireiro, comunicações do barco com a costa e certos serviços médicos.

Coquetel de boas-vindas e/ou despedida

Em cada cruzeiro existe uma noite de boas-vindas e uma de despedida nas quais o capitão do barco oferece aos passageiros um coquetel e lhes dedica algumas palavras. Na maioria dos barcos ainda se conserva a tradição de apresentar cada passageiro ao capitão (Fig. 10.3).

FIGURA 10.3 – Cada cruzeiro brinda uma noite de boas-vindas e uma de despedida.

Cadeiras de praia ou espreguiçadeiras

O uso de cadeiras de praia ou espreguiçadeiras na beira das piscinas normalmente está livre de encargos, somente em algumas companhias se cobra uma taxa diária. Nas que são de uso gratuito, a política seguida é "quem chega primeiro escolhe". As toalhas especiais para o uso nas áreas da piscina também é oferecida sem encargo extra, devem ser devolvidas antes do final do dia no "deck stewart" que as distribui. É solicitado aos passageiros que não levem toalhas da cabina para esta área. Quando o passageiro deseja ir a alguma praia onde pára o cruzeiro, podem solicitar as toalhas no "deck stewart", que as emprestará com muito prazer.

Programas e horários de atividades

Diariamente é entregue em cada cabina uma programação impressa que inclui as atividades e horários para o dia seguinte. É conveniente que o passageiro a leia e a tenha a mão durante todo o dia para que possa aproveitar todas as atividades e refeições detalhadas no programa. A pontualidade é uma das grandes qualidades de um barco, e, de fato, a única forma de fazer com que tudo funcione perfeitamente; assim que deve ser observada, de outra forma, se não se chega a tempo, perde-se toda a diversão ou alguns alimentos.

Estética

Os cruzeiros possuem salão de beleza, cabeleireiros e em alguns casos um centro com sauna; as reservas são feitas a bordo do navio.

Fotógrafos

Regularmente há fotógrafos profissionais à disposição dos passageiros. Caso se deseja contratá-los de forma especial é necessário fazê-lo com antecedência. Também se encontra a bordo, no "duty free", filmes e câmeras.

Carregadores

Os carregadores se encontram no cais e sua responsabilidade é ajudar o passageiro com a bagagem no momento do embarque e do desembarque. É costume, dar-lhes uma gorjeta por cada um dos volumes da bagagem.

Serviços religiosos

Celebram-se a bordo serviços religiosos católicos, protestantes e judeus.

Serviço de quarto

Os aperitivos e lanches estão à disposição dos passageiros entre 6h30min da manhã e meia-noite. Dessa hora em diante somente serão servidas as bebidas. O serviço de bebidas alcoólicas está limitado ao horário em que o bar do barco está aberto ao público, de forma que o passageiro possa se comunicar pelo telefone com o mensageiro. O mensageiro está de serviço 24h por dia.

Atividades

Um cruzeiro conta com uma grande variedade de atividades, são organizados torneios esportivos pela manhã e deslumbrantes espetáculos noturnos. Durante o dia são planejadas as excursões que podem ser feitas na costa, jogos de cartas, torneios, bailes com excelente orquestra, cinema e, obviamente, espetáculos ao vivo, que são as atividades de maior destaque na noite.

Lojas

Ainda quando a costa se transformou em um paraíso para o comprador, algumas das mercadorias mais finas e as melhores oportunidade podem ser encontradas a bordo do cruzeiro. Nestas lojas de "duty free" se encontra de tudo, desde maravilhosos enfeites até artigos de primeira necessidade.

É necessário mencionar que estes artigos podem ser adquiridos, apenas, enquanto o navio se encontra em alto-mar, quando chega a um porto as lojas devem permanecer fechadas devido a restrições locais. Geralmente, todas as lojas aceitam a maioria dos cartões de crédito.

Lanches ("snacks")

Eles estão à disposição do público no momento do embarque e a bordo do cruzeiro; além disso, é oferecido café pela manhã, pasteizinhos, hambúrgueres e "hot dogs", também se oferece chá e sanduíches, e a inacreditável ceia da meia-noite (Fig. 10.4).

FIGURA 10.4 – Os lanches estão à disposição dos turistas.

Telefone nas cabinas

Todos os navios estão equipados com um telefone em cada cabina. São utilizados para chamar o serviço de cabina, chamadas para outras cabinas e para chamadas externas (para o continente).

Televisão nas cabinas

Atualmente as cabinas de alguns cruzeiros estão equipadas com aparelhos de televisão. O circuito fechado de televisão ajuda o passageiro a manter-se informado de todas as atividades a bordo e das que possam se realizar em terra.

Serviço de mordomo

Este está disponível quando o cruzeiro se encontra em alto mar. É proibida a limpeza a seco, as leis de navegação proíbem a limpeza a seco e que se leve a bordo líquidos inflamáveis.

Autorizações para visitantes

Dispõe-se de uma quantidade limitada de autorizações para visitantes, amigos e parentes dos passageiros que viajam em um cruzeiro: as autorizações são obtidas no cais no dia da partida. Os visitantes podem subir a bordo às 14h, e para isto eles seguem estas regras:

1. As autorizações de amigos e parentes serão emitidas depois de preencher a solicitação no embarque. Os visitantes devem levar o documento de identidade e, ao subir, será conferido o nome do passageiro a quem visita.
2. Não se permitem visitantes menores de 18 anos sem a companhia de um adulto. As autoridades do cruzeiro se reservam no direito de não permitir a entrada de determinados visitantes ou inclusive a todos os visitantes que acompanham grupos de passageiros.

Informação variada

A informação apresentada é muito geral e tem por finalidade familiarizar o leitor com todos os pormenores que se apresentam em um barco de cruzeiro.

Estabilizadores. A maioria dos barcos possui estabilizadores que permitem realizar uma travessia mais aprazível. Porém, temos de recordar que o mar se encontra em incessante movimento e, como conseqüência, tudo o que flutua se mexe ao mesmo ritmo.

Ar-condicionado ou calefação. Quase todos os barcos possuem um sistema de ar-condicionado ou calefação geral, com controles individuais em cada cabina, o que permite aproveitar um clima estável durante todas a travessia.

Instalações diversas. Entre as instalações para o uso dos passageiros se encontram os elevadores que, além das escadas, comunicam todas as pontes; uma ou mais piscinas exteriores ou interiores, que se enchem com água do mar devidamente filtrada e à mesma temperatura; cadeiras de praia ou espreguiçadeiras ao redor da piscina para tomar sol ou ar, mesas de tênis ou pingue-pongue, quadras de tênis e vôlei, mesas e guarda-sóis ao redor das piscinas externas, enfermaria e hospital, biblioteca, sala de leitura, sala de jogos de baralho ou "backgamon", cinema e teatro (Fig. 10.5).

Escritórios diversos. Os escritórios que geralmente se encontram em todos os barcos são a informação, onde se resolverão as possíveis dúvidas dos passageiros em relação ao serviço e atividades programadas diariamente; de correios e banco nos quais os passageiros poderão guardar seu dinheiro e jóias, além de comprar selos de cada porto visitado no percurso; das excursões em terra falaremos

FIGURA 10.5 – Um navio de cruzeiro conta com múltiplas instalações.

adiante; do "mâitre d'hotel", onde se poderá organizar qualquer reunião, comida especial ou coquetéis e onde se pode confirmar a reserva de mesas e horário em que se tenha solicitado; do "chief steward" ou chefe de garçons, onde se relatará qualquer irregularidade na cabina do passageiro e no seu serviço; um quarto de rádio onde podem ser solicitadas chamadas radiotelefônicas para qualquer parte do mundo, assim como envio de telex, fax ou telegramas; do "chief purser" que sempre estará à disposição dos passageiros para resolver qualquer tipo de dúvida, problema ou dificuldade que ocorra na área de serviço aos passageiros; e uma prensa na qual, diariamente, se imprime o programa de atividades e os cardápios.

Tenderes ou barcos salva-vidas. Em algumas ocasiões, devido ao congestionamento do porto ou à falta de um cais com calado suficiente, os barcos de cruzeiros são obrigados a ancorar em um lugar seguro. Nestes casos, se utilizam para desembarcar e embarcar os passageiros os tenderes ou barcos salva-vidas do navio, ou barcos do porto que se visita; o serviço é oferecido sem custo adicional.

Artefatos elétricos. Todas as cabinas estão equipadas com tomadas de 110 volts para conectar barbeadores elétricos, secadores de cabelo, ferros de passar roupa e outros artefatos elétricos similares. Os adaptadores estão disponíveis se necessário.

Cassino. Atualmente todos os barcos oferecem ao passageiros jogos de azar, como *blackjack*, bacará e roleta, além de máquinas caça-níqueis; em algumas ocasiões, oferecem jogos de dados, bingo e corridas de cavalos (à moda de a bordo). A administração de acordo com seus regulamentos, conserva o direito de proibir a entrada de qualquer pessoa que possa afetar o funcionamento do cassino ou outras pessoas que aí se encontram; menores de 18 anos não podem entrar. Não é necessário roupa específica para as damas, mas o cavalheiros devem se vestir de acordo com as normas estipuladas para a noite; não será permitida, em nenhum horário, a entrada em trajes de banho, pés descalços, etc. Não se permite entrar com câmeras durante o funcionamento; a administração reserva o direito de confiscar o filme caso tenham sido tiradas fotografias. Os jogadores deverão comprar as fichas com dólares ou cheques de viagem nas mesas de jogo e depois trocá-las no caixa correspondente; o dinheiro de outros países pode ser trocado no escritório de informações; as fichas do cassino não podem ser utilizadas fora dele; as moedas especiais que se utilizam nas máquinas caça-níqueis não podem ser usadas nas mesas de jogo. Foram estabelecidos valores máximos e mínimos em todas as mesas; a aposta mínima é de 3 dólares e a máxima de 100; a administração se reserva no direito de aumentar ou diminuir o mínimo da mesa; os jogadores serão avisados com 30min de antecedência. É responsabilidade do jogador colocar devidamente suas apostas, seja ele mesmo que as coloque ou o encarregado da mesa. De acordo com a política dos barcos do cruzeiro, não se outorgam créditos para jogar no cassino. Se aceitam cheques de viagens, mas não se trocam cheques pessoais e não se aceitam como pagamento pelas fichas (Fig. 10.6).

FIGURA 10.6 – Os cassinos nos cruzeiros oferecem ao passageiro diversos jogos de azar.

Mudança de cabina. Qualquer mudança de cabina que se deseja fazer, sempre que exista outra cabina disponível, deverá ser feita no embarcadouro por intermédio do caixa. Se emitirá uma nova passagem e serão pagas taxas adicionais se for necessário. Se o passageiro deseja fazer alguma mudança depois que tenha zarpado o barco, deverá apresentar-se ao "purser" ou contador a bordo. Receberá um recibo pela diferença do preço. Todas as mudanças que se façam deverão ser anotadas na passagem do cruzeiro.

Atividades para crianças. As crianças poderão participar dos jogos aquáticos, torneios de jogos ou amarelinha, concurso de artesanatos, bailes à fantasia, aulas de dança, jogos de mesa e cinema. Nas viagens realizadas durante a época de férias se planejam atividades extra com programação especial.

Dietas. As comidas especiais sem sal, açúcar, "koscher", com baixo colesterol ou outras dietas especiais devem ser solicitadas no momento da reserva.

Flores. Os barcos possuem floricultura para enviar arranjos florais a bordo. É oferecida uma seleção de arranjos com flores da estação, frescas e recém-cortadas. Devem ser encomendadas com uma semana de antecedência e seu pagamento é à vista ou com cheque.

Objetos perdidos. Deve se informar imediatamente ao comissário de todos os objetos perdidos e qualquer objeto encontrado deve ser entregue ao mesmo comissário. Se o objeto não é reclamado antes que o barco chegue a seu destino ou se é esquecido na cabina, será enviado aos escritórios centrais da companhia.

Facilidades médicas. Há sempre um médico especialista a bordo. É estabelecido um horário de consultas e o serviço de emergência está a disposição do passageiro 24h por dia. Dispõem-se de medicamentos gratuitos para enjôo. Se algum passageiro se machuca a bordo, em qualquer circunstância, deve ser atendido gratuitamente pelo cirurgião-médico.

Os exames médicos podem ser feitos no consultório ou na cabina do passa geiro. As taxas de rotina serão cobradas em alguns serviços.

Os medicamentos de uso comum para enjôo, antiácidos e aspirinas podem ser adquiridos no escritório do comissário, "purser's office" gratuitamente.

Gorjetas. O passageiro decide quanto deseja dar de gorjeta. É comum que no último dia do cruzeiro se dê certa quantia de dinheiro para algumas pessoas pela sua atenção. Algumas companhias sugerem a quantia.

Excursões em Terra

O programa de excursões opcionais está organizado para benefício do passageiro e nos cruzeiros longos se distribui com suficiente antecedência para que possa ser estudado e se decidir que excursões fazer em terra (Fig. 10.7). Somente em cruzeiros longos o passageiro pode comprar estas excursões desde o mo-

FIGURA 10.7 – Os cruzeiros contam com uma programação de excursões em terra. O turista não deve deixar de visitar as pirâmides e a Esfinge do Egito.

mento que confirma a sua cabina. Em algumas excursões às Ilhas Gregas é oferecido um pacote de excursões que incluem todos os passeios que se tenham programado no lugar, também podem ser compradas no momento de pagar a passagem do cruzeiro. Se existe algum cancelamento, deve ser informado com antecedência com a finalidade de o escritório de excursões em terra poder vendê-la novamente.

ASPECTOS DIDÁTICOS

Exercícios de Consolidação e/ou Auto-avaliação

Instruções. Marque um X dentro dos parênteses da opção correspondente.

1. Os cruzeiros marítimos realizam travessias pelos:

   ( ) mares
   ( ) rios
   ( ) lagos

2. Os cruzeiros fluviais realizam travessias pelos:

( ) lagos
( ) rios
( ) mares

3. Os cruzeiros curtos duram:

( ) 3 meses no máximo
( ) 15 dias a 1 mês
( ) 1 a 15 dias

4. Os cruzeiros longos duram:

( ) mais de 15 dias
( ) menos de 15 dias
( ) 1 semana

5. Sua visão nos negócios dos cruzeiros permitiu passar do conceito de viagem de hotel-vapor flutuante, para vapor cidade de férias flutuante:

( ) Erick Hansen
( ) Knut Kloster
( ) Klaus Schwaiger

6. São todas as condições de fundo e forma às que se sujeita a autorização para cruzar uma fronteira:

( ) acordos bilaterais
( ) regulamentos nacionais
( ) formalidades de fronteira

7. É a ação e efeito de passar de uma país a outro:

( ) migração
( ) passaporte
( ) visto

8. O passaporte é uma autorização ou salvo-conduto que se outorgava para sair de alguma cidade das repúblicas italianas durante:

( ) Renascimento
( ) Idade Média
( ) Revolução

9. É a autorização que um país outorga ao nacional de outro país ou a um apátrida assim como a saída dos nacionais:

( ) passaporte
( ) alfândega
( ) visto

10. É a autorização especial e suplementaria inscrita no passaporte, ou em folha separada, para entrar em um país, Visto de:

( ) entrada
( ) trânsito
( ) saída

11. É a que autoriza seu titular a cruzar o território do país que a expede, sem permanecer nele. Visto de:

( ) entrada
( ) trânsito
( ) residência

12. Se encontra no cais e sua obrigação é ajudar o passageiro com a bagagem no momento de embarque e do desembarque:

( ) "deck stewart"
( ) fotógrafos
( ) carregadores

13. Quando a nave chega ao porto, as lojas que estão a bordo permanecem:

( ) fechadas
( ) abertas
( ) ativas

14. Todas as cabinas estão equipadas com tomadas de:

( ) 120 volts
( ) 110 volts
( ) 100 volts

15. Os medicamentos contra o enjôo, antiácidos e aspirinas podem ser adquiridas no escritório do comissário:

( ) com encargo
( ) sem encargo
( ) por encargo

16. O serviço médico de urgência no barco está à disposição do passageiro:

( ) em horário estabelecido
( ) em algumas ocasiões
( ) as 24h do dia

17. Os eventos esportivos costumam organizar-se pela:

( ) tarde
( ) manhã
( ) noite

18. No preço da passagem do cruzeiro estão incluídas:

( ) todas as refeições e "snacks"
( ) somente algumas refeições
( ) as refeições mas não "snacks"

19. O preço da passagem não inclui:

( ) "snacks"
( ) refeições
( ) gorjetas

20. Quando o passageiro deseja ir a alguma das praias onde pára o cruzeiro, pode solicitar as toalhas ao:

( ) "chief purser"
( ) "deck stewart"
( ) "black jacker"

Atividades de Reforço

1. Explique com as suas palavras, a diferença entre um transatlântico e um cruzeiro.
2. Pesquise a travessia que realiza um cruzeiro fluvial pelo rio Nilo e apresente um relatório por escrito.
3. Pesquise quais são as diferentes funções que desempenha o pessoal que trabalha em cada um dos departamentos de uma empresa operadora de barcos.
4. Consulte em diferentes folhetos de companhias de cruzeiros como são os camarotes e elabore, em grupo, uma maqueta na qual se reproduza em escala, a cabina de luxo para passageiros de um cruzeiro.
5. Pesquise e apresente por escrito a descrição de cinco excursões diferentes em terra, que se realizem na área do Caribe e cinco na área do Mediterrâneo.

Capítulo 11

TRANSPORTE AQUÁTICO EM "FERRIES"

ASPECTOS TEÓRICOS

Definição e Conceito de "Ferry"

Barco de tonelagem reduzida preparado para o transporte de passageiros e veículos entre portos marítimos ou fluviais relativamente próximos.

Em grandes travessias proporciona também serviço de alimentação, alojamento e diversão. Geralmente opera combinado com outros meios de transporte (Fig. 11.1).

O Serviço dos "Ferries" na Europa

Os "ferryboats" condensam um enorme trânsito na Europa. As companhias ferroviárias administram várias delas, como a frota Trans-Mancha, explorada em

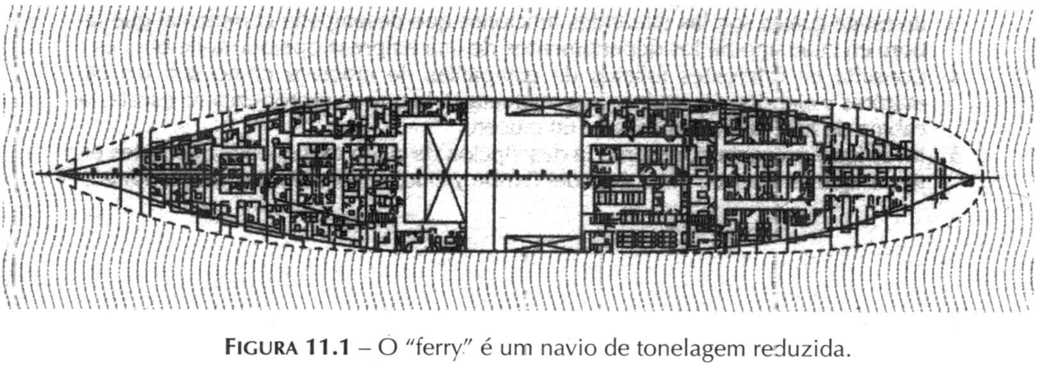

FIGURA 11.1 – O "ferry" é um navio de tonelagem reduzida.

"pool" pela S.N.S.F. e pelos Trens Britânicos. As mais importantes para o turismo, e por se tratar de pontos de congestão, são:

1. Pequeno Belt:

   Kolding (Hamburgo-Kiel)-Middelfart (Odense)
   Grossenbrode (Hamburgo-Pton)-Gedser (Copenhague)
   Puttgarten (Hamburgo-Lubeck)-Rodby (Dinamarca) (Vogelflughine ferry)

2. Gran Belt:

   Niborg (Odense)-Korser (Copenhague)

3. Canal de Sund:

   Copenhague-Malmö
   Copenhague-Hälingborg

4. Inglaterra-França:

   Dover-Bolonha
   Dover-Calais
   Dover Dunkerque Southampton-Le Havre
   Newhaven-Dieppe
   Jersey-Granville
   Jersey-St. Malo
   Plymouth-Roscoff
   Plymouth-St. Malo
   Weymouth-Cherburgo
   Portsmouth-St. Malo
   Portsmouth-Cherburgo
   Folkestone-Calais
   Folkestone-Bolonha
   Ramasgate-Calais

5. Inglaterra-Bélgica:

   Dover-Ostende
   Dover-Zeebrugge
   Leith-Amberes
   Tilbury-Amberes
   Folkestone-Ostende

Folkestone-Zeebrugge
Felixtowe-Zeebrugge
Hull-Zeebrugge

6. Holanda-Inglaterra:

    Rotterdam-Hull
    Rotterdam-Leith
    Rotterdam-Felixstowe
    Rotterdam-Immingham
    Hook de Holanda-Harwich
    Flushing-Great Yarmouth

7. Alemanha-Inglaterra:

    Bremerhaven-Harwich
    Hamburgo-Harwich

8. Alemanha-Suécia:

    Bremerhaven-Harwich

9. Dinamarca-Inglaterra:

    Copenhague-Groole
    Copenhague-Harwich, via Bremerhaven
    Copenhague-Leith
    Esberg-Harwich
    Esberg-Newcastle upon Tyne
    Gothenburg-Tilbury

10. Noruega-Inglaterra:

    Bergen-Newcastle
    Oslo-Newcastle
    Stavanger-Newcastle
    Kristiansand-Harwich

11. Suécia-Inglaterra:

    Göteborg-Hull
    Göteborg-Immingham
    Göteborg-Tilbury
    Hälsingborg-Harwich, via Bremerhaven

12. Espanha-Inglaterra:

    Bilbao-Southampton

13. Irlanda-Inglaterra:

    Cork-Fishguard
    Dublín-Glasgow
    Dublín-Liverpool
    Dun Laoghaire-Holyhead
    Rosslare-Fishguard

14. Islândia-Inglaterra:

    Reikiavik-Leith

15. Estreito de Gibraltar:

    Algeciras-Tânger
    Algeciras-Ceuta
    Málaga-Melilla
    Almería-Melilla-Ceuta

16. Serviço de Baleares:

    Barcelona-Palma
    Barcelona-Mahón
    Barcelona-Ibiza
    Valencia-Palma
    Valencia-Ibiza
    Alicante-Palma
    Alicante-Ibiza
    Ibiza-Palma

17. Córsega:

    Marsella-Ajaccio
    Marsella-Bastia
    Niza-Ajaccio
    Niza-Bastia
    Niza-Calvi
    Bonifacio-Santa Teresa (Sardenha)
    Bastia-Libornio

18. Sardenha:

    Gênova-Puerto Torres
    Civitavecchia-Olbia
    Civitavecchia-Cagliari
    Nápoles-Cagliari
    Palermo-Cagliari

19. Estreito de Medina:

    Mesina-Aspromonte.

20. Adriático:
    Ancona-Zadar.

21. Canárias:
    Cádiz-Tenerife-Las Palmas.
    Cádiz-Las Palmas-Tenerife.
    Vigo-Las Palmas-Tenerife-Santa Cruz de la Palma.
    Málaga-Ceuta-Acerrife-Las Palmas-Tenerife-Las Palmas.

Outros insulares

Luis Fernández Fuster diz que:

> A condensação de companhias de "ferry" em alguns pontos desencadeia, às vezes, uma dura concorrência, que se manifesta em melhorias nos serviços, introdução de "hovercrafts", por exemplo, ou em reduções de preços ou condições. A Towsend Ferries, no trajeto Calais-Dover, lançou a passagem de ida e volta válida para quatro dias, quatro pessoas e um automóvel; o que equivale ao transporte gratuito do último.[1]

Porém, na maioria dos casos existem convênios entre companhias.

O trânsito no Canal da Mancha, em ambos os sentidos, se manteve em uns 4 milhões de passageiros anuais e uma média de 650 mil veículos, até 1967. No ano seguinte houve uma retração sensível, mas foi superada em 1969 com 4,5 milhões de passageiros e 788 mil automóveis.

A introdução de "hovercrafts" tem reduzido o tempo de navegação de forma sensível (Fig. 11.2). Por exemplo, os trajetos Dover-Bolonha ou Dover-Calais, que com um "ferry" tradicional significava uma travessia de 40min, se realiza em 30min.

As principais companhias que operam estes serviços são as seguintes:

Fred Olsen-Berger Line, DFDS, Norfolk Line, North Sea Ferries, Swedish Lloyd-Hoverlloyd, Prins Ferries, Townsend Thoresen, Sealink-Seaspeed, Olau Line, Normandy Ferries, Brittany Ferries, Aznar, Canguro.[2]

---

[1] Luis Fernández Fuster, *Teoria e técnica do turismo*, unidade 1, Editora Nacional, Espanha, 1981, p. 482.

[2] *Ibid.*, p. 483.

Figura 11.2 – A introdução de "hovercrafts" tem reduzido o tempo de navegação.

Bem, as estatísticas do comitê central das companhias navegadoras da França e os resultados publicados pelo grupamento profissional francês de usuários ou cruzeiros indicam nestes últimos anos a intensificação da atividade marítima nas linhas internacionais em percursos curtos.

Segundo a revista inglesa *Motorship*, a frota de "ferries" enriqueceu com 254 unidades em 1974 e 267 em 1975.

Os aumentos do número de passageiros têm sido constantes; a média anual é 10%; portanto, a cada ano os percursos pelo Canal da Mancha obtêm níveis significativos. Pela sua configuração e natureza da clientela, a Europa se considera o berço dos "ferries". São numerosas as águas dos mares que banham o continente; o Báltico, do Norte, da Mancha, o Adriático e o Egeu são rápidos de atravessar.

Freqüentemente é mais fácil pegar um "ferry" que rodear uma costa, como o caso da Itália e Grécia. Em 1975, a rede de linhas de "ferries" se incrementou em plena temporada de crise econômica mundial passando de 43.000 para perto de 50.000 marinheiros empregados. Em outros continentes não se teve conhecimento do trânsito de "ferries".

Hidrofólio e "hovercraft". Atualmente estas embarcações são consideradas como a última invenção em matéria de navegação. Ambos tiveram boa aceitação e obviamente têm se introduzido pouco a pouco em linhas regulares de médio e curto alcance. O hidrofólio é uma embarcação que conta com alhetas e que desliza com elas como se fossem esquis, sem perder o contato com a água. Embora existam vários modelos de hidrofólio, todos são capazes de transportar até 120 passageiros a uma velocidade de 34 nós.

O "hovercraft" é uma embarcação voadora, que vai no ar mediante um "colchão". Estes aparelhos têm menor capacidade que o hidrofólio, pois transportam de 18 a 20 passageiros e alcançam uma velocidade média de 120km/h.

Breve História dos "Ferries" no México

Entre 1924 e 1930, operaram no Golfo da Califórnia as companhias navegadoras do Pacífico e dos estados; a primeira delas, com os barcos *Washington* e *Bolivar*, de 1.500ton de arqueação bruta cada um e a segunda com o *México* e o *Moctezuma*, ambos de 3.000ton, além de outras unidades menores. Estas linhas não continuaram seu serviço nos anos seguintes devido aos comerciantes e industriais da península adquirirem suas próprias embarcações. Os irmãos Ruffo, o *San Antonio*; as fábricas de solas de sapatos de La Paz, o *Viosca*; Arturo Canseco e Companhia, o *Blanco*; a casa Van Borsetel e Castro, o *Peninsular* e várias lojas de San José del Cabo, o *Unión*.

No dia 9 de novembro de 1964, Adolfo López Mateos pôs em serviço o primeiro "ferry" do seu gênero: *La Paz*, que foi o primeiro da frota do organismo descentralizado Caminhos Federais de Ingressos, cujo número de unidades foi crescendo e com os quais se transportaram passageiros e carga da La Paz a Mazatlán. Para seu projeto foi convocado um concurso internacional de projetistas cujo ganhador foi Erik Kaempe. A construção do "ferry" foi encomendada a Kure Shipbuilding and Engineering Co. Ltda. do Japão. Foi terminado e embandeirado nesse país como nave mexicana em 17 de agosto de 1964. Faz o serviço de transporte de passageiros e automóveis em um percurso de 450km, atravessando o Mar de Cortés, o terminal em La Paz, se encontra na Bahia de Pichilingue, a 18km da cidade.

Por outro lado, o Executivo federal, mediante o decreto de 15 de agosto de 1979, criou um organismo de serviço de "ferries", que depende da Secretaria de Comunicações e Transportes, com a função de prestar o serviço marítimo de passageiros, veículos e carga sobre rodas entre os portos da República que assim o requeiram para ajudar a integração do território nacional e o desenvolvimento econômico do país (Fig. 11.3).

As prestações assinaladas são dos serviços que presta aos usuários; fixam-se como viagens simples tanto para carga como para passagem.

O pagamento das prestações estabelecidas no acordo devem ser feitas nas caixas arrecadadoras do serviço de "ferries".

A receita arrecadada deve ser entregue à Tesouraria da Federação dentro dos primeiros cinco dias úteis de cada mês.

Na prestação se considera incluído o Imposto de Valor Agregado, somente em caso de o usuário do serviço solicitar que se separe o imposto, isto poderá ser feito.

Os serviços deste organismo estão sujeitos às seguintes regras:

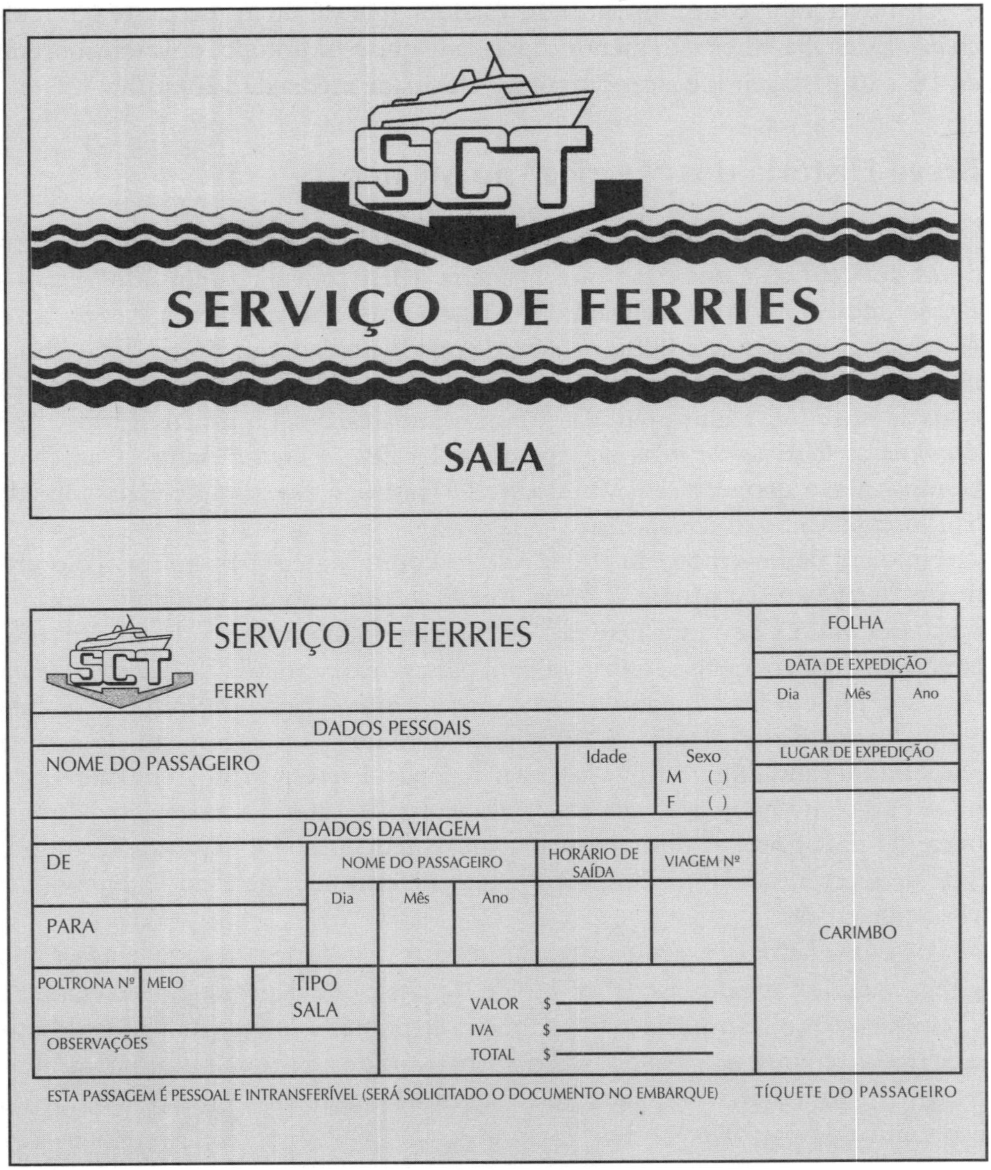

SCT

SERVIÇO DE FERRIES

SALA

SCT SERVIÇO DE FERRIES

FERRY

FOLHA

DATA DE EXPEDIÇÃO

Dia | Mês | Ano

DADOS PESSOAIS

NOME DO PASSAGEIRO | Idade | Sexo M ( ) F ( )

LUGAR DE EXPEDIÇÃO

DADOS DA VIAGEM

DE | NOME DO PASSAGEIRO | HORÁRIO DE SAÍDA | VIAGEM Nº

Dia | Mês | Ano

PARA

CARIMBO

POLTRONA Nº | MEIO | TIPO SALA

VALOR $

IVA $

TOTAL $

OBSERVAÇÕES

ESTA PASSAGEM É PESSOAL E INTRANSFERÍVEL (SERÁ SOLICITADO O DOCUMENTO NO EMBARQUE)

TÍQUETE DO PASSAGEIRO

FIGURA 11.3 – (A passagem) Os "ferries" no México prestam serviço marítimo de passageiros, veículo e carga.

1. As prestações se aplicarão ao serviço de transporte marítimo de pessoas, veículos e maquinaria autopropulsada.
2. As prestações estabelecidas cobrem o pagamento pela viagem simples e não incluem alimentos, bebidas nem diversões a bordo durante a tra-

TICKET DE REEMBOLSO

Data_______________________

Recebi a quantia de $ _______________

pelo reembolso da presente passagem.

Nome_______________________________

Endereço____________________________

Tel._________________________________

____

Assinatura do passageiro

____

Rubrica do Agente

MÉXICO, D.F.
FAVOR CONFIRMAR A DATA DE SAÍDA NA SUA PASSAGEM 4 HORAS ANTES DAS MESMA, DO CONTRÁRIO ESTARÁ SUJEITO A CANCELAMENTO.

PLEASE CONFIRM THE DATE IN YOUR TICKET AT LEAST 4 HOURS BEFORE DEPARTURE, OTHERWISE WILL BE SUBJECTTO CANCELATION

REGULAMENTO

Aprovada pelas secretarias da Marinha Nacional e de Comunicação e Transportes.

As tarifas, regulamento e aplicação do portador são parte integrante desta passagem, se encontram à disposição do passageiro para consulta nos escritórios de serviço de ferries S.C.T.

HORÁRIOS. Os horários de serviço são os aprovados pelas respectivas autoridades e somente poderão ser alterados em caso de força maior.

PASSAGENS. No valor desta passagem está incluído o seguro do passageiro, assim como o dos veículos e maquinaria autopropulsionada.

As parcelas cobrem o pagamento por viagem simples e não inclui alimentação, bebidas ou diversões a bordo durante a travessia.

Em caso de falecimento do passageiro antes de se iniciar a viagem, se devolverá aos seus parentes o valor da passagem.

Esta passagem é pessoal e não poderá ser transferida sem a prévia autorização do transportador que terá a todo momento o direito de exigir o documento do passageiro. No caso de ser transferida sem autorização do transportador, ele não se responsabilizará com o possuidor da passagem, pelo mau uso que se faça dela.

No caso de extravio desta passagem, o interessado deverá avisar ao transportador, com a finalidade de que este não permita sua utilização, a não ser que o transportador confirme sua validade. Se a passagem for encontrada ou chegar ao final da validade sem que seja encontrada, o transportador reembolsará o interessado valor da passagem.

RESERVAS NÃO USADAS. O passageiro terá direito a cancelar sua reserva até 48h antes do início da viagem, com direito à devolução do valor e do custo, e até 24h obterá a devolução de 75%, depois dos prazos indicados terá direito à devolução de 50%.

CRIANÇAS. As crianças menores de 2 anos estão isentas do pagamento seus nomes deverão ser anotados na passagem da pessoa responsável. Os maiores de 2 e menores de 12 anos pagarão meia-passagem. As crianças, de qualquer idade, têm direito ao seguro de viagem sem custo adicional.

BAGAGEM. Esta passagem dá direito a 50kg de bagagem sem nenhum custo por passageiro. O que exceda esse limite será cobrado a 1% por quilo do valor normal por adulto, do serviço utilizado pelo passageiro.

O transportador terá o direito de reter a bagagem do passageiro por gastos originados durante a viagem.

Não se entregará nenhuma bagagem, veículo ou maquinaria autopropulsionada se não se apresentar o comprovante que demonstre a propriedade dos referidos bens e "se for o caso" o do pagamento correspondente por guardar os bens em depósito, com sua tarifa autenticada.

Os danos na bagagem serão computados pelo valor declarado, mas o passageiro poderá provar o valor real, se não o houver declarado a responsabilidade se limitará a $ __________ por cada quilograma da bagagem.

Todo veículo carregado em outro pagará a tarifa correspondente.

FIGURA 11.3 (*Cont.*) – Verso da passagem.

vessia. Incluem o seguro que o organismo está obrigado a contratar para todos os viajantes ou passageiros, veículos e maquinarias autopropulsadas.

3. Os comprovantes de pagamento serão as passagens expedidas ao ser efetuado o pagamento.

4. As passagens são pessoais e intransferíveis, exceto nos casos em que o referido organismo o autorize, o que poderá exigir a identificação do usuário. No caso de as passagens serem utilizadas por pessoas que não constem na lista de passageiros, eles não terão direito a reclamar o seguro do passageiro assim como se no caso de danos ou lesões for necessária intervenção médica.
5. A passagem obriga o organismo (serviço de "ferries") a efetuar o transporte na data indicada e no tempo combinado; mas, se a referida viagem é suspendida por motivos de força maior, os passageiros terão direto à devolução do seu dinheiro, mas não poderão optar para que a passagem conserve sua validade sem que o organismo cobre uma quantia adicional.
6. No caso da perda da passagem, os interessados devem avisar ao organismo, que informará a seus escritórios os dados correspondentes, com a finalidade de não permitir seu uso e para que seja expedida uma nova passagem, com prévia identificação.
7. Se a passagem extraviada for localizada sem ter sido usada na viagem e ainda válida, o usuário têm direito a reembolso total.
8. O organismo controlará os passageiros e passagens expedidas, dos quais conservará cópia das passagens vendidas.
9. Quando a passagem dá direito ao passageiro de levar até 50kg de bagagem livre de encargo, as bagagens serão transportadas nos lugares destinados para isso, mas podem ser levadas com eles, quando, por pela sua natureza ou volume, não provoquem incômodos nem danos a outros passageiros.
10. O excesso de bagagem será cobrado por quilo, a 1% do preço normal para adultos, aplicável em função do serviço utilizado.
11. O organismo terá direito de reter a bagagem em função de gastos do passageiro durante a viagem.
12. Os passageiros terão o direito de cancelar suas reservas 48h antes da saída, obtendo reembolso total, 24h antes, com 75% e depois dos prazos indicados somente 50%.
13. As bagagens, veículos de carga, passagem e maquinaria autopropulsionada que, no final da viagem, não sejam retirados em 24h, serão guardados em um depósito sem responsabilidade para o organismo, o proprietário deverá pagar, como segue:

    a) **Bagagem.** Será cobrado por dia ou fração de dia, com uma taxa estipulada por volume ou peça;
    b) **Veículos e maquinaria autopropulsionada.** Será cobrado 1% do valor da passagem, por dia ou fração de dia.

"Ferries" na área do Pacífico

Como foi mencionado, o barco *La Paz* terminou e foi embandeirado como navio mexicano no dia 17 de agosto de 1964. Este "ferry" possui 3.772ton brutas, 109m de comprimento e 17m de boca. Navega a uma velocidade de 17,5 nós, com capacidade para 800 passageiros e 115 automóveis; possui dois motores Burmeister de 2.800hp cada um.

O "ferry" *Díaz Ordaz* entrou em serviço em outubro de 1970, com pelo bruto de 2.913ton, possui 90m de comprimento total e 17 de boca; navega a uma velocidade de 17 nós, tem capacidade para 800 passageiros e 90 automóveis. Em dezembro de 1972, se inaugurou o barco *Benito Juárez*, com 1.414ton, 71m de comprimento e 14m de boca; sua velocidade é de 16 nós e tem capacidade para 600 passageiros e 90 automóveis. Em novembro de 1973, se inaugurou o *Coromuel* com 7.234ton, 109m de comprimento e 17 de boca; sua velocidade é de 18 nós e tem capacidade para 1.200 passageiros e 185 automóveis.

Aproximadamente, na mesma data, também se inaugurou o *Mazatlán*, com 5.012ton, 108m de comprimento e 17 de boca, navega a uma velocidade de 18 nós e sua capacidade é de 1.200 passageiros e 1.150 automóveis; nesse mesmo mês e ano foi inaugurado o *Guaycura*, com 2.278ton brutas, comprimento de 98m e boca de 16; sua velocidade é de 17 nós e tem capacidade para 201 passageiros e 200 automóveis. Por outro lado, o *Puerto Vallarta* foi inaugurado em junho de 1974, com 7.005ton brutas, comprimento de 109m e boca de 17; sua velocidade é de 18 nós e possui capacidade para 1.200 pessoas e 185 automóveis. Finalmente, o barco *Azteca* foi inaugurado em 21 de abril de 1975; com 6.824ton, seu comprimento é de 108m e 17m de boca; navega a uma velocidade de 18 nós e tem capacidade para 62 passageiros, 185 automóveis e 27 "trailers" (Fig. 11.4).

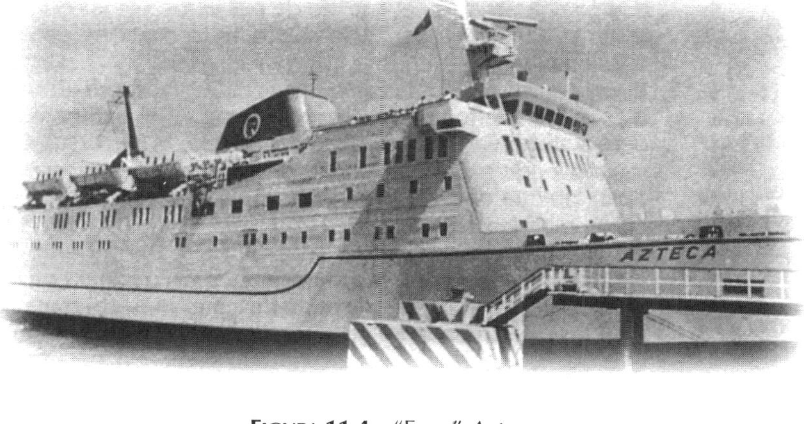

FIGURA 11.4 – "Ferry" *Azteca.*

Com a finalidade de enriquecer a informação sobre as características dos barcos mencionados, à continuação a descrição dos mesmos, com base em informações fornecidas por Caminhos e Pontes Federais de Ingressos e Serviços Anexos.

"Ferries" na área do Caribe

A frota operada por Caminhos e Pontes Federais de Ingressos e Serviços Anexos, depende da Secretaria de Comunicações e Transportes, é uma das bases do desenvolvimento turístico, comercial, industrial e agrícola de diversas áreas do país; por meio dos seus "ferries" são cobertas, de forma programada, rotas marítimas e fluviais que transportam passageiros, veículos e carga sobre rodas.

Antes de ter disponíveis estes meios de comunicação, a área do Caribe contava com escassos apoios para seu desenvolvimento, contrastando com o forte impulso que se dava a lugares com melhor comunicação; os habitantes do sudeste da República Mexicana viviam com limitações em relação à disponibilidade de comodidades. Portanto, somente podiam atender a um reduzido número de visitantes. Em 1960, Caminhos e Pontes Federais de Ingressos complementou os serviços de conexão de estradas e pontes; no sudeste do país, destinou embarcações para o cruzamento de Punta Sam-Isla Mujeres e Puerto Morelos-Cozumel.

Como era de se esperar, as facilidades de viajar em datas precisas como comodidade e segurança nestas naves propiciaram o constante aumento da demanda destes serviços. Atualmente, a zona a Caribe conta com cinco "ferries": *Cozumel, Quintana Roo, Isla Mujeres, Controy* e *Frontera.*

"Ferries" na área do Golfo do México

Os estados que contam com o serviço de "ferry" dentro do Golfo do México são: Tabasco, Campeche, Veracruz e Tamaulipas; e para realizar este serviço se utilizam 12 "ferries" que se enumeram:

1. *Grijalva*
2. *Laguna de Mecoacan*
3. *Mezcalapa*
4. *Zetra II, IV e V*
5. *Fronteras I e II*
6. *Laguna de Coapa*
7. *Macuspana*
8. *Rio San Pedro*

9. *Ciudad del Carmen*
10. *Usumacinta*
11. *Laguna de Términos*
12. *Remolcador Caribe I*

O serviço é prestado diariamente e é constante na maioria das rotas. As embarcações utilizadas para este tipo de serviço são chalanas, embarcações menores, de fundo plano, proa aguda e popa quadrada, pois as águas que cruzam não são fundas. Esta embarcações têm capacidade para 10 e 25 veículos; não existe uma capacidade numérica estabelecida para o transporte de passageiros devido a não existirem camarotes, e os usuários preferirem viajar em pé.

É um serviço de passagem para trajetos muito curtos, que não ultrapassam os 30min. Este serviço é prestado com um propósito social, considerando que para os passageiros é gratuito, é cobrado apenas uma pequena quantia pelo transporte de veículos e objetos.

Serviço estabelecido (cruzamento):

- Em Tabasco: cruzamento do rio São Pedro, Paso Frontera e Paso del Bellote.
- Em Campeche: serviço na Ciudad Zacatal, Ciudad del Carmen.
- Unindo os estados de Veracruz e Tabasco: *El Humo* e El 106.

Vantagens e Desvantagens do Transporte Aquático em Relação a Outros Meios de Transporte

O transporte aquático oferece múltiplas vantagens, como comodidade, economia, capacidade e segurança; por isso, este tipo de transporte tem constituído um fator decisivo para a economia de muitos países. O transporte aquático permite o desenvolvimento do comércio exterior ao ser preferido pelos exportadores e importadores no plano internacional. Também, tem motivado o desenvolvimento de empresas fabricantes de grandes peças de engenharia internacional, criando assim múltiplas fontes de trabalho. Obviamente, estas atividades facilitam o transporte de recursos renováveis em grande escala nos diversos pontos onde são requeridos.

Analisaremos cada uma das vantagens:

Comodidade. Viajar de férias é um novo conceito que brinda ao passageiro bem-estar e comodidade, pois este representa para o turista mais que um hotel flutuante, uma pequena cidade que conta com tudo aquilo que lhe é oferecido em um lugar de luxo, onde até o menor detalhe tem sido especialmente planejado por organizadores especializados com a finalidade de oferecer ao passageiro uma travessia prazeirosa e inesquecível.

Economia. Geralmente o transporte marítimo permite que o usuário carregue produtos de grande peso e volume; ou seja, transportar grandes quantidades de produtos a um custo muito reduzido. O fato de contar com uma via livre como é o mar, unido à infra-estrutura dos portos, facilita o movimento das empresas, evitando grandes investimentos. A infra-estrutura portuária é parte das obras públicas a cargo do Estado; os grandes investimentos são as próprias embarcações que se amortizam a longo prazo em virtude da vida física de um barco ser muito duradoura.

Capacidade. Um barco tem capacidade de transportar milhares de toneladas em um único trajeto. A grande variedade de carga movimentada no trânsito internacional faz com que as empresas que se dedicam a prestar este serviço adquiram barcos de grande tamanho e equipamento completo para transportar carga.

Por mar se transportam diversos tipos de artigos com características muito particulares. Em relação às características que apresentam cada tipo de carga, classificam-se em:

- *Carga seca.* Inclui todo tipo de carga em estado sólido, que se subdivide em: carga geral (homogênea e heterogênea); e carga a granel (este tipo de carga se refere a um só tipo de produto embarcado em grandes quantidades).
- *Carga líquida.* Principalmente combustíveis, como petróleo e gás liqüefeito, manipulados a temperaturas que vão de 120 a 330°C. Destes tipos de carga, a de maior movimento é a líquida, como conseqüência da grande demanda de hidrocarbonados que há atualmente. Apesar de os barcos tanque serem mais numerosos em todos os portos do mundo, as companhias mexicanas de transporte marítimo não possuem este tipo de barcos; devido à Petróleos Mexicanos possuir suas próprias embarcações tanto para o trânsito de altura como de cabotagem. É relevante observar que a demanda mundial de hidrocarbonados se incrementa ano a ano e desperta a inquietação das companhias mexicanas em participar do transporte de petróleo.

Segurança. O transporte aquático é um meio muito seguro devido aos escassos acidentes marítimos; isto se deve ao fato de que as legislações de todos os países com costas estabelecerem normas de segurança muito rigorosas para os passageiros e para as mercadorias.

Certamente o transporte aquático também tem desvantagens, como lentidão, pouca flexibilidade, custo e investimento.

Lentidão. Atualmente o homem de negócios tem a necessidade de transportar-se com rapidez e, neste caso, o barco não é o meio de transporte mais adequado, pois o contínuo movimento do mar, os obstáculos do tempo e outros fenômenos naturais impedem a rapidez da navegação.

Pouca flexibilidade. O transporte marítimo está condicionado a uma série de fatores que implicam no estabelecimento de itinerários predeterminados, em função de estudos marítimos e de temporadas.

Custo. Este fator está estritamente vinculado com a lentidão. Um passageiro que necessite de um traslado transoceânico deve considerar que durante uma travessia prolongada ele tem uma série de gastos, como alimentação, que aumentaria o custo do trajeto. Por outro lado, algumas travessias como as dos cruzeiros, são elitistas; estão direcionadas a pessoas de um nível econômico de médio a superior.

Investimento. A aquisição de uma unidade implica em um grande investimento, particularmente se for desejo oferecer ao passageiro todos os serviços complementares que requer a sua operação.

Horários do Serviço de "Ferries"

O serviço de "ferries", cujos horários aparecem a seguir, é oferecido nas seguintes áreas (os horários podem sofrer alterações):

Mazatlán-La Paz
Embarcações: *Cozumel, Azteca e Mazatlán.*

a) Veículo.
b) Passageiros: Classes sala, turística, camarote e suíte de luxo. Saídas diárias às 17h (16h de travessia).

Puerto Vallarta-Cabo San Lucas
Embarcação: *Puerto Vallarta.*

a) Veículo.
b) Passageiros: Classes sala, turística, camarote especial e suíte de luxo. Saídas terças e sábados às 16h (18h de travessia).

Guaymas-Santa Rosalía
Embarcação: *Benito Juárez.*

a) Veículo.
b) Passageiros: Classes sala e turística. Saídas terças, quintas e domingos às 10h (7h de travessia).

Topolobampo-La Paz
Embarcações: *Guaycura e Loreto.*

a) Veículo.
b) Passageiros: Possui unicamente uma sala. Saídas todos os dias, várias vezes (2h de travessia).

Localização e telefones dos diversos escritórios de "ferries"

Cabo San Lucas, BCS.	(Muelle Marítimo, Tel. 3-0079)
Guaymas, Son.	(Muelle Patrio, Tel. 2-2324)
La Paz, BCS.	(Francisco I. Madero 910, Tel. 2-0109)
Mazatlán, Sin.	(Prolongación Calle Carnaval, Tel. 1-7020 ou 1-7022)
Puerto Vallarta, Jal.	(Muelle Marítimo, Tel. 2-0476)
Santa Rosalía, BCS.	(Muelle de la Aduana Tel. 2-0013 ou 2-0014)
Topolobampo, Sin.	(Muelle Marítimo, Tel. 2-5642)

Na Cidade do México, favor comunicar-se com Ferries do México, localizado em Anaxágoras 915, Col. Navarte, México, D.F., Tel. 5523-0481 ou 5543-5539.

NOTA: O serviço de pequenos "ferries" é oferecido nos estados de Quintana Roo, Veracruz, Tamaulipas e Campeche. Que operam localmente e seus horários podem sofrer alteração.

ASPECTOS DIDÁTICOS

Exercícios de Consolidação e/ou Auto-avaliação

Instruções. Marque um X dentro dos parênteses da opção correspondente.

1. Barco de tonelagem reduzida e preparado para o transporte de passageiros e veículos entre portos marítimos e fluviais relativamente próximos:
   ( ) transatlântico
   ( ) "ferry"
   ( ) cruzeiro

2. Os "ferryboats" condensam um enorme trânsito na:
   ( ) Europa
   ( ) América
   ( ) Ásia

3. A condensação de companhias de "ferries" em alguns pontos desencadeia, às vezes:

( ) conformidade
( ) prosperidade
( ) concorrência

4. Com a introdução dos "hovercrafts", os tempos de navegação tem-se:

( ) incrementado seguramente
( ) reduzido sensivelmente
( ) igualado gradualmente

5. Embarcação voadora que flutua no ar por meio de um "colchão":

( ) "hovercraft"
( ) hidrofólio
( ) "ferry"

6. Embarcação que possui alhetas e que desliza entre elas como um esqui, sem perder o contato com a água:

( ) hidrofólio
( ) "ferry"
( ) "hovercraft"

7. No dia 9 de novembro de 1964, Adolfo López Mateos colocou em serviço o primeiro "ferry", denominado:

( ) *Cozumel*
( ) *La Paz*
( ) *Azteca*

8. O organismo encarregado do serviço de "ferries" foi criado através do decreto de:

( ) 9 de novembro de 1964
( ) 28 de setembro de 1975
( ) 15 de agosto de 1979

9. No caso de extravio de uma passagem de "ferry", o interessado deverá avisar:

( ) à justiça
( ) à polícia
( ) ao organismo

10. O excesso de bagagem se cobrará por quilo, na proporção da cota normal que se aplica ao tipo de serviço utilizado e é de:

    ( ) 1% adultos
    ( ) 5% adultos
    ( ) 1% menores

11. Para obter a devolução integral, os passageiros devem cancelar sua reserva no "ferry":

    ( ) 48h antes da saída
    ( ) 24h antes da saída
    ( ) 12h antes da saída

12. Entrou em serviço em outubro de 1970, o "ferry":

    ( ) *Azteca*
    ( ) *Díaz Ordaz*
    ( ) *Cozumel*

13. Atualmente a área do Caribe conta com:

    ( ) 4 "ferries"
    ( ) 5 "ferries"
    ( ) 6 "ferries"

14. O "ferry" *Tabasco* funciona dentro da área do:

    ( ) Pacífico
    ( ) Caribe
    ( ) Golfo

15. Na área do Golfo se utilizam:

    ( ) 5 "ferries"
    ( ) 12 "ferries"
    ( ) 8 "ferries"

16. O "ferry" *Controy* funciona dentro da área do:

    ( ) Caribe
    ( ) Golfo
    ( ) Pacífico

17. Inclui todo tipo de carga em estado sólido. Carga

    ( ) seca
    ( ) líquida
    ( ) gasosa

18. No transporte aquático, a rapidez é uma:

    ( ) vantagem
    ( ) característica
    ( ) desvantagem

19. No transporte aquático, a comodidade é uma:

    ( ) vantagem
    ( ) desvantagem
    ( ) carência

20. A infra-estrutura portuária faz parte das obras públicas a cargo:

    ( ) de alguns comerciantes
    ( ) da iniciativa privada
    ( ) do Estado

Atividades de Reforço

1. Se você mora em uma zona portuária, visite um terminal de "ferries" e apresente um relatório por escrito, incluindo a sua descrição.
2. Reúna fotografias dos diferentes "ferries" que funcionam no seu país e coloque-as em um álbum.
3. Procure as estatísticas mais recentes dos passageiros transportados em "ferries" nas diferentes áreas do seu país.
4. Elabore uma tabela comparativa sobre as vantagens e desvantagens do transporte aquático, em relação ao transporte terrestre e aéreo.
5. Elabore, em grupo, um jornal-mural sobre este capítulo, procurando enriquecer as informações, consultando outras fontes.

Capítulo 12

TRANSPORTE ESPACIAL

Aspectos Teóricos

Introdução

Certamente resultaria fantasioso conceber a existência de ônibus e trens na Lua ou em outros planetas, onde os turistas pudessem passear tranqüilamente; não obstante, no mundo do futuro tudo será possível mediante a oitava maravilha do século XX: o transporte espacial, do qual nos referiremos com mais detalhes, em breve.

Previamente fizemos alusão ao transporte espacial com a qualificação de oitava maravilha do século XX, então, a princípio, é conveniente referirmo-nos às outras maravilhas ou fatos e coisas extraordinárias que a precederam e que têm provocado a admiração da humanidade através do tempo e do espaço. Começaremos por descrever as sete maravilhas do mundo antigo, logo depois, as sete maravilhas do mundo moderno e, finalmente, a oitava maravilha do século XX: o transporte espacial, o que, sem dúvida nenhuma, é atualmente.

As Sete Maravilhas do Mundo Antigo

Na Grécia clássica a figura de Heródoto (484-420 a.C.) se destacou; incansável viajante nascido em Halicarnaso, povoado que era uma colônia grega da Ásia Menor, dependente do reino dos persas.

Heródoto realizou longas viagens pelo Egito até as Cataratas do Nilo e a Cirenaica, pela Fenícia, Babilônia e, provavelmente, Persa e Ásia Menor; atravessou o mar Negro, visitou as colônias gregas do Bósforo Cimeriano e da Cólquida e o país dos escitas, regressou por Tracia e Macedônia. Recompilou muitos documentos mediante os quais sabemos da existência das sete maravilhas do mundo antigo, as quais consistiam em:

Pirâmides do Egito. Hoje em dia, podemos admirar aproximadamente 70 delas. Entre as mais famosas se encontra a de Gizeh. A maior delas é a de Queóps, que mede aproximadamente 145m de altura. Queóps foi um faraó da quarta dinastia e reinou aproximadamente no ano de 4.000 a.C. A segunda pirâmide é a de Quéfen, mede 136m de altura, também da quarta dinastia; a menor das três mede apenas 62m de altura, nela se encontra o túmulo do faraó Mikerinos, da quarta dinastia, que reinou no Egito, aproximadamente, no ano de 3.630 a.C. Cada pirâmide possui entradas e corredores que conduzem até as câmaras sepulcrais (Fig. 12.1).

Jardins Suspensos da Babilônia. Algumas das mais antigas lendas, que ainda circulam, atribuem esses jardins aéreos a Semiramis, a famosa, enigmática e apaixonada rainha da Assíria. Segundo os autores clássicos, as pessoas vinham de todas as partes do mundo com o único propósito de contemplar aquela tranqüila e aprazível ilha verde, suspensa entre o céu e a terra, por cima dos telhados ou, melhor, dos terraços da Babilônia.

FIGURA 12.1 – As pirâmides do Egito são consideradas como uma das sete maravilhas do mundo antigo.

Estátua de Júpiter em Olímpia. Obra de Fídias, que se encontrava no templo de Olimpia, em Élide. Representa Júpiter sentado e media 1,85m de altura; era de ouro e marfim.

Templo de Diana em Éfeso. Construído pelo arquiteto Quersifon, foi custeado por todas as cidades gregas da Ásia Menor. No ano de 359 a.C., Eróstrato o incendiou para imortalizar-se. Foi reconstruído no século III a.C., media 138m de comprimento, 71,50m de largura, 117 colunas de mármore o sustentavam, o teto era de cedro. No ano de 263 a.C. foi destruído novamente.

Mausoléu de Halicarnaso. Túmulo que a rainha Artemisa de Caria fez erguer em Halizarnaso (Ásia Menor) em memória de Mausolo, seu marido, morto no ano de 352 a.C. O mausoléu media 42m de altura e 133,50m de perímetro. Enfeitado com colunas e estátuas. Em 1856, os ingleses descobriram as ruínas do edifício e levaram seus restos ao Museu Britânico.

Colosso de Rodes. Se encontrava no porto da ilha de Rodes e era uma estátua gigantesca, de aproximadamente 60m de altura. Entre as suas pernas passavam as frotas do mar Egeu.

Farol de Alexandria. Foi construído sob o reinado de Ptolomeu Filadelfo na ilha de Faros. Afirma-se que podia ser visto à distância de 42 milhas. Era uma bela torre de 135m de altura, cujo propósito era orientar os barcos durante a noite, por meio dos sinais luminosos que transmitiam ao queimar lenha ou manter grandes acúmulos de brasas; a torre era de mármore branco. Parte do farol foi destruída no ano de 793 a.C., e, finalmente, um terremoto o derrubou no ano de 1.340 d.C. (Fig. 12.2).

FIGURA 12.2 – O farol de Alexandria foi construído sob o reinado de Ptolomeu Filadelfo.

As Sete Maravilhas do Mundo Moderno

Videofone. O telefone foi inventado em 1876 por Graham Bell, há pouco mais de um século; porém, este aparelho tem evoluído de forma considerável, até converter-se em videofone, que funciona mediante linhas de fibra ótica, pelas quais a informação pode circular a 140.000KB/s, 70 vezes mais rápido que a Rede Digital de Serviços Integrados de banda estreita (RDSI-BE) de cobre.

Este aparelho é capaz de transmitir som estereofônico com alta fidelidade e imagens de vídeo, com qualidade de televisão de alta definição (HDTV). Conectado por fio de fibra ótica, o telefone pode se transformar em central de comunicações por toda a casa.

Por ele, podem entrar sinais das emissoras de TV; serve também para entrar em arquivos de áudio e de vídeo públicos e privados para alugar ou comprar gravações; enviar e receber, em segundos, documentos coloridos por fax; conectar um computador pessoal a qualquer outro ou empresas de distribuição de serviços (videotexto) e, é claro, também serve para telefonar – para duas ou mais pessoas ao mesmo tempo – vendo os interlocutores ao vivo, em cores e em alta definição, e ouvindo-os com um som de CD.

Prolongação da Juventude. Recentes pesquisas têm demonstrado a existência de uma substância capaz de combater e diminuir os padecimentos da velhice: o pirofosfato de tiamina, o qual constitui uma esperança de manter-se jovem; depois de realizar experimentos com ratas adultas e velhas, agregando pirofosfato de tiamina a sua dieta, demonstrou-se que o potencial de membranas apresentava a tendência de recuperar-se, processo contrário ao do envelhecimento; as ratas com idade equivalente a 90 anos nos humanos, tinham toda sua vitalidade e energia, a ponto de reproduzir-se como ratas jovens.

Assim, um dos pontos importantes desta experiência não é aumentar a média de vida humana, mas melhorar a sua qualidade nos processos de envelhecimento, aos quais todos estamos propensos. Com a aplicação da vitamina B_1, na sua forma ativa, a velhice não deve ser sinônimo de indisposições, doenças e má memória; dentro dos benefícios, traz o fato de ser auto-suficientes, sem necessidade de usar bengalas ou dentaduras, assim como milhares de fármacos para levar uma vida mais ou menos normal.

Medicamento. Atualmente os cientistas estão trabalhando arduamente para encontrar um medicamento capaz de curar as temíveis doenças que hoje ameaçam a humanidade, como o câncer e a Síndrome da Imunodeficiência Adquirida, que é uma doença contagiosa de transmissão sexual e sangüínea e que destrói as defesas imunológicas do organismo. Atualmente estão sendo feitas experiências e, talvez, não esteja longe o dia em que se descubra o tão almejado medicamento que cure estas doenças.

Unidade em um Único Estado. Através do tempo e do espaço, já tem surgido uma inquietude em diversas pessoas a fim de unificar a humanidade, ao menos parcialmente e em alguns aspectos, como o ideal de Simón Bolívar, que pretendia a unificação da América Latina em uma única nação; há poucos anos, também se criou e se propôs um idioma comum: o Esperanto, através do qual poderiam se comunicar todos os seres humanos; na Europa, recentemente, entrou em circulação uma única moeda para todos os países; e, finalmente, uma nova religião, a fé Baha'I, com alguns adeptos em nosso país, predica a salvação da humanidade mediante a oração invocada ao Deus Supremo, assim como a união de todos os homens do planeta mediante um único idioma, uma única religião e um mesmo governo, pois seus seguidores consideram que o nacionalismo marca fronteiras que impedem a unidade dos povos.

Alimentação. Atualmente, em muitos países do mundo há escassez de alimentos, morrem diariamente numerosos seres humanos devido à inanição ou extrema debilidade por falta de alimentos; por isso, tem-se considerado que o mar os poderia fornecer, ao se industrializar algas marinhas, pois não podemos perder de vista que a Terra é formada por três partes de água e uma de terra. Por outro lado, estão se fazendo experiências e já se fala em conseguir que bactérias cresçam até o tamanho de uma rês, de tal forma que se possa criar uma espécie de carne artificial, que mediante determinado tratamento se obtenha diversos sabores semelhantes aos da carne de rês, frango ou porco, resolvendo-se, desta forma, o grave problema que atravessa a humanidade hoje.

Revolução Cibernética. A cibernética é uma ciência que estuda a construção de aparelhos e mecanismos que, da mesma forma que a mente humana, transforme os dados fornecidos em um resultado; já estão sendo fabricados robôs, ou seja, máquinas eletrônicas que podem executar automaticamente diferentes operações ou movimentos.

> A partir de 1980, o Japão começou a produzir sete mil robôs anualmente. Em 1981, foi fundada a empresa Fujitsu Fanuc, que, totalmente automatizada, trabalha 24h por dia, os 365 dias do ano, e se dedica a produzir, automaticamente... mais robôs!

Onde se utilizam estes aparelhos? Moldagem de troquel, solda por pontos, manuseio de vidros a altas temperaturas, forja de metais, tratamentos térmicos e uso de fornos metalúrgicos, aplicação de pintura com revólver, moldagem de inversão, transporte por esteira rolante e inspeção automática da qualidade do produto.

Nos encontramos diante de um projeto feito com a ajuda de computadores e fabricado com a ajuda de robôs. Se trata de montagens em séries, em fábricas totalmente automatizadas, como a Hitachi, que fabrica o mecanismo de transporte dos videocassetes em menos de oito segundos a peça.

Já existem fábricas industriais em que podemos solicitar um projeto único de fabricação exclusiva, como criação recente de fábricas de roupas onde o cliente tem a última palavra: o computador tira as medidas e lhe oferece, no vídeo, e representando o corpo do consumidor, variedade de modelos, formas e cores sem a necessidade de que este experimente toneladas de roupas. Quando a peça é escolhida, podem ser solicitados mudanças pessoais. Então os robôs as fazem.

> Em pouco tempo, existirão robôs em muitas áreas, como restaurantes automatizados, pecuária eletrônica, manutenção de centrais termonucleares ou atendimento hospitalar. Trata-se de projetos cujo financiamento foi aprovado e encontra-se em fase de desenvolvimento (...). Os japoneses possuem 100 mil robôs. Seu projeto é denominado MUM e se traduz como: Metodologia de fabricação automática. Pretende que toda a economia primária e secundária seja feita por máquinas, para que todos os habitantes do Japão se dediquem a serviços e tarefas intelectuais. Espera-se contar com um milhão de robôs em menos de um decênio, que seriam governados por supercomputadores de quinta ou talvez sexta geração de computadores (...).
>
> Mas uma máquina, inclusive com sentido de orientação, seria incapaz de experimentar o sentido da responsabilidade moral necessária para cuidar de um bebê ou de vigiar uma fábrica de alto risco. A vida, na sua concepção mais biológica e primitiva, jamais poderá ser substituída por um ser que não respira e que não poderá experimentar a angustia ante um final súbito. Porém, uma máquina pode aliviar os seres humanos da monotonia exterior, do trabalho pesado e rotineiro".[1]

Cidades sobre o Mar. Um dos graves problemas que a humanidade atravessa é a explosão demográfica; por isso, muito países tem estabelecido programas de controle de natalidade, como é o caso da China, onde cada casal está autorizado a ter somente um filho; no México, ainda não se implantou essa medida tão drástica, tem se começado a conscientizar os mexicanos para que sigam um planejamento familiar, através de campanhas de comunicação de massas "A família pequena vive melhor".

Conscientes disso, os japoneses pretendem construir cidades sobre o mar, para deixar a Terra totalmente livre. Asseguram que essas cidades, fortalezas sobre o mar, não sofrerão os efeitos catastróficos de terremotos ou maremotos, de tal forma que, em cada ilha, poderão viver um milhão de pessoas, em um meio cuidado de forma constante em que careceriam de ruído, poluição e, além disso, contariam com parques e praças para alegrar a vista. Este projeto, inimaginável há 20 anos, longe de ser uma nova utopia ou El Dorado, tem os pés muito perto da Terra.

---

[1] El universal, Suplemento dominical "Nustro Siglo", año 2, número 93, 12 de diciembre de 1993, p.17.

Transporte Espacial, Oitava Maravilha do Século XX

Desde o século passado, já se especulava sobre a possibilidade de chegar à Lua, pois Julio Verne (1828-1905), célebre escritor francês, nascido em Nantes, França, tornou-se famoso pelos seus livros de ficção científica e geográficos como: *Cinco semanas em um balão* (1863), a primeira de uma longa série que conta com algumas das leituras para a juventude mais difundidas no mundo: *Viagem ao centro da Terra*, *A volta ao mundo em 80 dias* e, de forma muito particular, para o caso que nos compete, *Da Terra à Lua* (1865).

Bem, para descrever as viagens espaciais, tomaremos como ponto de partida a descrição do próprio espaço, que é um vazio imenso e sem limites através do qual se movem o Sol e as estrelas, as luas e os planetas. Nas grandes extensões entre estes corpos não há ar, não há calor, não há som.

A Terra está cercada de camadas de ar dentro de um perímetro de 140km de espessura. Esta capa de ar recebe o nome de atmosfera, e está integrada por milhões de pequeníssimas partículas de gases diversos; muitas delas são de um gás chamado nitrogênio. Aproximadamente uma em cada cinco partículas é de um gás denominado oxigênio, que é necessário para a vida dos seres humanos, dos animais e das plantas que habitam a Terra.

Mais acima, encontra-se a estratosfera, que começa a 10km da Terra. A 80km acima da estratosfera, existe outra capa da atmosfera denominada ionosfera; mas, a 170km mais acima, já praticamente não há ar. Dali em diante, conforme o ar diminui, começa o espaço interplanetário.

No dia 29 de julho de 1955, Eisenhower anunciou que estava projetando um satélite artificial para o estudo da alta atmosfera; não obstante, o mundo estremeceu quando no dia 4 de outubro de 1957 os soviéticos anunciaram o lançamento do seu primeiro satélite artificial: *Sputnik*, que significa "Satélite" e que pesava 834kg.

Nessa data, iniciou-se a era espacial, que estamos vivendo.

Laika, uma cachorrinha, foi o primeiro ser vivo que circunavegou a Terra no *Sputnik 2*, em 1958. Também no dia 31 de janeiro de 1958, os estadunidenses colocaram em órbita o satélite Explorer 1, com um peso de 1.386kg.

Assim, o avanço da ciência continuou seu curso, os lançamentos se sucederam tanto nos EUA como na então União Soviética; então se concebeu a possibilidade de introduzir uma tripulação: inicialmente animais, depois um homem e por último dois ou três; os soviéticos foram os primeiros a pôr em órbita, no dia 12 de abril de 1961, a cosmonave *Vostok* (que significa "Oriente") com um peso de 4.725kg, levando a bordo Yuri Gagarin, Major da Força Aérea soviética. No dia 6 de agosto desse mesmo ano, outro oficial da aviação, German Titov, percorreu na *Vostok 2*, 17 órbitas e meia em um tempo de um pouco mais de 24h.

Figura 12.3 – O transporte espacial é considerado a oitava maravilha do século XX.

Os EUA lançaram o oficial Alan B. Shepard a bordo de uma cápsula "Mercury" chamada *Freedon*, no dia 5 de maio de 1961. Depois, em 10 de fevereiro de 1962, o astronauta John Glenn, na *Friendship VIII*, completava três orbitas, permanecendo no espaço 4h56min.

Não obstante, foi no dia 20 de julho de 1969 que o homem realizou seu sonho de pisar na Lua, pois os astronautas Neil Armstrong (comandante) e Edwin Aldrin (piloto), a bordo da *Apolo XI*, alunissaram no polvoroso satélite, enquanto o terceiro astronauta, Michel Collins, permaneceu circundando-os no módulo de comando, veículo no qual regressaram à Terra. Esta façanha foi contemplada por milhões de telespectadores em todo o mundo. Depois os astronautas estadunidenses fizeram outras alunissagens no nosso satélite, levando até um automóvel, imitando os soviéticos, que já haviam enviado à Lua um veículo teledirigido. Finalizando, é importante destacar que estas viagens espaciais constituíram a oitava maravilha do século XX (Fig. 12.3).

Viagem Imaginária a Bordo de um Transportador Espacial

Entrando a bordo de uma cabina de um transportador espacial, o que primeiro nos chamaria a atenção seria a profusão de instrumentos e indicadores; se olharmos os painéis de comando descobriremos múltiplas luzes vermelhas e verdes piscando de forma intermitente; numerosas agulhas que oscilam sob o vidro e telas de televisão em cores com vários símbolos. Ao sentarmo-nos em posição horizontal, atrás do posto do comandante, a 75m sobre o piso, perceberemos que a atmosfera da cabina é uma mistura normal de ar ao nível do mar, razão pela qual não vestimos o volumoso e desconfortável traje espacial. Á direita do comandante vai o piloto, e conosco, na coberta de popa, um especialista. Três passageiros se localizam embaixo, na seção intermediária, presos com seus cintos de segurança.

"Decolagem em dez segundos!" – ouvimos através dos fones de ouvido, a voz do diretor de lançamento. Depois, as luzes param de piscar e aparecem umas faixas sólidas de cor verde.

Além do assobio que produz o sistema de pressão da cabina, zunem as turbobombas e logo depois arrancam os motores com um ruído estrondoso. O transportador pula da plataforma e a aceleração quase duplica o peso. Após seis segundos, já deixamos para atrás a torre de lançamento; e aos 30 se alcança a velocidade supersônica.

Se observarmos a nave da Terra, esta parece uma traça branca montada sobre duas velas: dois foguetes de combustível sólido aderidos ao aparelho, cada um com 45,5m de longitude. Disparam ao mesmo tempo com os três motores-foguetes da nossa nave, queimam líquido fornecido de um enorme depósito externo localizado sob a fuselagem do avião. Inicialmente, os cinco motores consomem 1.300ton métricas, o que lhes permite produzir um empuxe de 3 milhões de kg, que são suficientes para acelerar a coluna (tão alta como um prédio de 18 andares) incluindo sua carga total até uma velocidade de escape que supera os 80km/h.

Em órbita

Depois de transcorridos dois minutos da decolagem, voa-se a 160km do polígono de lançamento, e a mais de 43km de altura; a velocidade é cinco vezes superior a do som. Assim, a combustão dos foguetes auxiliares termina, desprendendo-se da aeronave, e estes, caem como pára-quedas no oceano, onde barcos os resgatam para utilizá-los posteriormente. Os três motores principais continuam impulsionando por mais seis minutos até chegar à beira do espaço; quando se apagam, uma vez vazio o depósito externo se separa e precipita-se no oceano. Logo depois, dois motores pequenos de manobra orbital nos afastam de forma quase imperceptível da atmosfera. Encontramo-nos agora voando a 28.000km/h, razão pela qual nosso peso é praticamente nulo e flutuamos contra o arnês (Fig. 12.4).

Estamos em órbita, a fascinante beleza do espaço nos absorve durante um prolongado tempo. É como se o sol saísse de uma obscuridade de além da beira do universo.

A Terra tem o aspecto de uma enorme bola azul esbranquiçada, manchada de desertos cinzas e bosques verdes.

Nosso destino é a *Base Orbital Um* (*BO-1*), a 360km de altitude. Permaneceremos por pouco tempo. Os três passageiros que começaram seu turno de

FIGURA 12.4 – No dia 20 de julho de 1969, o homem realizou seu sonho de pisar na Lua.

trabalho descerão da nave para substituir os que já completaram seu turno e devem regressar à Terra.

Para chegar à *BO-1* é necessário colocar a nave em uma trajetória curva que coincida em espaço e tempo com a estação, que gira ao redor da Terra a milhares de quilômetros por hora. Os computadores de vôo realizam a manobra governando o sistema perfeito de guia; sistematicamente esquadrinham o firmamento e a Terra, podem se ouvir os computadores terrestres que registram a mudança minuciosamente na direção da nave, conhecem nossa localização exata, assim como o momento em que devem parar os motores orbitais para acoplar-se com a *BO-1*.

O transportador espacial apresenta características muito parecidas a de um reator moderno, pois conta com asas, cola e fuselagem. Além disso, possui todas as comodidades: cozinha, espaço para dormir e banheiro privativo, assim como os artigos de consumo necessários para subsistir durante a travessia: alimentos, água, oxigênio e energia, suficientes para sete pessoas durante 30 dias; por isso há uma grande despensa, com capacidade para 432,5ton, que ocupa a metade dos 37m da nave (Fig. 12.5).

O movimento dentro da nave espacial praticamente não oferece nenhuma dificuldade, pois é suficiente colocar-se na direção que se deseja e impulsionar-se.

FIGURA 12.5 – Interior do módulo de comando de uma nave espacial.

Não obstante, a falta de gravidade também tem seus inconvenientes, pois os movimentos continuam até que uma força oposta os detenha. As bases de trabalho estão equipadas com barras especiais para apoiar e afirmar bem os pés; nos outros lugares, se não colocamos o cinto, flutuamos.

Parada na estação

Depois de transcorridas 3h do lançamento alcançamos a *BO-1*. A luz solar se reflete na polida superfície metálica do seu núcleo central, ela é um tubo tão longo como um campo de futebol e com um terço de largura.

O piloto manobra para que a nave mire para o núcleo da base, de forma que estando abertas as comportas de carga, a nave se aproxima paulatinamente ao eixo estacionário, fazendo contato com um toque muito suave. A pressão do ar assobia ao se igualar nos compartimentos conectados.

Logo depois, reina o silencio. A 360km sobre a Terra, a nave e a estação parecem uma única coisa.

Depois de várias horas de falta de gravidade, a gravidade artificial da *BO-1* nos permite um merecido descanso; porém, apesar de ter os pés firmemente assentados, não é totalmente normal. Acompanha a pressão para abaixo (produto da força centrífuga criada pela rotação dos habitáculos) um movimento lateral que nos faz andar como se estivéssemos encostados contra um forte vento, mas em pouco tempo nos acostumamos no novo ambiente. Uma vez que sobem a bordo as três pessoas que regressarão à Terra, o transportador desatraca e manobra para posicionar-se em uma órbita mais baixa. Os computadores nos proporcionam os dados necessários para o regresso, posicionando a nave para desorbitar.

A descida

Diminui-se a velocidade, o que se consegue girando totalmente a nave de forma que os motores apontem para a direção a que nos dirigimos. Obviamente, isto depende das potentes máquinas de 2.700kg de empuxe. Acendendo no momento adequado, sacudindo ligeiramente. O tempo de combustão é breve; a nave descende, na direção da capa inferior do ar. A tripulação toma o comando, inverte outra vez a nave e a deixa com o nariz levantado em um ângulo de 40°, e a Terra não pode ser vista.

Este é o momento mais perigoso da missão, pois a órbita que deixamos para trás é definitivamente mais segura. Mesmo quando o comandante pode optar por uma aterrissagem manual, os computadores exercerão um controle total e dirigirão a nave com os impulsores de posição.

O transportador deixa de avançar em linha horizontal, descendendo quase em linha vertical para o mais alto da atmosfera. Ao contato com a fuselagem, o ar produz uma leve/suave vibração. Acima pode-se apreciar somente as negras profundidades do espaço; atrás o esplendor do Sol.

Ao penetrar mais na capa de ar, a temperatura do casco exterior aumenta rapidamente, e qualquer erro dos computadores nos transformariam em um ardente meteoro, pois somente a parte inferior da nave pode resistir às pressões e ao calor do regresso. Porém, os computadores são muito seguros, 50×/s examinam e verificam reciprocamente seu funcionamento. Se algum chegasse a falhar, os outros o detectariam imediatamente e o invalidariam.

A 90.000m de altitude, o ar torna-se mais denso, provocando um zunido ao tocar na fuselagem. Mesmo quando o termômetro sobe para 1.500°C, a temperatura interna permanece normal, pois o sistema que mantém a vida funciona perfeitamente.

Depois de transcorridos 8min do início do regresso, o calor do casco começa a diminuir. Agora a nave se dirige por superfícies de controle, como um planador. Inclina levemente o nariz, iniciando uma série de manobras em ziguezague que atenuam a velocidade, ainda superior a 290km/h.

O transportador espacial começa a descida rapidamente. Agora está pesado. Aos 600m se inclina à esquerda, começando a deslizar na direção de uma faixa de concreto que se estende ao longo do limite ocidental do centro espacial. Depois de que os computadores entregaram o comando ao sistema automático de aterrissagem, o centro se comunica com os computadores de vôo durante a aproximação e a aterrissagem.

A missão termina ao direcionar o transportador espacial para o extremo da pista em um ângulo de 24°, aos 500m de altura e a 2,55m da pista, descendo suavemente a 340km/h. Depois desce o trem de aterrissagem e a nave toca a terra.

Os computadores do transportador ativam os freios, o veículo se detém e a missão terminou.

Como se pode perceber, apenas um dia foi necessário para viajar centenas de milhares de quilômetros, apreciar o nascer e o pôr do sol, experimentando maravilhas que seguramente nem Leonardo da Vinci nem os irmãos Writht poderiam imaginar.

Biosfera 2, a Arca de Noé do Século XXI

É possível que em um futuro não muito distante o homem tenha que viver no espaço exterior; então, ante a necessidade de obter conhecimentos sobre o funcionamento dos sistemas fechados para viver no espaço, foi criado o projeto *Biosfera 2*. Este projeto, cujo custo é de 150 milhões de dólares, tem a finalidade de criar um sistema fechado de sobrevivência auto-suficiente; participam do projeto 42 universidades de todo o mundo em coordenação com o Space Biospheres Ventures, a NASA e Edward Bass, um ecoempresário do Texas, que investiu sua fortuna na pesquisa científica e ecológica. Assim, com a finalidade de edificar o *Biosfera 2*, Edward Bass comprou, no deserto de Tucson, Arizona, uma extensão de 900 hectares. No centro, construiu uma pirâmide de cristal e aço com uma superfície de um hectare e meio. Sob uma cúpula quadrada de vidro, que cobre uma área de 12.700m^2, se instalaram oito biomas: selva tropical (parecida com a do Amazonas e a que existe, na Venezuela, é o pulmão do *Biosfera 2*, pois a maioria do oxigênio que respiram os que ali vivem é gerado, já que conta com uma vegetação e folhas verdes que fazem a fotossíntese), pastiçal e savana (semelhante aos pastiçais da África, América do Sul e Austrália). Sua área de agricultura intensiva é um dos sistemas mais produtivos do *Biosfera 2*. Em uma área superior aos 2.000m^2, se plantam 150 tipos de cultivos dos climas tropicais e subtropicais do planeta, que crescem sem pesticidas nem adubos artificiais. Nesta área se produz toda a comida, laguna costeira, mar com arrecifes de corais (semelhante ao Caribe mexicano, que conta com um manto de corais transportado de vários aquários do México, onde se fazem experiências com a vida dos corais. Aqui se demonstrou a possibilidade de restaurar os mantos de corais e que se pode manter um mar vivo em condições criadas pelo homem), deserto, mangues (parecidos aos da costa do México, funciona como filtro para purificar a água; é importante para criar espécies de plantas e animais. A água é doce mas, conforme se aproxima do mar, a salinidade aumenta. As pesquisas realizadas nessa área consistem em ajudar a Terra a encontrar técnicas de restauração dos mangues, muitos deles destruídos) e um hábitat para animais e humanos (Fig. 12.6.).

Assim, no dia 26 de setembro de 1991, 8 biosferanos (4 homens e 4 mulheres) entraram no *Biosfera 2* para permanecer dois anos. Conviveram com quatro mil espécies de plantas e animais em um sistema fechado para a matéria e aberto para a comunicação e energia.

FIGURA 12.6 – O projeto *Biosfera 2* pretende levar a vida ao espaço exterior, por isso é considerada a Arca de Noé do século XXI.

Durante esse período, o *Biosfera 2* foi selado à matéria sem permitir a entrada de ar, água nem alimentos, pois ali tudo se produz e se recicla.

A primeira tripulação de biosferanos terminou com sucesso sua missão no dia 26 de setembro de 1993. Durante os cinco meses seguintes se realizaram diversas pesquisas de caráter técnico com o propósito de determinar os resultados e demostrar que a seleção dos biomas foi adequada, o sucesso da adaptação do arrecife de corais, a capacitação de convivência harmoniosa entre tecnologia e natureza, o cumprimento dos projetos de pesquisa científica, o adequado manuseio da água com reciclagem total, assim como a importância do reino mineral para a vida.

Não obstante, nem tudo foi positivamente como desejado, pois se apresentaram diversos problemas como a falta de oxigênio e de luz ultravioleta, assim como a dificuldade na produção de alimentos, desafios que foram consertados na segunda missão e da qual participaram dois cientistas mexicanos.

O *Biosfera 2* voltou a funcionar no dia 6 de março de 1994, com a segunda tripulação que entrou no complexo para permanecer ali durante um ano. Entre os seis biosferanos, selecionados entre os aspirantes, se encontraram Rodrigo Fernández del Valle, engenheiro químico de Guadalajara, encarregado do Monitoramento e Norberto Álvarez Romo, como visitante.

Bem, as metas consistem em realizar experiências para pesquisar os ecossistemas, a agricultura intensiva e a ecotecnologia com a finalidade de aprofundar os conhecimentos sobre o funcionamento da natureza e, como conseqüência, sentar bases para que no futuro possam ser levadas para fora da Terra em biosferas que permitam a vida no espaço exterior. O propósito do projeto é demonstrar que se se utilizarmos a tecnologia adequadamente, poderemos viver em um planeta auto-sustentável, sem poluição e sem deteriorar o ambiente.

O hábitat humano dentro do *Biosfera 2* é uma construção bastante sofisticada onde vivem os biosferanos, que se comunicam com o exterior através dos mais modernos sistemas de comunicação. Cada biosferano está encarregado de um programa de atividades específicas: trabalham 2h na agricultura, 2h na pesquisa de algum bioma em particular; além disso, dedicam outras 2h à manutenção da tecnosfera, quatro a projetos de pesquisa científica, somados a obrigações diversas como a preparação e processamento de alimentos, limpeza das instalações, etc.

No *Biosfera 2*, tudo se recicla, não existe nem lixo e nem papel, toda a comunicação se realiza eletronicamente.

A energia necessária para que o *Biosfera 2* funcione é obtida dos raios do sol que se filtram pelos cristais, proporcionando, assim, a luz necessária para realizar os processos da vida.

Por outro lado, com a finalidade de ter uma reserva adicional, foi construído o Centro de Geração de Energia à base de gás natural que cobre as necessidades energéticas.

Em relação às biosferas planejadas para o espaço exterior, seu funcionamento é previsto apenas com energia solar, por isso o objetivo do estudo nesta parte consiste em encontrar formas alternativas de energia – eólica e solar – e procurar seu melhor aproveitamento.

Resumindo, durante a primeira missão foi comprovado que, em um sistema fechado, pode-se conseguir a sobrevivência de 96% das espécies e a reprodução das cadeias alimentares e energéticas que os biosferanos necessitam, pois durante os dois anos que permaneceram no complexo estiveram sãos e psicologicamente estáveis.

Na segunda missão, foi aperfeiçoado o sistema de geração de oxigênio, aumentando a produção de alimentos e desenvolvendo ainda mais a agricultura intensiva. Esta missão terminou no dia 6 de março de 1995.

Devido ao citado, atualmente está sendo estudada a possibilidade de trasladar a vida a outros planetas; portanto, é possível que no futuro esses esforços do homem em encontrar outros espaços para viver sejam coroados com sucesso; assim, o transporte espacial se reafirmará como a oitava maravilha do século XXI.

Aspectos Didáticos

Exercícios de Consolidação e/ou Auto-avaliação

Instruções. Marque um X dentro dos parênteses da opção correspondente.

1. A maior pirâmide de Gizeh, no Egito, é:

   ( ) Queóps
   ( ) Quéfen
   ( ) Mikerinos

2. O colosso de Rodes era uma:

( ) torre na ilha de Faros
( ) enorme pirâmide
( ) estatua gigantesca

3. A novela *Da Terra à Lua* foi escrita em 1865 por:

( ) Edwin Aldrin
( ) Julio Verne
( ) John Glenn

4. O manto de ar que rodeia a Terra denomina-se:

( ) toposfera
( ) nitrogênio
( ) atmosfera

5. Começa a 10km de Terra:

( ) ionosfera
( ) estratosfera
( ) iconosfera

6. A 80km acima da estratosfera, existe outra capa de atmosfera denominada:

( ) ionosfera
( ) iconosfera
( ) estratosfera

7. Laika, uma cachorrinha, foi o primeiro ser vivo que circunavegou a Terra no:

( ) *Sputnik 1*, em 1958
( ) *Sputnik 2*, em 1955
( ) *Sputnik 3*, em 1958

8. Os estadunidenses colocaram em orbita em 31 de janeiro de 1958 o:

( ) *Explorer I*
( ) *Friendship VII*
( ) *Freedom VII*

9. O homem alunissou no satélite pela primeira vez em:

( ) 15 de junho de 1968
( ) 2 de abril de 1961
( ) 20 de julho de 1969

10. Projeto cuja finalidade é criar um sistema de sobrevivência auto-suficiente:

( ) *Biosfera 1*
( ) *Biosfera 2*
( ) *Biosfera 3*

11. O *Biosfera* custou:

( ) 150 milhões de dólares
( ) 15.000 milhões de pesos
( ) 1.500 dólares

12. Com a finalidade de edificar o *Biosfera 2*, comprou no deserto de Tucson, Arizona, uma extensão de 900 hectares:

( ) Edward Bass
( ) Edwin Aldrin
( ) Edward Glenn

13. No *Biosfera 2* se instalaram:

( ) 7 biomas
( ) 8 biomas
( ) 9 biomas

14. A maioria do oxigênio que respiram os biosferanos é obtido do bioma denominado:

( ) pastiçal savana
( ) laguna costeira
( ) selva tropical

15. Os biosferanos que entraram no *Biosfera 2*, no dia 26 de setembro de 1991, permaneceram nele durante um período de:

( ) um ano
( ) dois anos
( ) dois meses

16. A energia necessária para que funcione o *Biosfera 2* é obtida do:

( ) Sol
( ) mar
( ) gás

17. *Biosfera 2* retomou suas atividades em:

    ( ) 6 de março de 1994
    ( ) 26 de maio de 1991
    ( ) 6 de abril de 1994

18. *Sputnik* significa:

    ( ) "espacial"
    ( ) "cosmonave"
    ( ) "satélite"

19. Yuri Gagarin, major da força Aérea Soviética, esteve em orbita a bordo de uma nave denominada:

    ( ) *Laika*
    ( ) *Sputnik*
    ( ) *Vostok*

20. O transporte espacial é considerado como:
    ( ) sétima maravilha do século XX
    ( ) oitava maravilha do século XXI
    ( ) oitava maravilha do século XX

Atividades de Reforço

1. Elabore em ordem cronológica e de forma resumida uma lista dos acontecimentos mais relevantes (soviéticos e estadunidenses) vinculados ao transporte espacial.
2. Pesquise e apresente por escrito a biografia de Neil Armstrong.
3. Explique detalhadamente, por escrito, como você planejaria o transporte turístico interespacial.
4. Elabore, em grupo, um esquema do interior de uma nave espacial.
5. No final do curso, o professor organizará uma exposição na qual se exibirão todos os trabalhos apresentados pelos alunos durante o curso.

RELAÇÃO DE RESPOSTAS DOS EXERCÍCIOS

Capítulo 1. Meios de Transporte

1. 600.000 anos
2. recentemente
3. a recolher frutos
4. cachorros
5. Kish, Mesopotâmia
6. rios
7. aéreo
8. da iniciativa privada
9. alcance
10. preço
11. conforto
12. rapidez
13. segurança
14. econômico
15. reduz
16. caravanas
17. mares
18. "charter"
19. ao progresso dos transportes
20. civilizar

Capítulo 2. Infra-estrutura Turística

1. via ou caminho
2. estrada
3. Roma e Nápoles
4. dois tipos de estrada
5. pretorianas
6. "tamemes"
7. Hernán Cortés
8. Benito Juárez
9. Comissão Nacional de Vias
10. 6.249km de auto-estradas
11. metal
12. 1873
13. 99 anos
14. aeroporto
15. auxiliar
16. México
17. capitão do aeroporto
18. porto de grande calado
19. porto de cabotagem
20. natural

Capítulo 3. Supra-estrutura Turística

1. organismos nacionais de turismo
2. 30 de dezembro de 1974
3. Comunicações e Transportes
4. Aeroportos e Serviços Auxiliares

5. Fonatur
6. instituições governamentais de apoio
7. internacionais
8. OACI
9. terceira liberdade
10. primeira liberdade
11. quinta liberdade
12. IATA
13. Montreal
14. anualmente
15. pela junta geral
16. OMT
17. profissional
18. 1945
19. AMA
20. CREA

Capítulo 4. Transporte Terrestre em Automóvel

1. automóvel
2. duas rodas
3. a cavalo
4. espanhóis
5. 1769
6. Nicolás J. Gugnot
7. Goldsworthy Gurney
8. 1829
9. R. W. Thomson
10. 1867
11. motor a gás
12. "petlacalli"
13. liteira
14. Sebastián de Aparicio
15. Portal de Mercaderes
16. *bombés*
17. puxados por mulas
18. 15 de janeiro de 1900
19. *fotingos*
20. cerâmica

Capítulo 5. Transporte Terrestre em Ônibus Comum ou de Excursão

1. ônibus
2. ônibus de excursão
3. Gotlieb Daimler
4. francês
5. diligências
6. 1853
7. Texcoco
8. 4 estações rodoviárias
9. local
10. radial
11. regional
12. ônibus comum
13. ônibus de excursão
14. ônibus de excursão
15. ônibus urbano
16. estação rodoviária
17. Russells's Official National Motor Guide
18. OMA
19. "trailer parks"
20. Anjos Verdes

Capítulo 6. Transporte Ferroviário

1. pátios
2. regulares e espaciais
3. terrestres e aéreos
4. de passageiro, de carga e de carga e passageiros
5. telecadeira
6. funicular
7. camarim
8. vagão-bar
9. serviço expresso
10. XVI
11. Demis Papin
12. Thomas Savery
13. Richard Trevithnick

14. 28 de maio de 1908
15. pagam meia-passagem
16. 50kg
17. *Eurailpass*
18. "slumbercoach"
19. outubro de 1993
20. 8 estações

Capítulo 7. Transporte Aéreo

1. avião
2. grega
3. 1891
4. Orville Wright
5. 16 de abril de 1867 em milville, Indiana
6. Charles Lindbergh
7. os *quetzalines*
8. *cuauhtecuhtli*
9. Antonio María Fernández
10. Antonio María Lombardo
11. Boeing 707
12. TU-144
13. Concorde
14. regulares
15. Krukenberg
16. no aeroporto
17. FME
18. I-94
19. bagagem despachada
20. três

Capítulo 8. Serviço aos Passageiros

1. tripulação de vôo
2. tripulação de serviço ao passageiro
3. comissária-chefe
4. co-piloto
5. engenheiro de vôo
6. 18 e 30 anos
7. 4 a 6 semanas
8. comissária-assessora
9. terra
10. vôo
11. à chefia de comissárias
12. se projetam filmes
13. pagando uma pequena taxa pelo aluguel
14. dois dias de antecedência
15. decolagem e aterrissagem
16. existe o serviço de bar
17. sistema métrico decimal
18. interfone
19. parecidos em todas as linhas aéreas
20. referir-se ao manual de rotina

Capítulo 9. Transporte Aquático em Transoceânicos

1. barco
2. casco
3. proa
4. popa
5. estibordo
6. bombordo
7. barlavento
8. flutuabilidade
9. estabilidade
10. egípcios
11. "liner"
12. *Titanic*
13. Heródoto
14. palanquins
15. 1519
16. quatro calçadas
17. Iztapalapa
18. água
19. "tamemes"
20. Tacuba

Capítulo 10. Transporte Aquático em Cruzeiros

1. mares
2. rios

3. 15 dias a 1 mês
4. mais de 15 dias
5. Knut Kloster
6. formalidades de fronteira
7. migração
8. Idade Média
9. visto
10. entrada
11. trânsito
12. carregadores
13. fechadas
14. 110 volts
15. sem cargo
16. as 24h do dia
17. manhã
18. todas as refeições e "snacks"
19. gorjetas
20. "deck stewart"

Capítulo 11. Transporte Aquático em "Ferries"

1. "ferry"
2. Europa
3. concorrência
4. reduzido sensivelmente
5. "hovercraft"
6. hidrofólio
7. *La Paz*
8. 15 de agosto de 1979
9. ao organismo
10. 1% adultos
11. 48h antes da saída
12. *Díaz Ordaz*
13. 5 "ferries"
14. Golfo
15. 12 "ferries"
16. Caribe
17. seca
18. desvantagem
19. vantagem
20. de alguns comerciantes

Capítulo 12. Transporte Espacial

1. Queóps
2. estatua gigantesca
3. Julio Verne
4. atmosfera
5. estratosfera
6. ionosfera
7. *Sputnik 2*, em 1958
8. Explorer 1
9. 20 de julho de 1969
10. *Biosfera 2*
11. 150 milhões de dólares
12. Edward Bass
13. 8 biomas
14. selva tropical
15. dois anos
16. Sol
17. 6 de março de 1994
18. "satélite"
19. *Vostok*
20. oitava maravilha do século XX

BIBLIOGRAFIA

Álvarez, Jose Rogelio, *Enciclopedia de Mexico*, Enciclopedia de Mexico, 4a. ed., México, 1978.

Beal, George, *El libro de los aviones*, Norma, Bogotá, Colômbia, 1977.

De la Torre, Francisco, *Administración hotelera I*, Trillas, México, 1982.

——, *Administracion hotelera II*, Trillas, México, 1982.

——, *Agencias de viajes y Transportación*, Trillas, México, 1982.

——, *Transportacion acuática en el turismo*, Trillas, México, 1995.

De la Torre Padilla, Óscar, *El turismo, fenómenos socioeconómicos*, Textos Universitarios, México, 1976.

Enciclopedia de las Ciencias, Cumbre, México, 1980.

Enciclopedia Médica del Hogar, Cumbre, México, 1979.

Enciclopedia Tesoros del Saber, vol. 2. "Los transportes", Cumbre, México, 1986.

Manual de Sobrecargos de Aeroméxico.

Manual de Sobrecargos de la Compañía Mexicana de Aviación.

Mark, Lambert, *Historia del transporte*, Vidorama, Barcelona, España, 1990.

Novo Valencia, Gerardo, *Diccionario general de turismo*, Diana, México, 1977.

Ramírez Blanco, Manuel, *Teoría general de turismo*, Diana, Mexico, 1981.

Sproule, Anna, *Los hermanos Wright*, Editora Cinco, Colombia, 1993.

Thompson, Frank, *Mis primeros conocimientos, trenes, aviones, viajes interplanetarios*, Cumbre, México, 1980.

Valdelomar P., Pilar y J. Werner, *Manual del pasajero de avión* (traducción de The Filer's bandoro Armstrong, Helen y Ladeau, Caroline, Marshall Editions, 1978), Evew rest, León, España.

ÍNDICE ONOMÁSTICO

ÍNDICE REMISSIVO

As páginas seguidas pelas letras *f* e *t* significam, respectivamente, figuras e tabelas.

T

U

V

Z